"中国社会科学院优势学科——中国经济史系列丛书"

中车简史

1949—2012

中国中车集团有限公司　编

彤新春　著

人民出版社

《中车简史》编委会

目 录

CONTENTS

前　言

1949 年中华人民共和国成立后，中国的工业化进程在一穷二白的基础上起步。当时的经济基础非常薄弱，工业在三次产业中占比仅为 12.5%。工业总产值为 140 亿元，占工农业总产值的 30%，现代工业产值仅占工农业总产值的 17%，几乎没有重工业。经济和科技水平远远落后于世界主要资本主义国家。

本着铁路是经济发展的先行官的认识，中央人民政府非常重视铁路建设，完成了成渝、宝成、贵昆、成昆等重大铁路建设工程。我国开始自行研制机车车辆等重大技术装备，并取得了一系列成果。1952 年，第一台解放型蒸汽机车下线，结束了我国不能自主制造机车的历史。20 世纪 50 年代末，我国又相继成功研制了国产内燃机车和电力机车。到 1978 年，国产内燃机车、电力机车占到机车总量的 21%。

由于当时国情的限制，铁路建设的规模仍然有限，铁路运输作为经济发展的瓶颈问题未能从根本上得到解决。改革开放以来，随着经济的快速发展和社会的日渐开放，我国加快了铁路建设步伐，中国中车集团有限公司（以下简称“中车”）也进行了一系列铁路建设和运营管理体制的改革尝试。进入 21 世纪以后，我国顺应世界交通发展趋势和国内经济社会发展的需要制定了中长期铁路发展规划，在维护和改造既有线路的基础上，铁路运行速度在稳步地提升，在吸收、借鉴国外高速铁路技术的同时大胆进行自主创新，在高速铁路建设领域独占鳌头，使我国迎来了高速铁路时代。

由于积极开展科技创新，中国机车车辆工业的技术实力、技术水平得到大幅提高。2000—2012年，中车在机车制造、客车制造、货车制造以及车辆修理等领域都取得了长足的进步，为国民经济建设提供了合格的轨道装备产品。高原铁路技术达到世界一流水平。青藏铁路在多年冻土、高寒缺氧、生态脆弱三大世界性难题攻关上取得重大成果，创造了一流的冻土工程技术、卫生保障和生态环境保护，实现了建设世界一流高原铁路的宏伟目标。2008年，"青藏铁路工程"荣获国家科技进步奖特等奖。按照"引进先进技术，联合设计生产，打造中国品牌"的总体要求，成功引进了世界上最先进的时速200公里及以上的动车组和大功率内燃机车、大功率电力机车技术。在此基础上，中车通过消化吸收再创新，掌握了关键技术，拥有了自主知识产权，使我国机车车辆装备水平实现重大跨越，机车车辆装备技术达到世界先进水平。动车组技术方面，成功搭建了达到世界一流水平、具有自主知识产权的时速350公里动车组技术平台，实现了国产时速350公里动车组批量生产。大功率机车技术方面，通过引进消化吸收再创新，国产6轴7200千瓦和8轴9600千瓦大功率电力机车已在大秦、京广、京沪等主要干线批量投入使用，充分显示出良好的动力性能和性价比。到2012年，全国投入运营的大功率机车达到7900多台，占机车保有量的40%。车辆技术方面，我国自主研制的载重70吨通用货车、80吨煤炭专用货车、100吨矿石和钢铁专用货车批量投入运用，货车车辆实现更新换代，全部达到时速120公里技术标准。通过京津城际铁路的建设和运营，在解决轨下基础工程工后沉降控制、大断面桥梁隧道设计施工、大吨位桥梁研制应用、轨道系统产业化等难题上取得显著成果，在高速铁路的固定设施、移动设备、系统集成、列车控制、运营管理、环境保护等方面实现了一系列重大技术创新，形成了具有我国特色的高速铁路技术标准体系。在大秦铁路采用先进的机车同步操纵技术及大功率机车、大吨位货车制造与使用技术，大量开行 1 万吨和 2 万吨重载组合列车，在 2002 年运量达到 1 亿吨设计能力的基础上，运量逐年大幅度增长，2008 年达到 3.4 亿吨，创造了世界铁路重载运输的奇迹。2008 年，“大秦铁路重载运输成套技术应用”荣获国家科技进步奖一等奖。

在 2000 年与铁道部脱钩之后，中车实行政企分开的公司治理模式，建立现代企业制度。2001 年 1 月，正式运行的中国南车集团公司（以下简称“南车”）和中国北车集团公司（以下简称“北车”）相继完成了部分所属企业的改制、申请 H 股上市、业务整合、产品结构调整等工作。2007 年，南车、北车先后成功上市，其产品在国内外市场均享有较高的声誉。

新中国成立至党的十八大召开前，中车党群机构在企业发展过程中一直发挥了重要作用，坚持以毛泽东思想、邓小平理论、“三个代表”重要思想、科学发展观为指导，把握改革、发展、稳定大局，围绕企业中心任务，把发挥党的政治优势同运用市场机制结合起来，加强企业党的建设、精神文明和企业文化建设，各级工会和共青团组织坚持“融入中心、服务大局”的指导思想，开展各种形式群众性经济技术创新、青年创新创效、岗位创优和劳动竞赛等主题实践活动，激发职工群众和团员青年的积极性、创造性和工作热情。

这一时期，中车通过改革、引进、创新发展，使中国铁路机车车辆工业实现了历史性的跨越，国有资产实现了保值增值，已成为全球规模最大、产品最全、技术领先的轨道交通装备供应商，在国家产业体系中的地位大幅提升，初步形成了多元化产业形态。同时，中车积极落实国家战略，立足国内，放眼全球，大力推进产品“走出去”和国际产能合作，竞争实力不断提高。在经营理念上，增强市场自信，实现了从产品输出向“技术输出、资本输出、管理输出”的转变。

第一章
生机焕发的中车

中华人民共和国的成立标志着中华民族站起来了，随之一种全新的生产方式在摸索中也建立起来，中车作为我国轨道交通装备工业的重要组成部分，迎来了新的发展契机。

轨道交通装备工业的首要任务就是恢复铁路运力，尽可能服务于国民经济建设。自1881年胥各庄修车厂初成至新中国成立68年间，中车以振兴民族轨道装备工业为己任，顾全大局、勇于担当、艰苦奋斗，依据国家战略部署，相继建立了以唐山厂、四方厂、大连厂、浦镇厂为代表的诸多工厂，涵盖了机车、货车、客车三大品类，为彼时的中国铁路运输事业打下了坚实的基础，也拉开了中国现代轨道交通文明的序幕。

第一节　国家高度重视铁路装备事业

中华人民共和国成立后，轨道运输装备工业面临的基本任务是：迅速医治战争创伤，彻底改变旧铁路的性质和技术装备非常落后的状况，使之转变成为繁荣经济、巩固国防、方便人民生活的新型人民铁路。

一、老一辈党和国家领导人对中车的亲切关怀

新中国成立前夕，国民经济发展落后。据统计，在1949年，中国GDP为123亿美元，人均GDP为23美元；当时美国GDP为2672亿美元，

人均GDP为1882美元，美国GDP总量为中国的20多倍，人均GDP更是我们的80多倍。当时国内交通运输业十分落后，机车车辆、汽车、轮船等装备设施残破不堪。交通领域的统计数据显示，1949年，中国铁路里程总长2.2万公里，人均只有5厘米，通车公路只有8.07万公里，路况极差，共有汽车5.1万辆，大部分破旧不堪，近代交通运输与传统交通运输并行。西北除陕西有少量铁路外，甘肃、宁夏、青海、新疆没有一段铁路。

面对发展国民经济的强烈需求，党和国家领导人十分重视铁路运输以及轨道交通装备工业的生产和运营，他们多次到中车工厂视察，提出了殷切期望。

1950年2月27日，毛泽东主席和周恩来总理访问苏联归国，途经哈尔滨时，视察了哈尔滨机车车辆修理工厂，详细了解了哈尔滨厂的上级主管单位、工人总数和生产情况。视察结束后，毛主席亲笔题词"学习""奋斗""发展生产""学习马列主义"和"不要沾染官僚主义作风"，成为鼓舞几代中车人为祖国铁路事业不懈奋斗的精神动力，也成为几代中车人宝贵的精神财富。

1949年5月9日，刘少奇副主席来到唐山铁路工厂，听取了汇报，视察了工具场、铸工场、修配场和客车场等地。视察后，刘少奇为唐山厂写下了"发挥工人们的智力，创造新世界"的题词。1955年11月5日，刘少奇、邓小平、杨尚昆、滕代远一同视察大连铁道研究所机车定置实验室，观看了机车运转试验，听取了大连所领导的汇报。刘少奇还询问了科技人员的工作和生活情况，并嘱咐要尊重知识分子，紧紧依靠他们，发挥他们的才能。

1949年6月4日，中国人民解放军总司令朱德来到唐山机厂。朱德在厂长办公楼听取了工厂同志们的汇报。他特别关心地询问了职工们的生活福利、医疗卫生、宿舍建筑等方面的情况，勉励大家说："好好搞吧，今后的生产一定会更好起来的。"视察后朱德为唐山厂题词"努力工作，完成二十万里铁道的任务"。1950年秋，朱德在百忙中来到长辛店铁路工厂。朱德兴致勃勃地参观了工厂，走进工人中间同他们握手，所到之处受到工人们的热烈欢迎。朱德还专门看望了正在紧张工作的锻工场党支部的老党员。朱德号召长辛店厂工人群众要发扬二七革命传统，尽快把敌人破坏的机器设备恢复起来，多修车，多造车，为全中国的彻底解放作贡献，为新中国添砖加瓦，再立新功！1952年4月，朱德来到四方铁路工厂视察。在简陋的工厂会议室里，朱总司令认真仔细地听取了工厂的汇报。对四方厂在解放后仅用6天时间就恢复了生产，积极抢修胶济铁路，支援大军南下；新中国成立后积极抢修"中苏友好号"机车，并在旧有机车的基础上，造出了"国庆周年号"机车等业绩，给予了充分肯定和赞扬。指示四方厂要依靠现有的工程技术人员，积极培养技术管理人才，对知识分子要关心爱护团结；要为中国人争气，造出自己的国产机车。1954年8月，朱德到大连所参观了材料实验室、低温实验室、机车定置实验室、化学实验室等各实验室，仔细观看了现场工作情况并听取了所领导的汇报。1959年6月11日，朱德、董必武到大连机车车辆工厂视察。工厂领导向朱德、董必武介绍了工厂历史，汇报了工厂开展增产节约运动的情况。朱德和董必武接见了大连厂的劳动模范、红旗手、优秀工人、工程技术人员、职员和职工家属，和他们一一亲切握手。随同视察的朱德委员长夫人、全国妇联副主席康克清召集女职工座谈会，勉励女职工要继续发扬克勤克俭、艰苦奋斗的优良传统，踏踏实实地把生活、工作安排好。

1951年6月30日，周恩来总理来到大连厂视察。时任工厂党委书记王丕一、厂长董良玉向周总理汇报了解放后工厂的生产恢复情况。苏联厂长西特洛夫向周总理报告了工厂的规模、组织结构和当时生产情况。周恩来很关心工厂机车车辆生产任务的完成情况，当时工厂主要担负生产和修理用于抗美援朝机车车辆的光荣任务。周恩来指示工厂领导：过去我们忙于打仗，消灭反动派，现在反动派被消灭了，搞工业建设还是刚刚开始，没有经验，许多东西还不懂。苏联已经有三十多年的经验了，我们要好好向苏联同志学习，努力使自己成为内行。

二、新中国成立后中车企业生产的恢复与发展

中华人民共和国成立初期，国民经济亟待快速恢复，民族工业几乎一穷二白。据统计，1949 年中国国内可统计的机车有 4069 台，分别出自 9 个国家的 30 多家工厂，机车型号多达 198 种，故当时有人称中国是“万国机车博物馆”。机车车辆工业共有金属切削机床 2588 台，大都是型式陈旧的老设备，集体传动机床占 80%以上，磨床只有 87 台，没有一个像样的化验室，30 吨以上的天车共有 13 台；太原、济南、江岸、石家庄、南口等地的工厂根本没有起重设备；衡阳、萧山、张家口、宝鸡、武东等地的工厂都是露天手工作业，装备很少。

随着铁路运输事业的逐步发展，国内对机车车辆的需求日益增加。党和政府对铁路工作给予高度关注、寄予殷切希望。铁道部开始着手进行工业建设，采取迁建、并建、改建等方式，使受到战争损坏和工程未完的株洲厂、武昌厂、西安厂、柳州厂尽快投入生产。

1950 年 7 月，铁道部开始在全国铁路范围内对蒸汽机车的情况进行全面的调查、清理。新中国成立前的旧型机车中，准轨有 21 类 187 种，其中数量最多、功率较大、性能较好的干线货运蒸汽机车为ㄇㄎ（音“模科”）1 型机车（原米卡衣型），客运蒸汽机车为ㄆㄒ（音“珀西”）6 型机车（原太平洋型）。铁道部决定首先仿制ㄇㄎ 1 型干线货运蒸汽机车，由铁道部厂务局组织力量对该型机车图纸进行了整理核对，将英制改为公

制，并本着全部采用国产原材料的原则修改了材料牌号。

1952年，作为曾经修复过2101号ПУ1型蒸汽机车的四方铁路工厂承担了此项仿制任务。在缺乏技术资料、设备、材料的条件下，四方厂职工艰苦奋斗、自力更生，多次召开“诸葛亮会”，配套生产了上万个大小零部件，特别是老工人丁学文等人攻克了月牙板表面渗碳处理等难关，使其质量达到了设计标准。同年7月26日，四方厂成功试制出新中国第一台蒸汽机车，编号2102号，铁道部将其命名为“八一号”。同年8月1日，工厂举行了隆重的“八一号”蒸汽机车落成典礼。典礼上宣读了铁道部部长滕代远发来的贺电：“顷悉你厂新造机车‘八一号’于8月1日举行典礼大会，不胜欣慰。这是你厂解放三年多以来，以主人翁的态度克服困难，发挥了工人阶级的无穷智慧和创造精神，继‘中苏友好号’之后，又一次的光辉成就。新造机车是我们中国有史以来的一件大事情，希望你们

图1：1952年7月26日，四方铁路工厂成功试制出新中国第一台蒸汽机车“八一号”

再接再厉，团结一致，总结经验，努力钻研，学习先进工作方法，为今后大量制造新车，完成国家经济建设、铁路运输的光荣任务而奋斗。”该型机车先后由四方厂、大连厂、齐齐哈尔厂批量生产。至1952年年末，共制造蒸汽机车20台，开启了新中国蒸汽机车制造的先河。

中车的工厂经过三年多时间的艰苦努力，为新中国铁路机车车辆工业的形成和发展奠定了坚实的基础。

当时，国家为了改善工人的劳动条件，提高生产效率，把有限的投资用于修复破旧厂房、增添临时厂棚、添置天车等起重运输设备，把机床的天轴皮带传动改为电机传动，对设备进行了简单的改造；同时着手修建职工宿舍、俱乐部等集体福利设施，在发展生产的同时，逐步改善广大职工的物质文化生活。在全路进行了第一次工资改革，基本建立了铁路统一的工资等级制度。按照中央精神，国家把提高职工素质作为重要的基础建设摆上议事日程，成立扫除文盲委员会或职工教育委员会，组织职工开展扫盲活动，大打文化翻身仗。

国民经济恢复时期，机车车辆工业的生产仍以机、客、货车修理为主。铁道部对全国铁路机车车辆状况进行了清查，统一了名称，制定了规则，中车的工厂在非常艰苦的条件下，开展死机复活、病机康复的整修工作，使一大批报废和待报废的蒸汽机车重新投入运输。至1952年，共修理蒸汽机车5450台，不仅增加了运用机车，而且有了占总机车数29.8%的备用机车，其中一半以上是大型机车；修理客车6783辆（次），其中死车复活及重造客车987辆，报废447辆；修理各种货车31444辆，能修复的“死车”已全部复活。通过仿照日伪时期的图纸，大连厂、哈尔滨厂、四方厂、戚墅堰厂、齐齐哈尔厂先后小批量制造了C1型敞车、P1型棚车、P3型棚车、N1型平车、N5型平车、G3型轻油罐车，大都是载重30吨的小型货车；萧山厂、皇姑屯厂制造了保温车，唐山厂设计研制了轨道检查车。1949 年至 1952 年，中车的工厂共制造各型货车 10258 辆。

1953 年，国家启动第一个五年计划，开始进行大规模的经济建设。党和政府对铁路机车车辆工业非常重视，在安排对原铁路工业进行改造和扩建的同时，决定由第一机械工业部（以下简称“一机部”）规划建设新中国专业化铁路车辆工厂。1954 年 6 月，一机部根据国家第一个五年计划安排，决定筹建一座亚洲最大的蒸汽机车制造工厂。同年 7 月，一机部机车车辆工业管理局机车制造工厂选厂组到大同实地考察，9 月 3 日完成选厂勘测工作。1955 年 2 月，报经国家建设委员会同意，一机部机车车辆工业管理局正式批准，确定工厂厂址。同年 9 月，国家计划委员会正式批准《大同机车制造工厂设计计划任务书》，工厂规模为年产 600 台 1-5-1 货运蒸汽机车。1957 年正式定名“大同机车厂”。1965 年末，大同机车厂第一期建设工程全部完成，这是新中国成立后建设的第一座大型铁路机车工厂。1954 年 7 月 24 日，在国家的统筹谋划下，新客车制造工厂筹备组正式成立，工作组先后考察长春、哈尔滨两座城市，两相比较，建议于

图 2: 大同机车厂

图 3: 长春客车厂

长春建厂。1954 年 8 月 11 日，国家建设委员会通知一机部，正式批复新建客车厂厂址选择方案。10 月 28 日，国家计划委员会批准《长春新客车制造厂设计计划任务书》，长春客车厂就此诞生。1955 年 10 月 28 日，国家建设委员会在《长春新客车制造厂设计计划任务书》中批复：同意客车厂规模为年产苏式客车 1000 辆，其中硬席寝车 750 辆，软席寝车 250 辆，并预留空地考虑长远规模有增加 60%的可能，建厂总投资为 7208 万元，建设年限为 1957—1960 年建成。同年 12 月，为了便于后续管理与协调，决定采用“429”厂代号，第一任厂长阎华由周恩来总理亲自任命。

第一个五年计划启动后，按照党中央的统一部署，机车车辆修理和制造分立，原铁道部机车车辆制造局和所属 6 个工厂划归一机部管理。机车车辆工业企业推行铁道部公布《铁路（车辆）工厂组织及移交机车组织工作须知》，组织了生产调度网，建立使机车车辆入厂时按照一定步骤进行接收、修理及移交等制度，组织有节奏的生产，建立作业计划，使企业管理纳入计划管理的轨道。围绕贯彻作业计划，推行各种先进工作方法和技术措施，首次开展生产能力查定。改善经营管理，建立健全规章制度，加强系统的干部培养教育工作，推行三级一长负责制。

将制造和修理分立后，中车在一机部的统一领导下，积极开展以修转造工作。通过生产任务调整，确定大连机车车辆制造工厂为货运蒸汽机车和罐车生产厂，四方机车车辆厂为客运蒸汽机车和客车生产厂，齐齐哈尔车辆工厂为货车生产厂，武昌车辆厂为保温车生产厂，各厂按新的专业分工制定计划开发产品组织生产。蒸汽机车制造在四方厂批量生产基础上，大连厂、齐齐哈尔厂也批量制造ПБ 1型蒸汽机车。

在苏联专家的帮助下，1956年9月26日，大连机车车辆制造工厂研制出第一台由我国自行设计的大功率干线货运蒸汽机车，命名为和平型。1958年，大同机车厂复制了和平型机车的全部图纸和设计计算资料，1959年12月26日，试制出第一台和平型蒸汽机车。1964年9月，大同机车厂试制出新和平型（后改称反帝型、前进型）蒸汽机车，1965年4月投入批量生产；1968年起，研制生产了新六轴煤水车的前进型蒸汽机

图4：1956年9月26日，大连机车车辆制造工厂研制出我国第一台“和平型”大功率干线货运蒸汽机车

车；1980 年起，恢复建设型蒸汽机车生产；1981 年，研制了综合改造的前进型机车；1982 年，研制了煤气化改造机车。后对ㄆㄒ 6 型（旧名太平洋、PF、RM）客运蒸汽机车进行仿制，大连厂仿制整图，四方厂负责试制，研制出新ㄆㄒ 6 型（胜利型）客运机车投入批量生产。在结束和平型蒸汽机车设计后，研制了建设型蒸汽机车并投入批量生产。按照建设型蒸汽机车的设计思路对ㄆㄒ 6 型客运蒸汽机车进行改进设计，研制了人民型客运蒸汽机车并投入批量生产。至“一五”末期，蒸汽机车年产量达到 167 台，“一五”计划期间共制造各型蒸汽机车 511 台。

铁路客车生产成立工作机构，组成设计队伍，对旧型客车图纸、资料进行整理，确定了制造及验收规范，开始批量制造 21 型硬座车、硬卧车、餐车、行李车、邮政车。1956 年至 1957 年，四方厂试制了 22 型软卧车、硬卧车和餐车，还研制了 SY21 型、SY22 型动力学试验车。“一五”计划期间共制造各型铁路客车 1946 辆。

铁路货车开始批量制造载重 50 吨级的 C50 型敞车、P50 型棚车、G50 型和 G12 型罐车，专用货车制造了 B11 型车顶冰箱冷却式保温车，货车制造 D10 型 90 吨元宝车（即凹底平车）和除雪车。“一五”计划期间共制造各型货车 30524 辆。

机客货车修理系统本着就地就近的原则，将修理车型划分为共修主型、专修主型、专修杂型三类，使各厂修理车型专一固定。推行三级作业计划和三级动态分析制，广泛推行班组旬、日计划和派活制度，执行区段高度负责制；加强技术生产准备工作，加强分解检查，整备中央备品仓库，从主型车着手大力整顿、充实图纸模型并建立图纸、模型的保管供应制度；发布《机车车辆修理工厂组织条例（草案）》，制定并实施新的工厂、科室组织机构与职责范围，明确局、厂之间和工厂内部的分工。

“一五”计划期间，中车各铁路工厂共修理蒸汽机车 7698 台、客车

8505 辆、货车 56611 辆。

随着 1952 年铁道部机车车辆制造局的成立，中车开始组成设计队伍，对旧型客车图纸、资料进行了整理。按中央人民政府政务院统一部署，实行造修分立后，客车图纸设计、规范设计仍由铁道部负责，一机部具体组织实施。同年，根据铁道部设计图纸，大连厂试制生产了首批 21 型硬座车。同年 9 月，四方厂试制并成批制造了 21 型硬卧车。1954 年 12 月，铁道部公布了 21 型硬座车、硬席寝车、餐车三种客车制造及验收规范，并要求 1955 年新造客车均应按该规范制作。1955 年 8 月，四方厂设计制造了 21 型行李车。同年起，四方厂、唐山厂、株机厂、戚墅堰厂、浦镇厂、沈阳厂先后生产 21 型硬座车。1956 年 3 月，四方厂设计制造了 21 型邮政车，装载行李容积 55 立方米。

1956 年，铁道部根据中国铁路运输发展的需要，编制了《1956—1967 年铁道科学技术发展远景规划》，提出在第一个五年期内，开始研究电力机车及内燃机车；在第二个五年期内，制造电力机车、内燃机车及煤气内燃机车，研究燃气轮机车及固体燃料代用液体燃料。按照中苏两国签订的关于协助中国开发内燃机车的技术合作协议，铁道科学研究院和中车有关工厂选派了工程技术人员出国考察、学习。

1956 年 10 月至 1957 年 12 月，大连厂派出两批设计人员赴苏联学习考察内燃机车设计技术和制造工艺，并在之后成立内燃机车设计组。1957 年，一机部机车车辆科学研究所派出一批技术人员到唐山铁道学院，对新中国成立前留下来的 120 匹马力内燃机车上的福依特 T2 型液力传动装置作了测绘，进行“内燃机车设计资料系统化”的课题研究，系统地整理国外内燃机车技术资料，初步掌握了内燃机车和柴油机、电力传动和液力传动的工作原理、设计方法与试验方法。1958 年 2 月和 4 月，国家技术委员会、一机部和铁道部等有关单位，商讨中国试制双节 4000 匹马力内燃机车的工作，确定了内燃机车试制技术任务书。内燃机车的设计任务由大连厂承担。大连厂在苏联专家德·依·别洛乌斯指导下开始设计内燃机车。当时既没有现成图纸，又没有成套参考资料，只有苏联专家随身携带的少量 ТЭ3 型机车的资料和海军部门提供的几张 2Д100 型柴油机图纸。同年 6 月底，大连厂完成全部设计。

《1956—1967 年铁道科学技术发展远景规划纲要（草案）》指出“我国目前客车状态落后，不能满足将来的需要。新制客车必须达到降低自重，提高速度，运行平稳，安全舒适”。提出“为了统一和制定客车的席位、设备和外形轮廓标准，并随着国民经济的发展相应地予以提高，要进行主型客车（包括软硬席寝座车、餐车、行李车、邮政车）定型的研究”。1956 年 7 月，四方厂试制了 22 型软卧车。这是中国最早生产的 22 型客车。1957 年，铁道部召开了 22 型客车定型会议，决定定量生产 22 型软卧车，试制 22 型硬卧车和餐车。同年，四方厂试制了 22 型硬卧车，研制了 22

图 5：1953 年 5 月 29 日，唐山机车车辆修理工厂研制出我国第一辆机械轨道检查车

型餐车。

铁道部在组织研制开发常用客车的同时，根据铁路运输的需要，也组织了特种客车的研制。1952 年，铁道部副部长吕正操要求唐山铁路工厂设计制造轨道检查车。1953 年 1 月，更名为铁道部唐山机车车辆修理工厂后，在没有任何可供借鉴参考资料的情况下，唐山厂仅用 7 个月完成全部设计工作，于 1953 年 5 月 29 日研制出我国第一辆轨道检查车。铁道部专门发出文件，指出“在我国现在的技术条件下，能制造出这样复杂的高度技术产品，是我国铁路技术发展的一个新的开端”。

我国独立的货车制造工业是在中华人民共和国成立以后，之前的铁路货车主要靠进口，数量少、车型杂、吨位小、速度低。1949 年起，大连铁路工厂依照当时运用的敞车，设计制造了铆接结构载重为 30 吨的 C1 型敞车。1951 年至 1952 年，根据铁道部厂务局和大连厂等单位的设计，哈尔滨厂、大连厂、四方厂、戚墅堰厂、齐齐哈尔厂先后制造了 P3 型棚车、P1 型棚车、N1 型平车、N5 型平车等通用货车。经过短时期的仿制生产后，1952 年，铁道部厂务局分别设计了载重为 50 吨的 C50 型敞车和 P50 型棚车。

1953 年，C50 型敞车、P50 型棚车分别由齐齐哈尔厂和大连厂转入批量生产。P50 型棚车共制造约 9700 辆。其间，大连厂制造了一批载重 40 吨的 N4 型平车；哈尔滨厂、齐齐哈尔厂制造了载重 60 吨、底架长度为 12.5 米、具有活动端、侧板的 N6 型平车。1955 年，为适应焊接工艺的发展，齐齐哈尔厂将 C50 型敞车的底架改为焊接结构。大连厂对 P50 型棚车进行了较大的改进设计，底架改为全焊结构，车窗由 4 个改为 8 个，后戚墅堰厂将侧柱与侧板、端柱与端板、车顶弯梁与车顶板的连接均由铆接改为焊接。齐齐哈尔厂、沈阳厂也生产过 P50 型棚车，该型棚车共生产 9491 辆。

1954年，一机部确定齐齐哈尔厂为铁路货车设计主导厂并组建设计科，研发我国自己的铁路货车。一机部陆续调入机车车辆管理局设计处车辆设计科部分设计人员及其他工厂的一批青年工程师、技术员、绘图员和新毕业大专院校学生与齐齐哈尔厂技术人员共30余人组成齐齐哈尔厂设计科，负责全路所有棚车、敞车、平车、运煤车、罐车、保温冷藏车的设计，并负责部分机车设计服务工作，全路第一个铁路货车设计科就这样诞生了。1955年至1956年，设计科参照苏联的图纸，设计了M11型60吨底开门敞车，还设计制造了载重为60吨的N12型平车，为适应当时钢材供应的情况，该型车没有端、侧板，使用范围受到一定限制，仅制造1100辆即停止生产。《1956—1967年铁道科学技术发展远景规划纲要（草案）》中对货车的要求是：构造速度高、吨位大、自重系数小，但坚固耐用、单位阻力小和使用效率高、装卸便利。1957年，齐齐哈尔厂设计科在没有任何直接参考资料的情况下，设计出了P13型60吨全钢棚车。该种车型为全钢结构，载重60吨，容积为120立方米。此车型后经修改，成为我国20世纪60年代铁路运输的主型棚车，批量生产达到1600辆之多，获得铁道部新产品奖。P13型棚车的设计、试制、定型乃至大批量生产制造，结束了中国铁路货车设计的仿造历史，开启了自主设计的新篇章。

1950年至1952年，大连厂仿照之前的图纸，制造罐体内径2.1米、有效容积30.5立方米、载重25吨的G3型轻油罐车，共生产1800多辆；萧山铁路工厂和山海关桥梁厂设计制造罐体内径2.1米、有效容积37立方米、载重30吨的G4型粘油罐车；萧山厂制造了约100辆中国第一批B5型车顶冰箱冷却式保温车；皇姑屯厂制造约100辆无制冷装置的B10型保温车。

1953年起，保温车转由武昌厂生产，制造一批B4型车端冰箱冷却式保温车。翌年，进行改进设计，改进后的保温车称为B3型保温车。B4

型、B3 型保温车共生产 700 余辆。1954 年起，铁道部机车车辆制造局设计、大连厂制造 G50 型轻油罐车和 G10 型浓硫酸罐车。1955 年，齐齐哈尔厂设计、武昌厂制造 Bll 型车顶冰箱冷却式保温车，共制造 1900 多辆。1955 年齐齐哈尔厂设计、1956 年大连厂制造了 G12 型粘油罐车。

第二节 保家卫国支援抗美援朝前线

1950 年 6 月 25 日，朝鲜战争爆发。同年 7 月 10 日，“中国人民反对美国侵略台湾朝鲜运动委员会”成立，抗美援朝运动自此开始。应朝鲜民主主义人民共和国政府的请求，1950 年 10 月，中国人民志愿军赴朝作战。党中央发出了“抗美援朝，保家卫国”的号召。当时的中车各工厂积极响应祖国号召，以战斗的姿态，投身于抗美援朝、保家卫国的伟大战争之中，他们加入到中国人民志愿军的行列，深入朝鲜铁路各站段，同朝鲜军民一起，担负起战时铁路的抢修抢运任务。

1950 年 7 月，太原铁路工厂党总支号召全厂“努力生产，抗美援朝”，该厂 54 名职工奔赴朝鲜战场。与此同时，北京市各级工会也发动、组织国营企业职工群众开展“工厂就是战场、机器就是武器”的生产竞赛，长辛店机车车辆修理工厂随之开展了大规模的爱国主义生产竞赛。同年 11 月，皇姑屯铁路工厂首批 10 名职工奔赴朝鲜，随后，又有 69 名职工开赴前线抢修铁路和机车车辆。工厂职工先后前往通化和安（丹）东两地参加机务段驻扎的援朝检修大队，他们隶属志愿军铁道军事管理局领导。检修大队对边境上运载战备物资的机车车辆进行维护和检修，确保军车准点安全通过。工厂人事科科长崔东明在一次运粮途中因遭敌机轰炸而光荣牺牲。

1951 年 2 月，石家庄铁路工厂开始选派 16 名政治合格、技术精湛的职工分四批奔赴朝鲜战场。1951 年 4 月，由于战争需要，党中央向全国铁路工厂发出号召，组建抗美援朝支前预备大队，戚墅堰铁路工厂工人积极响应，踊跃报名参军，先后共有七十余人赴朝作战，承担铁路机车和线路的抢险救援工作。当时敌人十分嚣张，凭借空中作战优势和武器优势，一直对作战区铁路机车车辆、线路、桥梁、车站等进行毁灭性轰炸，不放过一人一车、一缕炊烟。抢险队就采取你炸我避、你走我修的策略，竭尽全力保障铁路线运输。这一过程中，戚墅堰厂职工陈海度、陈志鑫在执行任务中英勇牺牲。同年 5 月 16 日，济南机车车辆修理工厂举行隆重的欢送仪式，为参加抢修鸭绿江大桥的 25 名职工壮行，此后该厂又分五批派出 73 人奔赴抗美援朝前线，占济南工矿企业抗美援朝总人数的 3/4。同年 7 月，南口铁路工厂的王启发、王智等 23 人奔赴抗美援朝前线。哈尔滨机车车辆修理工厂在文化宫召开了“抗美援朝，保家卫国”的动员大会，厂领导在会上作了动员报告，许多职工当场报名，先后共有三批 60 名干部、技术工人和司机奔赴朝鲜前线。

中车工厂的职工抵达朝鲜后迅速投入到抢修铁道线路的工作中，其中，石家庄厂的职工分别在志愿军铁道兵 8504 部队、铁道兵独立桥梁团、第三工程大队、熙川机务段、熙川分局给水检修队，从事电锯工、铆工、机车钳工、电焊工、吊车司机、材料员等工作。铆工傅存柱在敌机多次轰炸桥梁后，冒着生命危险，奋不顾身地抢修损毁桥体，并于 1952 年 7 月 18 日在大宁江的打桩任务中，提前完成工期，先后 4 次荣立集体和个人三等功。1952 年 1 月 14 日，机车钳工秦根连在熙川机务段维修第 8107 次列车时不幸因公牺牲，年仅 24 岁。济南厂的职工被分配到抢修铁道桥梁的第一线，负责鸭绿江大桥的抢修，确保这条连接前后方和中朝两国的铁路运输线畅通无阻。

1951 年到 1952 年上半年，戚墅堰厂发挥自身检修机车的优势，加急将一批敞车改造成加棚车，满足运兵需求。此外，该厂还承修了一批从朝鲜战场上下来的货车，经工人们日夜奋战抢修，这些货车很快又投入到了战场运输。

1951年后，大连厂的生产任务主要是修理从朝鲜前线运回来的“过破”机车车辆。这些车辆破损程度严重，种类繁杂，检修机车类型达到32种，客、货车类型达到36种。全厂职工响应党和国家的号召，继续积极开展抗美援朝爱国主义生产竞赛运动。同年3月，该厂成立优抚工作委员会负责参军参战人员家属的优抚工作。同年6月，该厂成立抗美援朝分会，分厂成立抗美援朝小组，全厂524个工会小组普遍订立了爱国公约。党员、团员订立了个人保证计划，机关干部除星期一、五有正常会议外，每天在业余时间干一个半小时工作。1951年下半年，该厂响应全国抗美援朝总会捐献武器支援前线的号召，发动职工增产节约支援前线，全厂职工捐献671527840元（旧币），超过了中长铁路预定6个亿的计划，购买战斗机一架，命名为“大连铁路工厂职工号”。抗美援朝期间，该厂有93名职工赴朝参军参战，刘日生、董佳兴在朝鲜前线光荣牺牲。

1952年，中共中央、中央军委决定，新建铁路指挥局负责指挥铁道工程部队，执行在战争期间抢建铁路的任务。同年12月16日，中央人民政府铁道部部长滕代远发布命令，成立抗美援朝铁路工程指挥局，并从各铁路局、铁路工厂抽调人员，组建抗美援朝机械队赴朝参战。接到命令后，北京长辛店厂立即开展了动员和组织工作，货车场19岁的青年钳工刘文义带头报名。同年12月27日，第一批赴朝的14名职工从长辛店火车站秘密出发，经丹东跨过鸭绿江，迅速开往前线，被分配到铁道兵四师（四大队），其中刘文义很快掌握了推土机的操作技术。在铁路线上，他们与敌人展开了一场场轰炸与反轰炸、破坏与抢修的英勇搏斗，在朝鲜战场建起了一条“打不烂、炸不断的钢铁运输线”。

1952年7月26日，四方厂研制成功了新中国第一台蒸汽机车“八一号”，当晚，这辆机车便开赴抗美援朝战场，为志愿军作战部队运送了大量的武器装备、弹药、军需供应等重要物资，在抗美援朝战争中发挥了重要作用。朝鲜战争结束后，“八一号”机车作为入朝参战24台机车组的先进代表之一受到表彰，被命名为“英雄机车组”。

1958年，根据铁道部分配的朝鲜孤儿培养计划任务，皇姑屯铁路工厂代培朝鲜战灾孤儿实习生143人，为期一年。该厂制定了《接受培养朝鲜战灾孤儿组织计划》，工厂师傅们与朝鲜孩子情同父子，亲身经历见证了血脉相连的中朝友谊。

在后方强有力的支援下，前方铁路抢修部队和铁路运输队伍，不断得到更新与加强，前者经常保持在3万人以上，后者多达2万余人。用于朝鲜战场上的机车经常保持在240台左右，最多时达300台以上，货车经常保持近万辆，最多时达1.2万辆。运往前方的铁路器材有34634车，其中的钢轨及配件可铺设铁路518公里，还有枕木280万根、双股电话线超170万米。在将近三年的时间里，共运送物资和兵员385234车，较好地保障了部队的机动和后勤供应，为抗美援朝战争的胜利做出了重要贡献。

第三节 “死车复活”掀起劳动竞赛热潮

在国民经济恢复过程以及开展“一五”计划工作期间，当时的中车系统主要开展了“死车复活”“死机复产”以及劳动竞赛等活动，修复原有机车功能，激发广大职工的生产积极性，为国民经济的顺利运行提供了保障和支撑。

一、修复“死车”投入运输

1949年前后，中国铁路先后接管了4069台蒸汽机车，这些机车绝大部分来自英国、美国、法国、德国、日本、比利时、捷克斯洛伐克等国家，机车类型多达198种（其中准轨机车187种3886台），最大功率1500匹马力（1103千瓦），有32%是破损严重的“死机”，能用的机车中44%是杂小型机车。铁道部对蒸汽机车实行维修、架修、中修、大修四级检修制度，维修和架修由机务段负责，中修和大修由工厂负责。各铁路工厂按照铁道部的统一计划和要求从事蒸汽机车修理工作，打破了局与局、厂与厂之间各自为政的封闭状态，蒸汽机车修理工作逐步趋向统一。在国民经济恢复的三年时间里，经过各工厂艰苦的“死机复活、病机康复”整修工作，使一大批报废或待报废的蒸汽机车重新投入运输。

1949年，重获新生的中车工厂共修理蒸汽机车724台，其中“死机”复活202台，大修278台，中修274台，甲检61台，局修181台，事故修15台；修造客车1546辆，其中“死车”复活255辆，一般修理810辆，局部修理241辆，事故修理35辆，改造53辆，重造5辆，新造41辆，其他甲、乙、丙检修22辆；修造货车6752辆，其中“死车”复活1685辆，一般修理2005辆，局部修理2042辆，事故修理206辆，改造104辆，重造29辆，新造242辆，其他甲、乙、丙检修331辆。皇姑屯厂、四方厂、唐山厂的工人还利用工厂原有的部分零部件，组装出7台蒸汽机车，分别命名为“北平号”“华东号”“中苏友好号”等。中车的这些工作，有力地支援了全国的解放战争。1950年2月5日，铁道部对全国车辆进行清查统计并对破损货车进行修复。4月10日，铁道部公布《铁路工厂客货车修程分等暂行规则》，将货车修车分为一般修（大修）、破损修复（分丙等乙等甲等）、重造、局修（包含事故修）、改造5等，规定了各种修程所需工数表。10月5日，制定《铁路工厂客货车轮轴普查办法》，规定一定时期内，将厂存可以拼修的轮对修复应用。1951年1月，铁道部召开首届全国车辆会议，要求尽可能多修“死车”，少作大修，修复“死车”

材料来源应以沿线起复的零件及报废解体车的材料以及厂、段自制的配件为主，并确定组成示范组，在当时中车的各个工厂推行车辆检修横作业法。

1951 年，铁道部公布《客货车名称鉴》，随后公布首届全国车辆会议的决议，确定推行横作业法为 1951 年车辆检修工作方针。铁道部还先后制定公布《客货车入厂修程鉴定暂行办法》《木制客车木工部分修理基准》《客车采暖及防寒暂行办法》《客车定期入厂计划暂行办法》《机客货车过限车轴改镟使用暂行办法》《客货车检修统计规则》《客车检修质量暂行标准》等多个规章制度。1952 年 10 月 13 日，制定《暂定修理车辆使用木材标准》。1950 年至 1952 年，中车的工厂共修理客车 6783 辆（次），其中死车复活及重造客车 987 辆，报废 447 辆。铁道部将原隶属各铁路局的铁路工厂改为部直属企业，设立修理局统一管理货车修理工厂。1950 年至 1952 年，共修理各种货车 31444 辆，能修复的“死车”已全部复活。

这一时期，中车的工厂仍隶属各铁路局，共有 18 个工厂承担客车修理任务。1952 年 12 月，铁道部将铁路工厂改为部属企业，实行集中管理，统一领导。按照专业化的要求，实行修造分立，设立修理局负责修理企业管理。同年 12 月 9 日，铁道部公布《客车大、中、年修规则》《客车电机具定期修理规则》《客车检修限度标准》《车辆暖汽装置检修细则》《车辆给水装置检修细则》等规定。同年 12 月 24 日，铁道部公布《客车大、中、年修过渡办法》，新规则自 1953 年 1 月 1 日起实行。

1954 年 7 月至 10 月，铁道部修理局组织长辛店厂、浦镇厂、石家庄厂、沈阳厂的技术人员与工人编制以厶 1 型客车为代表产品的检修工艺规程。1955 年 8 月 15 日，铁道部以第 541 号部令公布《铁路工厂接收、检修及移交车辆组织工作须知》。1957 年，按照专业化生产的要求，将承担客车修理任务的工厂调整为唐山厂、哈尔滨厂、沈阳厂、长辛店厂、浦镇厂、株机厂和西安厂。

1955年7月，铁道部印发《简化修理工厂修理机车车型草案及实施办法》，指出全国机型配备过于分散的现象基本解决，为中车工厂修理机车专业化分工创造了条件。铁道部将修理机车划分为共修主型（包括ㄇㄎ1、ㄇㄎ6、ㄆㄒ6、ㄙ5、ㄙ7五型）、专修主型、专修杂型三类，使工厂修理车型专一固定。"一五"期间，根据国家有计划发展国民经济和调整工业部门结构的部署，在成都、长春、兰州等地新建蒸汽机车修理厂，其中的成都机车修理工厂于1955年投入生产，同时还建立专业配件生产基地。到"一五"末期，蒸汽机车修理及配件制造的生产体系已初步形成。

图6：成都机车修理工厂

图 7：兰州机车工厂

二、掀起劳动竞赛热潮

在建立新的经营管理制度的同时，广大铁路职工掀起了以满载、超轴、五百公里运动（简称“满超五”运动）为中心的持久的劳动竞赛。中车系统也开展了各种形式的劳动竞赛。二者相辅相成，促进生产改革，一方面使既有铁路的潜在能力得到比较充分的发挥，另一方面在机车车辆设备的维护、修理等业务上为铁路运输保驾护航，共同推动了国民经济恢复时期和“一五”计划期间铁路运输任务的完成。

中车的劳动竞赛活动早在解放之初就开展起来了。石家庄解放后，石家庄铁路工厂的广大职工怀着极大的工作热情，积极投入到支援解放全中国的生产竞赛运动中。恢复生产以后，一部分职工分赴外地破路、修桥，留在厂里的大部分职工，也积极地为支援前线作贡献。为了支援前线，广大职工克服种种困难，在严重缺乏原材料的情况下，千方百计搜集旧料，积极检修不能开动的火车头，修复报废车，使一辆辆“死车”又起死回生，重新奔跑在铁道线上。此外，职工们还用旧料、废钢铁锻打各种筑路所需配件，及时支援修路、筑路工作，保证了通往前线的铁道线路安全畅通。从 1947 年 12 月到 1948 年 5 月，工厂共检修机车 18 辆，货车 80 辆，客车 4 辆，轻型客车 9 辆，内燃轨道车 13 辆，载重汽车 1 辆，制造和加工枕木 4900 根、鱼尾板等配件 128252 件。1948 年 7 月，工厂修理机车 6 辆，客车 1 辆，货车 29 辆;9 月份增加到检修机车 6 辆，客车 3 辆，货车 31 辆。

1948 年 8 月 13 日，石家庄厂接到锻打 96000 件扒锯子的任务。为了争时间，抢速度，修配所工人首先向全厂职工发出了开展打扒锯子竞赛的倡议，制炉所、车辆所、再制品所等单位的工人纷纷响应。工人们冒着酷暑和敌机轰炸，开展了轰轰烈烈的劳动竞赛。工厂的政委、厂长亲临现场指挥，石家庄市委和铁路管理局的领导也经常深入到工人中间，协调帮助解决生产中的各类难题。1949 年 5 月 11 日至 6 月底，厂里又开展了“红五月竞赛”，工人们铆足了干劲，仅仅只用了 51 天的时间就完成了两个月的生产任务，生产水平由竞赛前平均月检修机车 5 辆、客车 5 辆、货车 37 辆，提高到月检修机车 7 辆、客车 5 辆、货车 45 辆，共增加收入折合 1044365 斤小米。由于全厂广大职工的努力，这一时期较好地完成了各项生产任务，受到了铁道部和石家庄市委的嘉奖和表扬。

济南厂解放后，积极组织工人复工，恢复生产。1949 年 1 月，工厂接到上级通知，前线急需修复铁路所需的铁道夹板和道钉。职工们立即行动起来，全厂上下一起动手，点起上百个小碳炉，抡起大锤打道钉，一批批铁道夹板、道钉被迅速送往抢修铁路的第一线。仅 1 个多月时间工厂就完成了铁道夹板 31820 块，其他各类配件 113147 件、套，工厂为恢复铁路运输，支援前线作出贡献，受到济南市军管会表彰。为了庆祝江南人民解放，响应济南铁路管理局关于“死车复活”的号召，4 月 21 日，全厂职工开始动工抢修一辆废弃多年的机车，并将其命名为“江南号”。“江南号”机车在济南铁路管理局所属4个机车工厂（青岛、浦镇、济南、天津）机车修理质量评比中获第一名，被济南铁路管理局授予“技术先锋第一名”称号，并被命名为“标准号”。为支援前线，提高产量，1949年4月下旬，济南厂开展了生产立功竞赛活动。在生产立功竞赛活动中，共有172名职工和748个班组因工作表现突出而受到表彰。通过开展生产立功竞赛活动，不仅使职工的主人翁意识和工作热情明显提高，而且也促进了工厂生产的恢复和发展，工厂的生产能力随之大幅增长，劳动生产率大大提高，月修机车达到8台，超过国民党统治时期最高月产量一倍。从1948年9月济南厂解放至1949年5月，济南厂完成大修机车12台，中修机车8台，局修机车1台，修理客车3台，改造客车1台，修货车35台，改造货车5台，事故车修理32台，局修11台；锻铁245.763公斤，锻钢139046公斤，铸铁212.336公斤，铸铜23.263公斤；修理立式锅炉5台、机轮20对，修复各种设备机件113147套，80%被毁厂房得到修复。1950年济南厂开展“创造新纪录运动”，成立了创造新纪录运动委员会。新的劳动组织、新的工作方法、新的工具改进大量出现，使生产效率大幅提高。1950年全年工厂修理蒸汽机车102辆，完成全年修车计划的116%，全厂职工以实际行动为新中国作出自己的贡献。

这一时期，各铁路工厂开展抗美援朝爱国主义劳动竞赛。1951年9月20日，南口厂在全厂开展了“爱国主义竞赛的改进运动”。从9月初至9月中旬，全厂提出改进工作方法38项、劳动组织方面改进4项、机器设备方面改进23项、工具方面改进58项、一般改进5项，共计128项。

1956年，中华全国总工会作出《关于先进生产者运动的决议》。4月15日，全国铁路总工会发出《关于加强社会主义竞赛的领导，广泛开展先进生产者运动》的指示。同年，机车车辆工业制造和修理系统有24名职工当选为全国先进生产工作者。哈尔滨厂铣工苏广铭5年中进行了44

项技术改造，把一台1928年的旧式机床，改变为类似“万能机床”。1957年，各工厂开展了出勤劳动好、团结互助好、增产节约好、产品质量好、安全整洁好的“五好”竞赛运动。1959—1960年，机车车辆工业系统20名职工当选为全国先进生产工作者，大连厂、石家庄厂、太原厂、戚墅堰厂、浦镇厂被评为全国红旗（先进）单位。

第四节　机车车辆工业体系初步建成

随着国民经济的恢复和正常运行，建立独立自主的工业体系成为我国振兴民族工业前进的方向。中车主管机构的变化调整也遵循这一指导思想，按照专业分工的原则，机车车辆制造局和机车车辆修理局分别对中车的相关业务进行管理规范。

一、成立机车车辆制造局和机车车辆修理局

国民经济恢复时期，1950年，中央人民政府政务院财政经济委员会颁发《关于国营、公营工厂建立工厂管理委员会的指示》，指出在国营、公营工厂企业中，必须把原来官僚资本统治时代遗留下来的各种不合理的制度，进行有计划有步骤的一系列改革。这种改革的中心环节，就是建立工厂管理委员会。

1951年起，企业管理推行苏联铁路工厂的先进经验，改革组织机构、实行定员表、编制与贯彻生产财务计划、清查固定资产、确定流动资金定额、推行定额管理、实行计件工资制、改革会计制度、建立原始记录制度、推行生产经济活动分析制度，使企业管理建立在经济核算制的基础上，改变了企业管理的混乱局面。针对生产指挥紊乱、作业不均衡的弊端，建立重大部件修换预报制度和工厂赴段访问制度，提前做好准备，缩

短修车周期；实行以作业计划为依据，严格控制生产动态，使各工序有节奏均衡地进行；强化生产调度指挥系统，建立完善的调度网，实行统一指挥；各厂明确工艺分工，按作业程序合理调整工作和工艺布局。

1952 年 9 月 22 日，铁道部发部三〇一号部令《铁路工厂接收、检修及移交机车组织工作须知》，对检修机车从入厂到完工的整个程序、机车修理的计划安排、生产组织和技术质量等，规定了一整套具体办法，指导机车车辆工厂由经验管理开始走向科学管理。根据原有 35 个铁路工厂的条件和分布状况，从改善铁路工业布局、集中使用设备能力和技术力量着手，逐步形成从专业化生产布局出发的格局，采取关停并转的方针，对铁路工厂进行整顿。

1952 年 12 月，铁道部将原属各铁路管理局领导的 20 个工厂改为铁道部直属，分别隶属新成立的机车车辆制造局（包括 6 个工厂）和机车车辆修理局(包括 14 个工厂)。这是中国机车车辆工业管理体制的重大转变，它标志着包括修理、制造和大型配件生产在内的铁路机车车辆工业企业全部与铁路运营部门分离，成为独立的行业，各铁路工厂的领导关系由铁路局领导改为铁道部直属领导。机车车辆生产修造分离，使各厂由机客货车一体的综合性工厂向专业化转变。

二、调整工厂布局和隶属关系

中国的铁路工业，是以为铁路运输和铁路建设服务为主的专业性机械工业和铁路器材工业。其中主要包括机车车辆制造、修理和配件生产，通信、信号和电务器材，钢梁、道岔和工务器材，混凝土桥梁、轨枕和电杆等混凝土制品，木材防腐，工程机械以及装卸机械等行业。这些工业，是中华人民共和国成立以后，在对以前留下来的企业进行改扩建，并兴建一批新厂而逐步形成的。就其隶属关系划分，有直属铁道部领导的，有由铁路局和工程局管辖的。

新中国成立之初，铁道部成立厂务局管理铁路工厂。1952年8月，厂务局改组为机车车辆修理局，另设机车车辆制造局管理制造工厂。1953年，由于工业结构调整，机车车辆制造工厂划归第一机械工业部，由该部成立机车车辆工业管理局进行管理。1958年，机车车辆制造厂回归铁道部，铁道部成立机车车辆工厂管理总局管理全部机车车辆制造和修理工厂。

如果从唐山机车车辆工厂的前身、原开平矿务局胥各庄修车厂算起，我国的机车车辆制造工厂迄今已经有一百四十多年的历史。至中华人民共和国成立时，全国（除台湾省外）共有这类工厂35个，主要分布地区情况如下：

东北地区：沈阳（有南、北两厂）、牡丹江、哈尔滨、三棵树、齐齐哈尔、大连。

华北地区：长辛店、南口、张家口、天津、唐山、石家庄、太原。

中南地区：武昌（徐家棚、武东）、江岸、株洲、衡阳、广州、柳州、苏桥。

华东地区：四方、济南、徐州、浦镇、九龙岗、戚墅堰、萧山、玉山。

西北地区：三桥、宝鸡。

西南地区：昆明、曲靖、宜良。

这些工厂是根据自身的需要而创设的，这就决定了当时我国机车车辆工业的属性和特征：第一，大多属于机、客、货车都修的综合性修配厂。铁路工厂的兴建主要是为了在修筑铁路时制配一些简易配件，修理筑路机械和装配从国外购进的机车车辆；在铁路建成投入营运后，作为机车车辆检修基地。所建厂房简陋，设备粗疏，生产工艺落后。大多数是中小规模的工厂，没有炼钢、大型锻造、精密加工、热处理等设备。第二，没有独立的机车车辆制造业。1937 年，国民政府铁道部曾借款拟建设能自造机车车辆及配件的株洲机厂，但因全民族抗日战争爆发，还未建成即行拆迁。1938 年，日本侵略者曾创设“满洲车辆株式会社”（即现在中车沈阳机车车辆有限公司的前身），由日本国内供应主要配件和材料，制造机车车辆，因此，实际上还是具有依赖性的。抗日战争胜利后，国民政府资源委员会将它改为“沈阳机车车辆制造股份有限公司”，但没有投资，制造能力没有改善。其他如中华人民共和国成立前的大连铁路工厂、四方工厂、戚墅堰机厂等，虽然曾造过一些车，但数量很少，且所用主要配件和材料是由国外进口的。工厂分属于各铁路管理局，厂和厂之间没有经常性的协作关系，很少有生产联系。机车、客车、货车各厂都修，配件自产自用，没有协作分工。第三，布局不尽合理。由于铁路工厂是在各条铁路分治分管的情况下设立的，而且有的工厂是在抗日战争期间临时设置的，工厂布局缺乏统筹规划的安排。

之前创建的铁路工厂回到人民手里之后，广大职工发挥了高度的劳动积极性和生产热情，整修了设备，调整、充实了生产能力，修复了大量受战争创伤和长期失修的机车车辆。为了调整铁路工厂的布局，适当集中使用设备能力和技术力量，使之更好地为铁路运输服务，于 1950 年撤、并、转了一些工厂，将徐州铁路工厂迁并江岸机厂，玉山机厂迁并萧山机厂，武东机厂迁并株洲机厂，皇姑屯车辆厂（沈阳北厂）迁并齐齐哈尔铁路工厂，三棵树铁路工厂厂房转给其他工业部门，广州和宜良两厂撤销。1952 年，又将宝鸡铁路工厂转为铁路基建部门的工程机械厂，衡阳、张家口两铁路工厂转给其他工业部门，曲靖厂撤销，萧山机厂决定迁并武昌车辆工厂（1953 年迁竣）。经过以上撤、并、转，到 1952 年底，铁路工厂从 35 个减为 23 个（包括萧山工厂）。为了加强对机车车辆工业的领导和统一规划，1952 年 12 月，铁道部决定将一些原分属各铁路局领导的铁路工厂改为直属铁道部统一领导。经撤、并、转后留下的23个工厂中，除柳州、昆明两厂仍分别归衡阳铁路局和昆明铁路局领导，重庆临时机车厂仍归重庆铁路局领导外，余下20个厂都由铁道部直接领导。柳州厂曾于1953年和1958年先后由一机部和铁道部筹建柳州车辆制造工厂，都因条件不成熟而下马。与此同时，铁道部着手将部属20个工厂划分为制造厂和修理厂，设机车车辆制造局和机车车辆修理局分别管理。大连、齐齐哈尔、天津、四方、武昌、萧山（后迁至武昌）等6个厂由机车车辆制造局管理；沈阳、牡丹江、哈尔滨、唐山、长辛店、南口、石家庄、太原、济南、浦镇、戚墅堰、江岸、株洲、西安等14个工厂由机车车辆修理局管理。

三、调整产品和生产结构

中华人民共和国成立以来，机车车辆工业的生产结构，随着国民经济的发展，从实际出发，经过多次调整，逐步建立了比较完整的生产体系，从不合理到比较合理，经历了曲折的演变过程。

国民经济恢复以后，国家开始有计划地进行经济建设，调整工业部门结构。此后，除了着手筹建新厂外，对老厂的产品结构作了以下调整：1954年重庆临时机车厂迁并成都机车厂，1958年成都机车厂改名为成都机车车辆工厂，机车车辆制造工厂停止原来承担的机车车辆修理工作，按车种分工，从事专业制造生产。同时，按制造的要求进行工厂的技术改造。机车车辆修理厂按客观需要的机、客、货车修理能力比例，并考虑各厂的特点，将各厂由机、客、货车都修调整为只修一种或两种。随着各厂某种修理品种的“下马”，将有关的技术人员、技术工人、技术资料、专用设备和工艺装备调给其他工厂。大连机车车辆工厂将客车车间人员、设备、图纸全部转给长春429厂（长春客车厂），支援我国铁路客车生产基地建设。南口和天津两厂停修机车车辆，改为机车车辆专业配件生产工厂，建立专业配件的生产基地。通过以上调整，机车车辆工业的生产结构从一个基本上是修配性质、没有专业分工，变为修理、制造、配件生产等专业工厂组成的生产结构。这次调整的成效是显著的，奠定了机车车辆制造业的基础，建立了机车车辆专业配件生产的基地，增加了机车车辆工业生产中制造产量的比重。

调整“配、修、造”关系，集中力量整修机车车辆。经过三年国民经济恢复时期和“一五”期间的调整，机车车辆工业的生产结构日趋合理。但1958年开始的三年“大跃进”打乱了已调整的格局。在当时客货运量猛增的形势下，铁路需要补充大量机车车辆，而第一机械工业部所属的几个机车车辆制造厂的生产能力远远不能满足需要，为此，铁道部所属的机车车辆修理厂也都纷纷制造机车车辆，使机车车辆工业无法再分修理和制造系统。

1961年1月，党的八届九中全会决定对国民经济实行“调整、巩固、充实、提高”的方针。铁道部贯彻了中央的方针，对机车车辆工业的调整，采取了两个步骤：首先让大多数工厂停造转修，集中力量抢修失修的机车车辆，按照“先修后造、先配件后主机”的原则安排组织生产。其次是再次调整产品结构，协调“配、修、造”的比例关系。经过集中力量大搞机车车辆整修，在机车车辆失修状况基本好转的情况下，于1963年至1965年对各厂的产品再次作了调整。在保持足够的机车车辆修理能力的条件下，将机车车辆制造集中到少数工厂。在调整中，各厂的产品不仅按车种分工，而且尽可能按车型分工定点生产。配件生产方面，除充实、调整生产配件的专业工厂的品种外，还在其他机车车辆修造工厂中择优定点，分工生产各种机车车辆配件。1958年开始试制内燃机车和电力机车，分别于20世纪60年代中期和末期开始成批生产，并为了满足铁路运输对特种车辆的需求，调整了机车车辆工业的产品生产结构和新、老产品的制造、修理和配件生产等比例关系。

第 二 章

探索前行的中车

1958 年到 1978 年间，国民经济建设出现起伏，一方面在 1958 年经济过热期间，国民经济建设进行过政策调整；另一方面还经历了 1966—1976 年“文化大革命”十年的冲击，国民经济发展又一次陷入混乱被动发展的局面。从 1965 年起，国家开始进行长达 15 年、横跨三个五年计划的三线建设，以提升国民经济的发展安全性以及区域经济发展的平衡性。在这样严峻、复杂的形势面前，为促进国民经济健康运行，中车各工厂在主管部门的领导下，广大职工奋勇争先，不断探索前行，在恢复铁路交通上强化了设备运营安全、高效；与此同时，一批机车三线企业的建成投产，进一步拓宽了中车工厂合理化的区域布局。

第一节　管理体制的调整变化

“一五”计划的成功实施，为国民经济的恢复和建设奠定了良好的基础，中央政府也丰富了经济建设的经验，提高了执政水平。为了更好地发展经济，提升我国现代化建设的能力和水平，党中央对国民经济各领域的管理体制进行调整，使其能够更好地适应经济发展的需求。中车管理机构的发展变化也是这一政策产生的重要成果。

一、机车车辆工厂管理总局成立

1958年9月5日，铁道部决定将机车车辆制造局和机车车辆修理局合并，成立机车车辆工厂管理总局，各工厂更改厂名，工厂名称不再有“修理”字样。为完成铁道部下达的指标，工厂总局对管理的工厂任务进行调整，大部分从事制造工作。从事蒸汽机车制造的除大连厂、四方厂外，还有大同厂、唐山厂、长机厂、牡丹江厂、浦镇厂、田心厂、成都厂、武昌厂、长辛店厂、太原厂和昆明铁路局所属昆明机车厂等，制造的机型有人民型、建设型、解放型、胜利型、工建型、跃进型、米轨解放51型(JF51)、团结型、运1118型、蓉建型、星火型、红旗型、上游型等。铁路客车继续进行21型客车的改进和22型客车的开发，改进了XL21型行李车、UZ21型邮政车、RW22型软卧车和CA22型餐车，YZ22型硬席座车投入批量生产。

1958年到1962年第二个五年计划期间，由于“大跃进”对机车车辆需求增大，一方面继续对大连、齐齐哈尔、四方、武昌、天津5个工厂进行改造和扩建，另一方面为了使一些修理厂能承担制造，也着手进行较大

图8：资阳内燃机车工厂

图 9：贵阳车辆工厂

图 10：眉山车辆工厂

规模的改造。“二五”期间是中华人民共和国成立以来国家对机车车辆工业投资较多的一个时期,20 个老厂中，投资在 1000 万元以上的有 16 个厂。但是由于基建战线过长，限于财力，许多工程不得不中途停顿，投资效果不能迅速发挥。由于修理工厂纷纷搞制造，占用了修车能力，导致大批机车车辆失修，最后不得不让制造厂也停造转修，从而使机车车辆工业的发展经受了一段曲折，付出了沉重的代价。同在这个时期，有些工厂着手试制内燃机车、电力机车、新型客车和重载货车，孕育着牵引动力改革和机车车辆产品的更新换代。

1963 年到 1965 年，机车车辆工业贯彻中央“调整、巩固、充实、提高”的方针，缩短基本建设战线，除少数工厂制造一些机车车辆外，大多数工厂都集中力量搞修理。这个期间，除了对大连、四方两厂进行由蒸汽机车转产内燃机车，天津、南口两厂增加内燃机车配件的局部技术改造外，机车车辆工业全系统还按国家要求进行了英制改公制的技术改造。大连、戚墅堰、四方等厂抓住机车车辆制造任务不多的时机，及时将富余的生产技术力量投入到产品更新的生产技术准备工作中来，于 1964 年开始

图 11：永济电机工厂

小批量制造东风型、东风 2 型和东方红 1 型三种中国第一代内燃机车，并分别于 1965 年和 1966 年先后开始批量生产。

到了 20 世纪 60 年代中期后，出于备战考虑，中国开始了长达数十年的三线建设，将东部地区的大批工业企业迁入西部的荒山野岭等偏僻内地。在三线建设中，铁路机车车辆工业也兴建了一批新厂，如 1966 年成立的资阳内燃机车工厂、1971 年成立的贵阳车辆工厂、1972 年成立的眉山车辆工厂、1973 年成立的永济电机工厂和铜陵车辆厂。

图 12：铜陵车辆厂

二、管理体制的变化

中华人民共和国成立初期，在铁道部的统一领导下，对铁路工厂的布局进行调整，对一些铁路工厂进行撤、并、转。1949 年 10 月至 12 月，铁道部令山海关桥梁工厂归部直接领导；四方铁路工厂改由铁道部直属；丰台桥梁厂、丰台洋灰筑件（制品）厂由铁道部正式接管，归厂务局领导；沈阳桥梁厂归厂务局领导。

（一）"一五"计划时期的管理体制

1950 年至 1952 年，铁道部决定将丰台洋灰筑件（制品）厂并入丰台桥梁工厂，将麻尾机厂并入柳州铁路工厂，将玉山铁路工厂并入萧山铁路工厂，将皇姑屯车辆工厂北迁并入齐齐哈尔铁路工厂，将徐州铁路工厂迁并江岸铁路工厂，武东铁路工厂迁并株洲铁路工厂，撤销宜良铁路工厂，将苏桥铁路工厂并入柳州铁路工厂，将九龙岗铁路工厂迁至重庆九龙坡成立重庆临时机车厂，将天津钢铁配件厂并入天津车辆工厂，成立大连铁道研究所。

1952 年 9 月 4 日，铁道部颁发经中央人民政府政务院财政经济委员会批准的《关于调整铁路组织机构的决定》，在铁道部成立机车车辆制造局，统一掌管新造机车车辆的设计、制造及新造机车车辆工厂的经营管理等工作；全国机车车辆修理工厂由部机车车辆修理局直接领导，桥梁工厂划交新线施工局领导。各管理局不设厂务处，管理局其他小型工厂（机务、工务、电务、材料等），按其业务性质分别由管理局各业务处领导，定于 1953 年 1 月起正式按新编制实行。1952 年 10 月 1 日，因工作需要，组织机构调整提前实施，铁道部厂务局分为机车车辆制造局和机车车辆修理局。1952 年 11 月，各铁路局将相关铁路工厂进行移交。1952 年 11 月 26 日，铁道部下发 769 号部令，定于 12 月 1 日起各工厂依下列所属系统直接发生业务领导关系：机车车辆修理局所属有唐山、长辛店、南口、太原、石家庄、戚墅堰、株洲、皇姑屯、济南、浦镇、江岸、牡丹江、宝鸡铁路工厂和三桥、柳州、衡阳车辆工厂，暂管山海关桥梁工厂、沈阳桥梁工厂；机车车辆制造局所属有齐齐哈尔铁路工厂、四方铁路工厂、皇姑屯车辆工厂（张家口铁路工厂并入）、武昌车辆工厂、萧山配件工厂。1952年12月31日，中长铁路结束中苏合营共管，哈尔滨工厂归属机车车辆修理局，大连工厂归属机车车辆制造局。1953年1月2日，铁道部决定变更铁路（车辆）工厂名称及隶属关系，唐山、长辛店、哈尔滨、南口、太原、戚墅堰、株洲、皇姑屯、济南、江岸10个工厂变更为铁道部机车车辆修理局所属机车车辆修理工厂；牡丹江铁路工厂变更为铁道部机车车辆修理局牡丹江机车修理工厂；石家庄、浦镇、三桥3个工厂变更为铁道部机车车辆修理局所属车辆修理工厂；天津制氧厂改为铁道部机车车辆修理局天津制氧厂；齐齐哈尔、四方、大连3个工厂改为铁道部机车车辆制造局机车车辆制造工厂；武昌厂改为铁道部机车车辆制造局武昌车辆制造工厂；宝鸡、柳州、衡阳、天津、张家口、牡丹江6个工厂改为铁道部机车车辆制造局所属工厂。1953年2月至4月，铁道部决定将萧山配件工厂并入武昌车辆工厂，南口机车车辆修理工厂改归新建铁路总局，机车车辆制造局所属的宝鸡、衡阳、张家口3个工厂分别移交中央燃料工业部、重工业部、地质部接管。

1953年5月31日，中央人民政府政务院财政经济委员会为了有效地使用机械制造力量，更多发挥机械工业的潜力，决定将铁道部所属机车车辆厂划归第一机械工业部领导。移交范围包括大连、齐齐哈尔、四方、武昌、天津及柳州等6个铁路工厂的全部资产（包括住宅）、人员及铁道部直属机车车辆制造局的全部人员。8月22日，铁道部与第一机械工业部签订交接协议书，将机车车辆制造局及所属各厂正式划归第一机械工业部领导。机车车辆制造局划归第一机械工业部后，改称第一机械工业部机车车辆工业管理局，所属工厂分别改称为第一机械工业部机车车辆工业管理局大连、齐齐哈尔、四方机车车辆制造工厂，武昌车辆制造工厂，天津、柳州工厂。

第一个五年计划期间，第一机械工业部根据机车车辆工业发展的需要，还成立了四三〇厂（株洲货车筹建处）、一机部机车车辆工业研究所，将齐齐哈尔机车车辆制造工厂改名为齐齐哈尔车辆制造工厂。实行造修分立后，铁道部机车车辆修理局于1954年6月16日改称铁道部机车车辆修理工厂管理局。第一个五年计划期间，对所属工厂也进行了调整，筹建兰州机车修理工厂、长春机车工厂，将成都机车修理工厂（原重庆临时机车厂移建）划归铁道部直属，将天津制氧厂并入唐山机车车辆修理工厂。

（二）调整时期的管理体制

1958年7月1日，第一机械工业部的机车车辆制造局以及所属的大连、齐齐哈尔、天津、四方、武昌5个工厂和在建的大同厂、长春客车厂、筹建中的株洲货车厂划归铁道部。9月5日，铁道部决定，原铁道部机车车辆制造局和机车车辆修理工厂管理局合并，改称铁道部机车车辆工厂管理总局，在铁道部领导下，直接管理各工厂的生产、计划、财务、材料等全面工作。总局内设办公室、人事处、生产管理处、供应销售处、技术处、计划财务处、基建设备处。9月9日，铁道部下发《成立机车车辆工厂管理总局及变更各工厂厂名》，指出，各修理工厂的厂名已不符合承担机车车辆制造任务的新情况，各制造工厂和配件工厂的厂名也有统一规定的必要，决定对各工厂的厂名作统一变更。新厂名为：铁道部唐山、长辛店、太原、戚墅堰、株洲、成都、沈阳、大连、四方机车车辆工厂，铁道部济南、牡丹江、长春、大同机车工厂，铁道部哈尔滨、江岸、石家庄、三桥、浦镇、长春（原长春客车厂）、武昌、齐齐哈尔、株洲（原株洲货车厂筹建处）车辆工厂，铁道部南口、天津机车车辆配件工厂，共24家工厂。11月27日，正式成立铁道部兰州机车工厂。1959年5月6日，铁道部决定成立大连热力机车研究所、株洲电力机车研究所和四方车辆研究所。同年9月16日，铁道部决定成立戚墅堰铸工工艺研究所。

铁道部对机车车辆工厂实施统一领导后，对部分铁路工厂的名称和隶属关系继续进行调整。1960年3月，铁道部决定对部分铁路工厂变更名称，铁道部株洲机车车辆工厂改称铁道部田心机车车辆工厂，铁道部长春车辆工厂改称铁道部长春客车工厂，铁道部天津、南口机车车辆配件工厂改称铁道部天津、南口机车车辆机械工厂。同年6月1日，铁道部决定成立大同冷加工工艺研究所。

1961年6月20日，铁道部决定将武昌车辆工厂改为铁道部武昌机车车辆工厂。同年，铁道部决定自1962年1月1日起，将锦州铁路局所属的薛家机车车辆配件厂改由铁道部直接领导，改名为薛家机车车辆机械工厂（后称锦州机车车辆机械工厂）。1962年2月1日，铁道部决定撤销大同冷加工工艺研究所，与戚墅堰热加工研究所合并，成立戚墅堰机车车辆工艺研究所。自1963年9月1日起，将铁道部三桥车辆工厂改名为铁道部西安车辆工厂。1964年10月，铁道部决定将柳州铁路局所属的柳州铁路工厂自1965年1月1日起，改由部直接领导，并将浦镇机车车辆工厂机车修理的人员和设备迁到柳州，与该厂合并，将该厂改名为铁道部柳州机车车辆工厂，浦镇机车车辆工厂自1965年1月1日起改名为铁道部浦镇车辆工厂。1966年2月15日，铁道部决定，将原属基建总局的上海、西安、沈阳、天津和长辛店5个通信信号工厂，自1966年3月1日起改由部直接领导，由工厂总局归口管理，并改名为铁道部所属信号工厂。1966年3月12日，铁道部决定将原铁道部所属锦州机车车辆机械工厂连同其设备及人员交由锦州铁路局领导。3月22日，铁道部决定自即日起将铁道部机车车辆工厂管理总局改名为铁道部工厂总局。9 月 10 日，铁道部长辛店机车车辆工厂改名为铁道部北京二七机车车辆工厂。

（三）“文化大革命”时期的管理体制

“文化大革命”开始后，铁道部管理机构受到冲击。1967 年 5 月 31 日，中共中央、国务院、中央军委、中央文革小组发出《关于对铁道部实行军事管制的决定（试行草案）》，决定自即日起对铁道部实行军事管制，成立铁道部军事管制委员会。1968 年 11 月 25 日，铁道部军管会决定，部机关 26 个厅、局、部、委全部撤销，改组为政工、生产、后勤、办事 4 个组，生产组内设工业组，负责机车车辆工业企业管理。1970 年 7 月 1 日，根据中共中央、国务院的决定，铁道部、交通部和邮电部的邮政部分，合并组成新的交通部。交通部内设铁路工业组，负责机车车辆工业企业管理。7 月 24 日，交通部决定原铁道部所属各单位的名称做相应的更改，自即日起，均改冠为“交通部”。隶属交通部的机车车辆工业单位有：齐齐哈尔、哈尔滨、牡丹江、长春客车、长春机车、沈阳、大连、唐山、北京二七、天津、南口、石家庄、济南、大同、四方、太原、戚墅堰、田心、株洲、浦镇、武昌、江岸、西安、兰州、成都、柳州、资阳等 27 家工厂，大连、四方、戚墅堰、株洲 4 个研究所，贵阳、眉山车辆工厂筹建处和永济电机厂建厂领导小组。1972 年，交通部调整部机关机构，将原铁路工业组改为铁路工业局，负责机车车辆工业企业管理。

1975 年，第四届全国人民代表大会第一次会议决定，交通部划分为铁道部和交通部，铁道部机关设工业局，负责机车车辆工业管理。2 月 8 日，铁道部下发通知，凡原交通部所属铁路专业单位，机构不变，单位名称的冠头均由“交通部”改为“铁道部”。铁道部工业局管理的机车车辆工业单位，除部管辖的 27 家工厂外，又增加了贵阳、眉山车辆工厂，洛阳机车工厂，永济电机工厂，七〇一工厂，共32家工厂、4个研究所。1978年1月1日，铁道部调整部机关机构，铁道部工业局改为铁道部工业总局，为职权单位，对外仍为铁道部的职能部门。1978年3月1日起，将部属的劳动卫生、大连热力机车、株洲电力机车、四方车辆、戚墅堰机车车辆工艺5个专业研究所划归部科学研究院领导。

三、领导体制的变化

中华人民共和国成立不久，在铁道部统一领导下，各机车车辆工厂着手调整旧的工厂组织，建立职代会、工管会，实行新的管理体制。

1950年11月30日，铁道部颁发央资字309号部令《制定铁路（车辆）工厂组织条例（草案)》。1952年3月21日，铁道部下发铁劳组（52）字第55号文，公布《铁路（车辆）工厂组织及职务权限（草案)》作为全国铁路工厂共同执行的章则。各工厂依据部颁工厂分等查定标准分为一、二、三等。草案首次明确了厂长、技术副厂长、经营副厂长的职责范围和权限，各工厂建立健全了新的管理体制，实行厂长负责制。

1957年2月6日，中共中央批准中央工业政治部、交通工作部《关于撤销铁道、交通、邮电系统中各级政治机关加强党的领导问题向中央的报告》。《报告》建议实行党委领导下的企业首长负责制，由企业上级的党组织和当地地方党委对企业党组织实行双重领导。从1957年开始，机车车辆工厂开始实行党委领导下的厂长负责制等新的管理体制。1961年1月26日，中共中央批转铁道部党组《关于在铁路系统建立政治工作部门和改进管理体制的报告》。同年2月1日，铁道部政治部在发出的第一号指示中，要求各部直属工厂及所属单位，立即建立政治工作部门。按照铁道部要求，各铁路工厂建立了政治部，工厂设政治委员，由党委书记担任，车间、科室设政治指导员（政治教导员），由党支部书记担任。1962

年，铁道部印发《关于试行机车车辆（机械）工厂组织机构和职责范围（草案）的通知》，提出机车车辆（机械）工厂贯彻执行党委领导下的厂长负责制。同年起，机车车辆工业试行“工业七十条”。

“文化大革命”期间，各工厂陆续建立了由军代表、领导干部、群众组织代表组成的革命委员会，对企业实行“一元化”领导。1968 年 12 月实行走政治建厂道路，将车间、工段、班组和科室全部改为连、排、班的军队建制模式。1969 年至 1970 年开始整党建党，党组织逐步恢复活动，强调党委“一元化”领导，实行党政合一，党委书记兼革委会主任，形成了党委包办一切的不正常状况。

第二节　技术改造与管理整顿

在“大跃进”、整风和社会主义教育运动中，批判了“一长制”，取消了计件工资制和计时奖励制，铁道部分三次下放 1013 种规章制度，废止 1196 种规章制度，管理机构和生产组织也被打乱重组。由于破除了部分合理的规章制度，滋长了“浮夸、命令、瞎指挥”三风，管理上出现了一些混乱现象。为扭转这一不利局面，中车企业在铁道部的领导下开始着手进行技术改造和管理整顿。

一、开展技术改造

为使原有制造工厂扩大生产能力，修理工厂也能承担制造任务，铁道部安排中车的各工厂进行了大规模的技术改造。在技术改造中，各工厂除增建组装厂房外，在全民大炼钢铁的形势下，大量添建了锻造、铸造厂房，大修高炉，增加冶炼设备，扩大和新增炼钢能力。

在机械制造部门生产的机床和锻造、冶炼等设备不能满足订货的情况下，各工厂便采取自我武装的办法，自己制造了大批机床及其他设备；小型钢材、电焊条、电石、紧固件、电机、电器等器材供应紧张，也自己组织生产。由于新建和改扩建战线拉得过长，项目过多，不少工程开工后资金、材料不能到位，不能很快形成能力，不得不中途停顿，有的停建后转给地方。

在“大跃进”运动中，机车车辆工业响应党中央“破除迷信，解放思想”的号召，进行牵引动力的革命，长辛店厂研制了建设型内燃机车，四方厂研制出东风型液力传动内燃动车和卫星型内燃机车，大连厂研制出巨龙型内燃机车，戚墅堰厂研制出先行型内燃机车，株洲厂研制出韶山型电力机车。这些机车虽然都未定型批量生产，但为以后内燃电力机车的开发做了有益的尝试，积累了宝贵的经验。

二、整顿规章制度

铁道部总结“大跃进”时期存在的问题是，计划指标过高，基本建设战线过长，体制机构多变，权力下放过多，规章制度任意废除，企业管理混乱，设备失修，质量下降。从 1958 年到 1960 年的三年“大跃进”中，机车车辆工业虽然经历了大起大落，但仍取得明显成绩，牵引动力革命开始起步，国产机车车辆产品初步形成规模，造修能力和装备水平得到很大提高。三年共完成新造蒸汽机车 1678 台、客车 2210 辆、货车 57097 辆，虽与原来提出的高指标相距甚远，但这三年仍然是中华人民共和国成立后机车车辆工业高速增长的一个重要时期。

通过贯彻执行生产技术管理工作细则，整顿生产技术管理的基本规章制度，加强生产组织工作和生产技术准备工作，提高作业计划和调度工作的质量，季度检修会议、接车、鉴定等工作做得比以前细致认真，备品管理和分解检查工作有所加强。在生产秩序逐步恢复正常的基础上，开始加强技术基础工作和技术后方，注意产品图纸的整顿、简统化工作和工艺工作，大多数工厂都恢复或推行设备计划预修制度，扭转设备管理的混乱现象，提高设备技术状态与修理能力。通过执行经营管理工作细则和降低成本的10项措施，改进企业经营管理；改进企业的劳动组织与工资奖励制度；进行清仓核算工作，核实各项资金，积极处理多余物资，初步建立和健全了流动资金和物资管理制度；深入开展安全、优质、增产节约运动；对亏损企业严格地逐个审查，组织各厂按同类产品进行经济技术指标的对比分析，对加强管理、扭转亏损起了有效作用。各工厂对规章制度进行整顿、汇编，予以颁发。汇编分为综合、生产、产品设计、工艺、冶金、设备与动力、基本建设、工具、检查与计量、理化试验、计划统计、财务会计、材料、运输、劳动保护、劳动工资、人事、教育、档案、总务、住宅与福利、医疗卫生、其它共23类134项管理制度。恢复实施综合计件工资制。铁路工业系统通过贯彻“工业七十条”，大力整顿企业管理，总结推广了齐齐哈尔厂“集中到厂部，服务到班组”的先进经验，提高了管理水平。组织生产同类产品的工厂进行经济技术指标的对比分析，通过“对标”运用“抓两头、带中间”的工作方法，激发和带动了广大职工管理企业的自觉性和积极性，激发了“学先进、赶先进”的上进心。针对工作中的薄弱环节，制定切实可行的技术组织措施计划，促进大多数工厂各项经济技术指标都有明显提高。

三、压缩基建计划

三年的“大跃进”，修理系统受到严重冲击，待入厂修理的车辆急剧增加，造成全路封存2.4万辆破损货车，还有约1万辆货车带病运转，机车质量大幅下降，机破临修频繁发生，给运输安全造成较大威胁。1961年起，机车车辆工业贯彻中共中央以调整为中心的“调整、巩固、充实、提高”八字方针，开始进行企业整顿。此后，中共中央批转铁道部党组提出的“铁路是国民经济的大动脉，是高度集中的企业，带有半军事性质，必须把一切权力集中在铁道部”，在铁路系统重建政治部门，除党的思想政治工作和组织工作以外，不再实行铁道部和地方双重领导。1961 年 1 月 27 日，全国铁路领导干部会议决定，限期恢复和建立三个基本制度(负责制、验收制、经济核算制）和八个规程（技术管理规程、设计规程、施工规程、大中修规程、客运规程、货物运输规程、危险品运输规程、产品设计规程)。同年 3 月 30 日，铁道部党委在安排全年工作时，提出机车车辆工业实行“先修后造，以修为主，质量第一”的方针，后又改为停造专修，生产全部转为修理。对在建的技术改造项目实行“关、停、并、转”，大幅削减投资。1961 年 9 月 30 日，铁道部党委转发中共中央《关于讨论和试行国营工业企业工作条例（草案)》，机车车辆工业在戚墅堰厂试点后全面试行。铁道部先后制订公布《铁路企业计划工作条例（草案)》《机车车辆（机械）工厂生产技术管理工作细则（草案)》《经营管理工作细则（草案)》《组织机构和职责范围（草案)》。机车车辆工业以查定综合生产能力为中心，进行“五查五定”，基本摸清了家底，查清了企业现存的主要问题，找到企业各个方面的不平衡点和薄弱环节，核定企业的生产方向和综合生产能力，为切合实际地安排计划和组织生产提供有利条件，为有计划、按比例地全面安排机车车辆工业和各企业内部的调整工作以及长远规划工作奠定良好的基础。健全党委领导下的厂长负责制，建立了统一的生产行政指挥系统，初步建立健全了以总工程师、总会计师为首的技术责任制和经济责任制，加强职能科室的作用，把分工协作、相互促进、“条条”和“块块”、专业管理和群众管理正确地结合起来，建立工人岗位责任制，逐步把小组管理的内容和要求落实到个人。

四、开展车辆检修

1961年初，铁路工业部门根据设备质量差、修造比例严重失调的情况，提出了“先修后造，以修为主”的方针。大多数工厂停造转修。铁道部工厂总局组织了50个检修组，带着材料工具到各机务段、车辆段抢修机车、车辆。失修三年，用了五年的时间集中力量搞修理，才基本扭转了机车、车辆的破损状况。

1962年全年共修机车2433台（包括为工矿企业修理的320台），比1961年增加24.4%。产品质量与劳动生产率稳步提高，机车在厂日数大为缩短。经过调整，1962年新造机车的工厂由11个减少为1个，制造货车的工厂由17个减少为7个。机车车辆的制造任务急剧减少，机车车辆检修数量大幅度上升。1962年与1960年相比，新造机车由849台降为零，新造客车由818辆降为70辆，新造货车由26067辆降为1635辆，而厂修机车由1873台增长为2423台，厂修客车由980辆增长为1616辆，厂修货车由2264辆大幅增长为16977辆。工厂管理总局实际利润为年计划的135%，扭转了1961年的亏损局面。同年，铁道部公布了《机车车辆配件简统化和整图办法》予以实施。在机车配件简统化工作中，对简统后淘汰的部件制定了三级淘汰制方案，即厂（段）修时“立即淘汰”、入厂时“过渡淘汰”和报废时淘汰不再使用此种配件，后对机车机型进行简化和调整，经国务院批准，淘汰82种机型，保留58种。客车配件简统化工作将632种客车主要配件（部件）选优定型为204种，减少67.7%；货车配件简统化工作将1296种货车主要零部件选优定型为397种，减少69.4%。客货车配件简统化工作均采取强制过渡、半强制过渡、节制过渡三种形式予以实施。机车车辆配件简统化工作完成后，机车车辆工业系统又按铁道部《机车车辆英制螺纹公制化暂行办法》，对现有英制螺纹的蒸汽机车、6700

辆客车、74000 辆货车实施了公制化工作。调整期间，机车车辆工业企业在铁道部组织领导下，进行了机客货车等新产品的研制。

第三节　组建机车车辆研究所

1957 年，铁道部为进一步提高铁路机车车辆的科学技术水平，培养自己的科研人才，做出了建立铁路机车车辆研究机构的决定，对原有的研究所进行改制，组建新的研究所，分别按不同的专业分工成立 4 个新的机车车辆研究所。把大连机车车辆研究所的车辆部分迁到青岛成立四方车辆研究所，将成立不久的大同冷加工研究所与大连所的热加工部分一并迁至戚墅堰组建戚墅堰机车车辆工艺研究所，在株洲建立电力机车研究所，大连机车车辆研究所经调整后改名为大连热力机车研究所（1978 年再次改名为大连内燃机车研究所），最后形成专业分工明确的 4 个研究所，使机车车辆工业沿着生产与科研相结合的方向前进。

一、建立厂所发展体制

1959 年铁道部集中力量改建以前的研究所，组建新的研究所。最终形成了大连所、四方所、株洲所、戚墅堰所的研究格局，4 个研究所按新的专业分工初步建成。

大连所前身为 1922 年成立的满铁铁道技术研究所。1958 年 5 月，由第一机械工业部机车车辆研究所和铁道科学研究院机车车辆研究所就大连定置试验台进行合并，成立大连机车车辆研究所。1959 年将车辆研究室全体人员与试验设备迁往青岛，组建四方车辆研究所；将热加工研究室全体人员迁往戚墅堰，组建戚墅堰铸工研究所；大连部分则改为大连热力机车研究所，专门从事热力机车结构设计、试验、研究及内燃机车情报及标准化等工作。1961 年，铁道部批准建所扩充设计，投资 540 万元。新建多缸柴油机与传动装置全功率试验台、1∶5 机车机械振动模拟试验台、散热器试验台、光弹试验室和修制车间等 20 多个项目；进行了 2Д100 型中速柴油机、内燃机车转向架、东风型内燃机车电阻制动装置等项目的研究试验，还参加了东风型摩托车组、卫星型液力传动内燃机车和东风型电传动内燃机车等的设计。到 1965 年，全所职工 262 人，其中科技人员 177 人；初步建成内燃机车及其关键零部件的研究试验基地。1978 年改名为大连内燃机车研究所。

图 13：株洲所

1959 年成立的株洲所，当时仅设总体线路组和机械组，与田心电力机车厂设计科一起办公。1961 年铁道部批准扩充设计，开始建所施工。

1964 年建成试验车间和宿舍楼，与田心电力机车厂设计科分开，利用新建宿舍楼办公。1966 年上半年试验办公大楼建成。株洲所主要从事电力机车研究、设计试验，关键零部件的研制、试验任务。设立总体线路、机械、电机、电器、自动化、半导体器件、测试技术和科技情报等 8 个研究室，另有一个试制车间和一个试验站，初步建成电力机车及其关键零部件的研究、试验和试制基地。

1959 年始建戚墅堰铸工研究所，1961 年改名戚墅堰热加工工艺研究所。1962 年将大同冷加工工艺研究所迁来合并，定名戚墅堰机车车辆工艺研究所。同年铁道部批准建所扩充设计，1965 年建成。建筑面积 11000 平方米，主要仪器设备 200 多台（套）。设有铸造、锻压和热处理、理化检验（含金属材料）、机械加工（含焊接）、专用设备设计、技术情报及机车车辆工艺等 7 个专业研究室。初步建成机车车辆工业研究发展新材料、新工艺、新技术、新装备和研究发展检测技术、提高检测水平、制定工艺标准的专业研究所。

1959 年 5 月 6 日，成立四方车辆研究所（以下简称“四方所”）。任务是对有关铁道车辆新技术、新产品、新材料及其主要零部件的研究和改进，参加或主持重大新产品的设计、试制、试验及其定型工作；对运用生产中的车辆产品研究改进；组织有关车辆专业产品的零部件通用化、标准化的研究。四方所直属于铁道部，指定由机车车辆工厂管理局（以下简称“部工厂总局”）领导，研究业务受铁道部科学研究院(以下简称“铁科院”)指导。四方所的研究计划项目由部、部工厂总局规定，在保证完成部、局规定的项目前提下，可以自行安排一些研究项目。四方所根据研究任务，单独提出并编制基本建设规划。四方所是独立的科研事业单位，其费用开支按事业经费单独编制预算。四方所依托铁道部成立了国内首个制动技术研究室，是国内最早从事轨道车辆制动技术研发的专门机构之一。四方所成立后，主要从事铁道车辆及零部件的研究设计；参与新产品的开发；解决既有车辆的技术改造和重大技术问题；组织车辆标准的制订和归口管理工作；搜集和传播国内外车辆技术情报信息；进行铁道车辆及零部件各种

图 14：戚墅堰铸工研究所

图 15：四方车辆研究所

性能试验和检测。当时研究所设有 5 个研究室：车体、转向架、制动、空调、工艺室，同时还设有总工程师室、资料室、材料室等。

二、四个研究所的科研发展

我国轨道交通装备工业的发展在“一五”计划前后得到苏联的大力援助，苏联的工业发展模式对我国产生了深远影响。因此，我国在发展机车车辆制造工业的同时，也需要进行相关领域的科学研究。这一时期，中车四个研究所的相继成立与完善，对提高我国机车车辆制造领域的科研水平、追踪世界科技发展前沿发挥重要作用。

（一）大连所的科研探索

1951 年到 1958 年期间，研究所开展了初期的试验研究工作，取得丰硕成果。1955 年，机车定置试验室完成恢复性建设，标志着我国拥有了当时远东最大、技术最先进的蒸汽机车定置试验台，同年，成功进行了机车牵引热工性能试验，也是中国历史上第一次由中国铁路人进行的全面的机车性能试验。

从 1959 年到 1966 年上半年，大连所对内燃机车的研究试验初具规模，能够承担内燃机车的各项试验和一系列重要部件的开发研制，并参与主机厂和配件厂新产品的设计、开发、试制、试验，为其提供技术支持，成为我国一个重要的内燃机车科研试验基地。

20 世纪 50 年代，大连所培养出了一大批全面掌握整备、试验、计算、分析全过程技术的学科带头人。

从 20 世纪 50 年代至 21 世纪初期，大连所创造了十四项“国内第一”，填补轨道交通行业领域技术空白。1954 年 1 月，进行 JF（解放）型 2120 号机车牵引热工性能试验，这是机车试验台恢复后的第一次蒸汽机车性能试验，也是中国有铁路以来，第一次由中国铁路员工进行的比较全面的机车性能试验。1955 年，进行四轴货车基本单位阻力试验，取得了各类车型的基本单位阻力经验公式，为提高运输功率提供了重要依据，为编制蒸汽机车牵引规程提供了科学依据。1965 年 9 月，研制出中国第一台柴油机用 45GP100 增压器，被誉为“上山保功率”的一朵金花。1965 年 10 月至 12 月，与西安信号厂、大连厂组成 ND 型内燃机车电阻制动联合设计组，试制成功国内第一台加装电阻制动的 ND 型内燃机车，被称为“下山保安全”的又一朵金花。1965 年 11 月，ND 型内燃机车 10L207E 型柴油机，在主功率试验台上进行了 1000 小时耐久试验，创造了一项全路之最。1965 年 11 月至 12 月，在改装后的大连所原蒸汽机车定置（滚动）试验台上，对飞龙型 0001 号内燃机车进行了定置试验，机车在试验台上走行约 1100 公里，这是我国历史上内燃机车进行的第一次定置试验，开创了我国内燃机车定置试验的新纪录。1966 年 2 月，在单缸柴油机试验台上对双缸 240 柴油机进行了充分的参数选择验证，试验结果为中国第一台 16V240ZJA 型柴油机的设计制造提供了科学依据。1980 年 8 月，中国第一座内燃机车综合性能试验台建成。1990 年 11 月，研制成功的东风 9 型机车冷却装置在戚墅堰厂进行装车后的水阻试验，该冷却装置所采用的双流道散热器和组合式冷却风扇，首次在中国内燃机车上装车运用。1991 年 1 月，成功完成国内时速最高的东风 9 型内燃机车转向架试验。1995 年 9 月，完成恒功励磁装置型式试验，在路内车载微机控制系统的研究中开创了首例。1999 年 9 月，首台国产交流传动内燃机车“捷力”号(NJ1 型)在四方所剪彩，该车由大连所与四方所共同完成总体方案设计，并装有大连所配套技术的辅助传动系统、机车微机控制系统等 5 种装置。1999 年，为宝鸡工程机械厂设计的大功率轨道车研制成功，填补了国内一项空白。2007 年 12 月，由大连所与大连公交集团电车工厂合作自主研发、联合制造的大连市 201 号线用首台 70%低地板现代有轨电车顺利通过线路试验。

（二）四方所的科研历程

1959年6月1日，四方所正式成立并开展工作，设立行政办公室和技术情报、转向架、车体、空调、制动、工艺研究室。

1960年5月，参加了设计研制我国第一列双层客车工作。1961年9月，四方所设计、四方厂制造了2台客车滚动轴承试验台，其中1台调拨铁科院金化所。10月，四方所自行设计制造了用于试验车辆滑动轴承性能的轴瓦试验台，试验台为手动垂直加载。12月，四方所自行设计制造了空气弹簧试验台和车体静强度试验台。

1962年5月，根据部科技委安排，四方所承担了援锡兰（今斯里兰卡）客车研制工作，并参加了四方厂、齐齐哈尔厂第一批样车的试验验收工作。8月参加由哈尔滨车辆工厂设计试制的援阿尔巴尼亚矿石自翻车的试验工作，提出试验报告和随同出口产品的技术资料。12月，四方所首次使用动力学试验车在京津线上进行了202型转向架的动力学试验，试验时最高运行速度达到120km/h。

1963年1月，四方所与天津机车车辆机械工厂协作，进行El-14型机车制动机的改进试验研究，并成功安装在韶山3型电力机车上，经运行试验后，在国产内燃机车上推广使用。

1965年5月，四方所在天津—保定间进行了第二次货车转向架动力学试验，试验最高运行速度达到110km/h。四方所研制成功北京地铁电动客车制动机，经铁道部研究决定，在北京Ⅰ、Ⅱ、Ⅲ型地铁车辆上装车运用，并于1979年获铁道部科学大会奖。四方所还参加了长春客车厂设计试制北京地下铁道电动客车组的任务，于1968年12月在北京进行了第一次动力学试验，1969年开始批量生产，并陆续投入运用。

1966年，由四方所、大连厂和铁科院机辆所共同研制66型货车转向架。四方所和大连厂于1966—1967年共同研制了GQ型液化气体罐车（110

㎡)1 辆,1968 年投入运用。1967 年 7 月，成立了客车集便装置研制小组(由四方厂、长厂、济南局参加)，运行于青岛—浦口之间，1968 年，又研制车上集存式集便装置，并多次进行防冻（蒸汽和电热）试验；1969 年，在四方厂改硬座车 4 辆，运行于上海—北京之间，1982 年获部科技成果三等奖。

为了改善地铁电动客车噪音，四方所在研制 DK2 型地铁转向架的同时，首次研制了地铁电动客车用带橡胶块的弹性车轮。1969 年 5 月，在地面轨道上对第一辆弹性车轮试验车（ET615421）进行运行试验，最高运行速度达 120km/h。

货车缓冲器是铁路货车的重要配件之一，其主要作用在于吸收和消耗列车编解及启动、制动时相互冲撞的动能，降低纵向力，以达到保护车辆和货物的目的。1959 年，我国在轻快列车上首次采用橡胶缓冲器，1960 年后设计了客车使用的橡胶缓冲器，1968 年，由四方所、天津机车车辆机械工厂等单位开始设计、试制、试验 MX-1 型橡胶缓冲器，经过几年的运用考验，被证明各种技术性能良好，逐步代替之前的各型摩擦式弹簧缓冲器，1972 年 4 月，铁道部正式批量生产，年产量 3 万多套。1978 年，在全国科学大会上，MX-1 型橡胶缓冲器与其他六项标志性科研成果获得“全国科学大会奖”荣誉。MX-1 型橡胶缓冲器的成功研制不仅解决了当时我国铁路货车发展的困境，而且对后续的发展起到了“传帮带”作用。在它的基础上，随后时间里，四方所相继研发出更为先进的“MX-1 型橡胶改进缓冲器”“大容量缓冲器材质与工艺研究”“大秦线运煤车辆大容量缓冲器研制”“通用全钢摩擦式缓冲器研制”，1996 年获铁道部科技进步二等奖。

1970 年 5 月，四方所研制的六回程 70—51 型燃油锅炉通过部级鉴定。该课题于 1966 年 9 月开始研制，在各铁路局装车试验，改进后定型，先后装车 4000 辆，并于 1978 年获铁道部科学大会奖。

为解决车辆在运行中轴箱温度检测预报，1976 年 1 月，四方所研制的红外线热轴探测器进行了部级鉴定。1973 年 9 月研制成功第一台红外线热轴探测器，在上海南翔列检所进行试验，并由部组织召开了技术交流会。1978 年，获全国科学大会奖和铁道部科学大会奖以及山东省、青岛市科学大会奖。11 月，3 千瓦客车发电机及控制箱通过了部级鉴定。该车电装置于 1972 年 7 月开始研发，经过运行试验，在老型车改造和米轨客车上取代 IK5 直流发电机。

1978 年 2 月，四方所与南京航空学院合作研制 DJ-1100 型计算机，用于车辆动力学试验数据自动处理系统，该系统可同时处理 8 个通道的试验数据和试验后回放处理数据。1979 年 9 月，安装在动力学试验车（SY497111）上运用。3 月 16 日，铁科院（78）铁研字第 49 号文，进一步明确了四方所的方向与任务：负责各种客货车辆新产品的研究设计；负责客货车辆转向架、车体、缓冲器、空调装置、基础制动机等主要零部件的研制；承担部、院下达的车辆检修运用中重大科学技术问题的研究试验。

（三）株洲所的科研探索

1958 年 12 月 28 日，新中国第一台电力机车——6Y1 型 0001 号干线电力机车在株洲田心机厂（株机公司的前身）下线。由于各方面原因，6Y1 型机车三大关键部件和电器、机械等存在许多问题。6Y1 型 0001 号干线电力机车因整流器等主要部件发生故障，开出不久就“趴窝”，在宝凤线故障连连，时有引燃管逆弧、调压开关放炮和牵引电机环火等情况发生，严重影响机车可靠性。不将这“三大件”拿下，该型机车就不能定型，更不能批量生产。刚成立不久的株洲所临危受命，接到了首个任务：与田心机厂一起，对 6Y1 型电力机车的技术设计进行全面审查，彻底解决其技术缺陷。为攻克 6Y1 型机车的“三大件”顽疾，田心机厂先后制造了

6 台 6Y1 型电力机车样机，并投入到宝成线宝鸡至凤州区段进行试运行。在后来长达十年的时间里，该车三家研制单位的技术人员长期坚守在这段令人生畏的线路上，跟车运行，随时检修，全面攻关。为解决引燃管逆弧问题，株洲所和田心机车厂成立了“改硅车联合攻关组”，在 6Y1 型 0004 号机车上进行硅整流器取代引燃管整流器的试验研究。1966 年下半年，株洲所联合北京变压器厂，试制出第一台电力机车用硅整流装置，成功实现改硅替代。1968 年，经过十年攻关，从 6Y1 型 0008 号车开始了批量生产，被命名为“韶山 1 型”。作为中国铁路上第一代有级调压、交—直流电传动的国产客、货两用干线电力机车，该型电力机车的成功研制，标志着中国跨入了电力机车行列。

（四）戚墅堰所的科研发展

20 世纪 70 年代，国内内燃机车缸套使用寿命有 10—20 万公里，活塞环使用寿命却只有 9 万公里，也就是说，在北京和上海之间往返 30 趟就要更换活塞环。之所以要频繁更换缸套和活塞环，主要就是因为它们不耐磨，经常会出现折断、拉缸等故障。铁道部将活塞环、缸套的研发任务交给了戚墅堰所，主要就缸套、活塞环的材料、铸造、表面处理、冷加工等方面进行攻关。课题在 1979 年通过部级鉴定，活塞环使用寿命由 12—15 万公里提高到 27—30 万公里，居国内先进水平。而后，在第一、第二、第三次铁路大提速中，均发挥了很大作用。这一课题的成功研究也为戚墅堰所后续柴油机零部件产业发展奠定了扎实的基础，时至今日，柴油机零部件板块依旧是戚墅堰所产业板块的重要组成部分。

1962 年，大同冷加工工艺研究所整体并入戚墅堰所，1968 年到 1969 年，各主机厂陆续发现不少牵引从动齿轮出现折损，但是进行拆卸后找不到故障原因。从动齿轮是电传动内燃机车的主要零件之一，承载大，修换困难，是业内公认的难题。从动齿轮折损严重，会影响内燃机车的正常运行，各主机厂都在想办法。戚墅堰所在路内以材料工艺实力超群著称，戚墅堰所的科研人员深入到主机厂和机务段，通过跟车、解剖折损齿轮等手段，发现了影响从动齿轮使用寿命的若干原因，确认故障的出处和解决办法，运用热处理工艺进行质量提升。通过这一项目，戚墅堰所齿轮课题组名声渐起。为了加速牵引动力内燃化，国家进口了不少齿轮相关设备，但是分齿板的配备严重不足。分齿板配备不足就导致使用率上升，进而导致精度下降。戚墅堰所主动承担并解决了这一困扰各大工厂的难题。

据不完全统计，在1966—1976这十年中，戚墅堰所共完成29项科研课题，以材料工艺作为基础研究方向，领域涉及柴油机、珩磨轮、齿轮、弹簧、车钩、电炉等。“油罐车内壁防腐工艺及纤维挤压曲轴”“流动粒子电炉”“ZS-1型自动洗罐机”“50矮型特种断面钢轨及尖轨跟端辊锻新工”“采用塑料瓦头防止货车球铁轴瓦端磨工艺”等多个项目通过部级鉴定并在1978年获得全国科学大会奖、铁道部科技大会奖等荣誉。

第四节 “三线”建厂与扩能转产

20世纪60至70年代，中国开展以加强国防为中心的战略大后方建设，这是国防建设和国家经济建设的重要组成部分，涉及中西部13个省区。三线建设是中国经济建设历史上一次极大规模的工业迁移过程，三线建设的实施，为增强我国国防实力，改善生产力布局以及中国中西部地区工业化做出了极大贡献。在这个过程中，中车在中西部地区也开始建立相关工厂，积极配合国民经济的调整和实施。通过扩大生产能力，内燃机车、电力机车转产以及在三线新建机车厂等举措，加快了机车车辆的产能输出，更好地服务了经济建设的运行。

一、会战“三线一机”

三线建设对中车发展来说，既是机遇也是挑战。一方面，它是对中西部机车车辆工业的一次主动投资，为下一步区域工业布局的平衡和建设奠定了发展基础；另一方面也给中车厂区的规划、建设能力带来考验。1964年，铁道部提出进一步提高运输效率，货车周转时间要从3.16天压缩到3天以下；用两年时间修完破损封存的机车车辆，两年内突破新造内燃、电力机车的技术难关，达到小批量生产的程度。铁道部组织了内燃、电力机车试验会战，铁道部党委将西南三条战线、内燃机车生产及其后方基地建设称之为“三线一机”大会战。在1964年的会战中，共试制出四种类型9台内燃机车，包括：以大连厂为主试制的2000马力电力传动内燃机车，作为干线货运机车主力；以戚墅堰厂为主试制的1200马力电力传动内燃机车，适用于调车和短途运输之用；以四方厂为主试制的2000马力液力传动内燃机车，可作为干线客运机车；以四方厂为主试制的600马力液力传动内燃机车，适用于调车和工矿专用线牵引。这四种内燃机车从1964年5月陆续进行运用考核，机车性能基本良好。会战开始，国家经委、国家计委即组织召开全国定点协作会议，组织9个部委、一百一十多个企业、7个科研单位和6个高等院校，按照统一进度，定点落实攻关项目。国家科委将发展铁路牵引动力纳入重点科研规划，组织技术协作，帮助引进新技术。在攻关过程中，将科学研究与试制生产密切结合，铁道科学研究院、各机车车辆研究所和大专院校的科研人员“下楼出院”深入现场，参加会战。北京工业学院与四方厂一起，用了8个月的时间，对8种起动液力变扭器进行了几百次试验，得出123条性能曲线，保证了变扭器的质量。柴油机曲轴铸造技术是试制中的重大课题，冶金工人和技术人员日夜钻研，前后试炼了30多炉合金铸铁，分析了1200根试棒，做了上万次试验，最后才取得成功。经过两年的大会战，中国铁路机车车辆工业建成了初具规模的内燃机车试制和生产基地，培养和锻炼了近万名干劲大、志气高、具有一定技术水平的试制、检修、运用队伍，初步落实了一百多个机电产品协作点，组成了一个全国范围的产品大协作、技术三结合的协作网，突破了关键零部件的试制技术关，会战的进度大大超过了原来的设想。

1965 年 6 月起，研制的三种内燃机车提前一年时间先后在大连厂、戚墅堰厂、四方厂转入批量生产，月产内燃机车生产能力由年初的 2 台增加到 7 台，全年制成内燃机车 48 台、大型柴油机 50 台，大大超过会战要求。这些机车正式担当了运输任务，性能基本良好。从制造蒸汽机车到制造内燃机车，国外工业国家用了几十年的时间，而中国机车车辆工业企业仅用十几年时间就完成了运输装备的革命。在批量生产的同时，提出了“向世界先进水平进军”的目标，开始试制新型高速柴油机液力传动 4000 马力内燃机车和新型中速柴油机电力传动 3500—4000 马力的内燃机车。这次会战，为中国铁路机车车辆工业的进一步发展奠定了基础。与此同时，电力机车的研制和生产也取得了进展，至 1965 年，先后试制出 5 台电力机车，尽管这几台机车都因存在较严重的质量问题不能上线运行，但在不断改进探索，积累经验。在会战中，1965 年完成机车大修 2471 台、货车大修 2.6 万辆、客车大修 1988 辆，设备整修打了一个大胜仗，机客货车破损失修的状况得到根本改善，还清了旧债。

二、三线建厂

1964 年，在当时的国际形势下，国家立足于备战，在西南、西北等地进行大规模基本建设。

1964 年 12 月 14 日，铁道部下发第 4508 号部令，决定从 1965 年 1

月1日起，成立广元内燃机车工厂筹建处、资阳车辆工厂筹建处。1965年8月25日，铁道部下发《关于广元内燃机车工厂迁到资阳建设的指示》，确定广元内燃机车工厂搬到资阳，占用大王山一带的原货车厂、制动机厂和铸钢厂的厂址建设，广元内燃机车工厂筹建处改称资阳内燃机车工厂筹建处。同年10月起，铁道部陆续从戚墅堰、四方、天津、南口、大连、二七、大同等12家铁路工厂抽调部分干部和工人支援资阳厂。12月17日，国家计划委员会批准建厂设计任务书，规定第一期建设规模为：年产4000马力液力传动内燃机车100台、高速柴油机250台(50万马力)、增压器1200台、液力传动装置200套及零部件若干，确定第一期建设投资为12000万元。同年8月19日，铁道部下达《关于进一步加强西南工厂迁建工厂的指示》，提出新厂建设实行“三老带三新”（老基地带新基地、老厂带新厂、老工人带新工人），集中力量打歼灭战。10月20日，铁道部决定成立资阳内燃机车工厂，撤销筹建处。1967年2月，铁道部发出《重新复查431厂扩大初设的通知》，扩大初步设计完成后，总概算核定为16792.24万元。至1967年8月，完成“四通一平”、大临设施、三类工程、机车组装分厂等，竣工面积64270平方米。1973年8月，工厂试制出第一台12180型柴油机和2010型液力传动装置，9月试制出第一台东方红2型内燃机车，翌年转入小批量生产，1975年基建工程基本完成。

三、新建企业的铺开

这一时期，中车贵阳厂、永济厂、眉山厂新建开工，中车在洛阳、襄阳的企业也开展了相关项目的建设。

1958年10月27日，郑州铁路局决定在洛阳市东郊兴建郑州铁路局冶炼机车配件制造工厂（中车洛阳公司前身）。1969年11月12日，铁道部决定将牡丹江机车工厂一分为二，1200 多名职工搬迁中原，与洛阳铁路配件厂合并，组建为洛阳机车工厂。1973 年初，基本完成第一期扩建工程，为年修 150 台机车创造了条件。

1965 年 11 月 29 日，国家计划委员会、国家基本建设委员会下达通知，批准将戚墅堰厂修理货车 500 辆能力的设备（50 台）和人员（700 人）迁往贵州，建立贵州货车修理厂。1966 年 2 月 21 日，铁道部下达《平坝货车修理工厂基建任务书》，确定新厂生产规模为年修货车 2000 辆，以 P50 占 30%、M11 占 30%、C50 占 40% 为代表产品，并考虑修理一般的货车；年产铸钢件 800 吨、普通铸铁及墨铸铁件 1300 吨、锻钢件 600 吨；投资控制在 1700 万元。2 月 23 日，铁道部决定成立平坝货车修理工厂筹建处。7 月 30 日，铁道部通知，新建厂原由戚墅堰厂包迁改由沈阳厂包迁。1967 年 2 月 6 日，铁道部同意将平坝货车修理工厂的厂址改设在贵阳市都拉营。3 月 30 日，铁道部决定，撤销平坝货车修理工厂筹建处，成立贵阳车辆工厂筹建处。1968 年 5 月，铁道部军管会批复工厂扩大初步鉴定意见，核定设计总概算为 2530 万元。同年 6 月，工厂“四通一平”（通公路、通水、通电、通铁路及厂区平整）工程先后开工。1970 年，“四通一平”工程完成，工厂业务包含货车修理系统、制备系统、辅助生产系统、生产服务系统四部分。1975 年，工厂基本建成，6 月 30 日，工厂修理的第一辆货车出厂。

1968 年 4 月 8 日，铁道部军管会生产指挥部下发《关于新建电机制造厂并进行选厂的通知》，根据国家计委的部署，由田心厂和建厂工程局在山西南部新建一个电机制造厂。同年 8 月 26 日，铁道部军管会生产指挥部确定新厂的生产纲领。1969 年 2 月 7 日，国家计委、国家建委批准工厂建厂设计任务书，生产纲领为年产 4000 马力电传动内燃机车电机组 200 台、电控成套设备 440 套，将永济电机厂作为基本建设项目列入国家建设计划。10 月 30 日，周恩来总理对永济工厂建厂的指示传达到工厂："你们的永济电机厂上马要快，快，快。"同月，完成 62.63 公顷的土地征购，开始"三通一平"（通水、通电、通路和平整土地）工作。1970 年，交通部批复工厂扩大初步设计，建筑面积 15.9 万平方米，人员 4000 人，金属切削机床 418 台，总投资 4737 万元。1974 年初，交通部对建厂工作提出"基建收尾，设备配套，建成投产，并积极进行试生产和小批量生产"的要求。1974 年末，工厂新建工程基本完成。当年工厂试制和生产各种型号电机 160 台。1976 年底，完成建厂设计要求的全部工程。1965 年 8 月 25 日，铁道部根据国家计委和中共中央西南局的意见，将原定在四川广元新建的内燃机车厂移至资阳，车辆厂另选厂址。1966 年 8 月 22 日，铁道部在向国家计委、国家建委上报眉山厂设计书中提出，新厂生产纲领为年产货车 3000 辆，以 P13 型棚车和 65 吨敞车各半为代表产品；年产各种铸钢件 2 万吨；年产货车制动机及各种塞门 4000 辆份，以 103 型分配阀为代表产品，机车制动机 300 台份，以 EL14 型为代表产品。采取老厂包新厂的办法，齐齐哈尔厂负责包迁货车制造厂和制动机厂，四方厂负责包迁铸钢厂（后改为齐齐哈尔厂一厂包建）。同年 10 月 18 日，铁道部决定自 11 月 1 日起，撤销资阳车辆工厂筹建处，成立眉山车辆工厂筹建处。1970 年，交通部正式批准第五版施工总图。同年 5 月 2 日，工厂召开基建施工誓师大会，开始厂区"四通一平"工程，同日制动机厂房破土动工。1975 年，工厂主要车间厂房基本竣工，安装设备 231 台，累计完成国家投资 6794.5 万元。从 1975 年起，工厂主要精力转入抓生产，一方面继续抓未完工程的建设，另一方面抓生产配套和生产组织准备工作。1977 年 1 月，实施"抢三站（氧气站、二氧化碳站、空压站），上七线（货车组装、中梁焊接、枕横梁焊接、多头钻、高压造型、挤压造型、闸缸生产线），拿下十八机（开卷机、大平面铣等非标工装设备），能力翻一番"工程。至 1980 年末，工厂按设计规模建厂施工基本完成。当年生产货车（敞车）2007 辆、钢水 8511 吨、路用配件 48153 套（件）。

1969 年 4 月，为配合襄渝铁路建设需要，铁道兵决定将所属的昆明混凝土制品厂一部、昆明机械厂全部迁往湖北，直接为襄渝铁路施工提供路用预制梁和施工机械。1969 年 11 月，工厂破土动工。1976 年 6 月，工厂基建工程全面告竣。1977 年 5 月，厂名定为铁道兵后勤部襄樊机械厂。

四、加快发展机车车辆生产

新中国成立之后，在已有基础上，中国的机车、客车、货车制造开始快速发展，与之相适应的机车车辆修理也发展迅猛。

（一）造修转产

在“大跃进”时期，铁路运量猛增，要求机车车辆工业提供更多的机车车辆。在这种形势下，少数制造厂的生产能力已远不能满足需要，转而要求修理工厂也要造车。这段时期内不仅对大连、齐齐哈尔、四方、武昌、天津 5 个工厂继续进行由修转造的技术改造和扩建，同时为了使一些修理工厂能承担制造，也着手进行较大规模的技术改造，出现各厂全趋向制造的局面。各厂除增建厂房和增加机械设备外，由于机车车辆制造需要大量铸钢件而扩大或新增了炼钢能力。1957 年各厂的钢水总产量为 10.8 万吨，1959 年猛增为 31.1 万吨，1960 年高达 48.3 万吨。由于机械制造部门生产的机床和铸造、冶炼等设备不能满足订货，许多厂便自己制造机床和其他设备，以及生产小型钢材、电焊条、电石、紧固件、电机、电器等器材。为此，国家对机车车辆工业投入大量资金，第二个五年计划期间，20 个老厂中，投资在 1000 万元以上的有 16 个。但是，由于基建战线过长，限于财力、物力，许多工程不得不中途停顿，投资效果不能迅速发挥。

在确定机车车辆工业全面搞制造之时，曾设想将机车车辆的厂修由各铁路局所属的机务段、车辆段承担，并已将一部分修车用的工艺装备和图纸转给有关段。但由于铁路运量剧增，机务段、车辆段原承担的机车车辆日常运用维修量也加大，没有能力增加厂修任务，而且机务段、车辆段的场地、设备条件不经扩大和大量投资充实改造，也难胜任厂修，因而这个设想落空，导致大批机车车辆严重失修。为了改变这一局面，自 1961 年开始，各修理工厂仍陆续恢复修理，各制造厂也都一度停造转修，各机车车辆工厂由全面搞制造转为全面搞修理，至 1965 年才基本扭转机车车辆失修状况。

（二）机车制造

中华人民共和国成立后，我国机车制造相继经历了蒸汽机车、内燃机车、电力机车三个发展阶段，分别在不同时期为国民经济建设做出了独特的贡献。

1. 蒸汽机车的制造

1954 年 11 月，第一机械工业部机车车辆制造局将原有技术设计人员调入大连厂，又从全国各地抽调一批工程技术人员和分配到工厂的大专院校毕业生及工厂原有的设计人员，组成有 100 多人的设计队伍，从事旧型蒸汽机车的改进和新型蒸汽机车的设计，形成中国蒸汽机车的设计中心。1956 年 9 月 26 日，中国第一台自行开发的大功率干线货运蒸汽机车在大连厂试制成功，新型机车被命名为“和平型”。和平型蒸汽机车最大马力比ㄇㄎ 1 型增加 80%，牵引力增加 41%，载重增加 500—600 吨，时速增快 5—6 公里。中国第一机械工会发来贺电。当年 10 月 13 日，首台和平型蒸汽机车由天津牵引 66 辆四轴车辆组成的 3390 吨货物列车，以每小时 75 公里的最高平衡速度到达北京。铁道部科学研究院在徐州进行的试验表明，无论从功率等级还是各项技术经济指标看，和平型蒸汽机车都达到当时世界蒸汽机车设计的先进水平。和平型干线货运蒸汽机车先后由大连、长春机车、牡丹江、沈阳、唐山、大同厂小批量生产。

在干线货运蒸汽机车仿制成功后，中国铁路机车工业企业又开始按照ㄆㄒ 6 型（旧名太平洋、PF、RM）仿制客运蒸汽机车。仿制整图工作由大连厂进行，试制任务由四方厂承担。四方厂职工根据整理和改进设计后的图纸，凭借制造ㄇㄎ 1 型蒸汽机车的技术和经验，仅用 8 个月时间，于 1956 年 9 月试制成功两台车号为 601、602 的新ㄆㄒ 6 型客运干线蒸汽机车。601 号机车曾在北京至山海关间作高速旅客列车牵引试运，情况良好，新ㄆㄒ 6 型机车投入运营后，使长途直达旅客列车扩大了编组，客车数量由 9 辆增至 13 辆，取得良好的经济社会效益。该型蒸汽机车共制造 151 台。

经过几年的运营后，仿制的ㄇㄎ 1 型干线货运蒸汽机车暴露出技术性能低、经济效益不良等问题，不能适应迅速发展的铁路运量要求。1956 年，铁道部组织唐山铁道学院、铁道部科学研究院、唐山厂、戚墅堰厂和古冶机务段等单位对 667 号、120 号ㄇㄎ 1 型蒸汽机车进行了技术改造。改造主要涉及机车锅炉和机械部，锅炉采用全电焊，并装有再燃室圆顶式火箱。机车改造后，带来了更好的经济效益。该型机车共制造 455 台，其中四方厂制造 216 台、大连厂制造 187 台、齐齐哈尔厂制造 50 台。

大连厂在基本结束和平型蒸汽机车设计后，还进行轴式为 1–4–1 的蒸汽机车草图设计，1956 年 8 月投入试制，1957 年 7 月 1 日机车试制成功，被命名为“建设型”。建设型蒸汽机车与煤水车全长 23337 毫米，机车煤水车整备重量 187.32 吨，煤水车装煤量 17 吨、装水量 35 立方米，粘着重量 79.45 吨，构造速度 85 公里 / 小时，通过最小曲线半径 145 米，模数牵引力 245.7 千牛，轮周功率 1668 千瓦。建设型蒸汽机车是在ㄇㄎ 1 型蒸汽机车基础上改造设计的，综合了ㄇㄎ 1 型机车与和平型机车的优点。建设型蒸汽机车对锅炉、汽缸、给水装置、加热机、风泵、摇炉等装置进行了重新设计。改进设计的主要内容和特点为：锅炉改为焊接结构，安装了新式调整阀、吹炱器、铸钢过热箱、风动摇炉器、混合给水预热器，提高了锅炉压力。建设型蒸汽机车与改造后的ㄇㄎ1型蒸汽机车相比，计算供汽率提高15.4%，最大功率提高16.7%，单位功率的金属消耗量降低13.3%，机车总功率由7.2%提高到8.1%。当时和平型蒸汽机车销售成本为41万元，建设型蒸汽机车销售成本只有22.5万元。该型机车是当时中国铁路干线货运的主型蒸汽机车，先后由大连厂、戚墅堰厂、长辛店厂、大同厂投入批量生产。

大连厂在将ㄇㄎ1型机车改进设计成建设型蒸汽机车后，又按照建设型蒸汽机车的设计思路对ㄆㄒ6型客运蒸汽机车进行改进设计。1957年8月完成全部施工图的设计。大连厂在改进设计时，采用了与建设型机车改进设计时相同的技术措施，因而新设计的客运蒸汽机车与建设型货运蒸汽机车的许多零部件可以互换。改进设计的客运蒸汽机车由四方厂试制。1957年，四方厂对大连厂的图纸又进行了4次重大改进，1958年4月30日，首台新型机车在四方厂试制成功。该型机车被命名为“人民型”，铁道部颁发《批准修订后的人民型蒸汽机车设计任务书和机车总图》。人民型蒸汽机车轴式2-3-1，动轴轴重21±3%吨，构造速度110公里／小时。人民型蒸汽机车由四方厂生产。人民型干线客运蒸汽机车与ㄆㄒ6型干线客运蒸汽机车相比，单位功率耗煤量降低11.8%，单位功率金属消耗量减少21.4%，功率提高28.9%，牵引800吨四轴客车在平道上运行时速度可达每小时94.5公里，具有功率大，乘务人员劳动条件好等特点，成为当时中国干线客运的主型蒸汽机车。该型机车共制造了258台。

1958年5月党的八大二次会议正式通过“鼓足干劲、力争上游、多快好省地建设社会主义”的总路线后，按照“又多、又快、又好、又省地建设社会主义”的新方针，原从事机车车辆修理的工厂也以大量能力投入制造，除大连厂、四方厂外，参与蒸汽机车制造的还有大同厂、唐山厂、长春机车厂、牡丹江厂、浦镇厂、田心厂、成都厂、武昌厂、长辛店厂、太原厂和昆明铁路局所属昆明机车厂等。同年 7 月，国务院决定一机部管理的机车制造企业重新划归铁道部后，造修合并管理。同年，中国从苏联进口了 ФД 型机车。进口后由牡丹江厂、长春机车厂、长辛店厂等工厂分别进行改轨，将原 1524 毫米轨距改为 1435 毫米轨距。1959 年 9 月，铁道部对全国铁路的蒸汽机车型号、名称做第二次调整并采用汉语拼音字头作型名代号。MK（ㄇㄎ）型机车统一更名为“解放”型，代号 JF；PX（ㄆㄒ）型机车统一更名为“胜利”型，代号 SL；ФД 型机车命名为“友好”型，代号 YH；“和平”型代号 HP，“建设”型代号 JS，“人民”型代号 RM。同年生产蒸汽机车 509 台，1960 年达到 803 台。至此，中华人民共和国蒸汽机车生产通过仿制、改制、自制和改造，形成了人民型、胜利型、和平型、建设型、解放型、友好型六大主型机车。“大跃进”时期，机车车辆工业企业还研制生产了工建型（GJ）、跃进型（YJ）、米轨解放 51 型（JF51）、团结型（TJ）、运 1118 型、蓉建型（RJ）、星火型、红旗型（HQ）、上游型（SY）等型号蒸汽机车，其中工建型机车制造 142 台，跃进型机车制造 202 台。随着地方铁路的兴起，按照国家对铁道部在完成干线和工矿用蒸汽机车的同时，生产部分地方铁路用小型蒸汽机车，支援地方铁路发展的要求，铁道部组织所属的大连厂、四方厂、大同厂、唐山厂、长春机车厂、牡丹江厂、浦镇厂、田心厂、成都厂、济南厂、武昌厂、太原厂和昆明铁路局所属昆明机车厂参与地方铁路和工矿用蒸汽机车的制造，石家庄动力机械厂、哈尔滨林业机械厂、广州同生机械厂、重庆新建机械厂等十几家地方企业也参与制造了蒸汽机车。

连续三年的“大跃进”，使铁路机车车辆得不到正常的修理，技术状态严重下降，事故频发，给运输安全造成较大威胁。1961 年，根据中央“调整、巩固、充实、提高”的八字方针，铁道部党委在安排全年工作时，制定了“先修后造、以修为主、确保配件、质量第一”的原则，同年 6 月，部党委扩大会议进一步提出把“先修后造”变为“停造专修”。在“停造专修”期间，铁道部组织对已研制生产的人民型、建设型及和平型机车进行质量改进，改进措施包括改用脚踏式汽缸排水阀、锅炉保温采用石棉灌浆、采用拉板灰门并尽可能加大灰箱容积、装用齿式炉条等。和平型蒸汽机车鉴于当时中国的设计能力、水平以及历史原因，设计人员在设计中移植了当时苏联蒸汽机车的设计理论和结构型式，实践证明不完全适合中国的国情。

1961 年 6 月 30 日，铁道部颁发《批准修订后的和平型蒸汽机车设计技术任务书和机车总图》。1962 年 9 月，铁道部工厂总局向大同厂下达了以提高锅炉热力性能为重点的改进设计任务。1963 年 2 月，大同厂提出加大锅胴直径，增加燃烧室，对锅炉作根本性改造。此次对和平型蒸汽机车的改进设计，实际上是对机车进行以锅炉为重点的一次重大改造。1963 年下半年，大同厂开始小批量生产新和平型蒸汽机车。

1964 年 9 月 28 日，经过重大改进设计后的新和平型蒸汽机车在大同厂试制成功，车号为和平型 101，配属北京铁路局丰台机务段。在经过 4 万多公里的运用考核之后，铁道部科学研究院又在北京环型铁道试验基地进行了牵引热工性能试验，在哈大线进行运营牵引试验和热工试验。试验表明，新和平型蒸汽机车适合中等供汽率下高速运行。运用部门反映，锅炉燃烧状态好，节煤效果显著，牵引力大，适合于多拉快跑。基于上述取得的实际效果，新和平型机车就此定型。

1964 年，铁道部决定由唐山厂批量生产上游型蒸汽机车后，唐山厂对设计又做了较大修改，产品逐渐定型。该车轴式为1-4-1，机车全长21.64米，整备重量140吨，构造速度80km/h。采用全电焊锅炉，铸钢气缸，轮轴功率1084千瓦，与解放6型机车相比，轮轴功率增大15.7%，单位功率过热蒸汽消耗量降低11.2%，单位功率金属消耗量减少35.6%。该车结构可靠，性能良好，维修方便，坚固耐用，被定型为专供路内和路外大型企业作调车和小运转作业的主型机车。

1965年起，蒸汽机车恢复正常制造，铁道部对生产布局进行调整，确定大同厂、唐山厂两家企业担负蒸汽机车制造，原担负过制造任务的大连厂、四方厂、戚墅堰厂等转为生产内燃机车。在机型上也作了调整，继停止生产解放型和胜利型蒸汽机车后，又停止生产建设型和人民型蒸汽机车，只生产和平型与上游型蒸汽机车。和平型（后改称反帝型、前进型）机车由大同厂制造，上游型机车由唐山厂制造。为使机车结构、性能不断完善，以满足运用需要，两厂采取“走出去”和“请进来”相结合的方式，基本上每两年召开一次有铁道部机务局、工业总局参加的用户座谈会，每年进行一次段访、两次厂验会议，广泛收集用户意见，并将改进措施在日常生产中予以贯彻实施，先后对锅炉、汽机、走行部、煤水车等进行了改进。从1966年起，前进型（反帝型）蒸汽机车不断向南方各铁路局配属。运用部门需要大水柜、大煤槽的煤水车，且具备运转及检修条件，大同厂决定重新设计和试制新六轴煤水车，对转向架构架、煤水车底架、制动方式、轴箱结构等进行了重新设计。1968年1月，第一台新六轴煤水车试制成功。同年11月，新六轴煤水车正式投入批量生产。联挂新六轴煤水车的前进型蒸汽机车共由大同厂制造了1208台。1976年4月，铁道部责成大同厂试制轨距为1524毫米的前进型宽轨蒸汽机车，数量为5台，用于集（宁）二（连）线执行边境调车和出境小运转牵引任务。大同厂立即组织设计人员赴中蒙边境二连国境站进行实地考察，确定了改轨时的设计变更要点。设计改变部位主要为走行部，涉及导轮、动轮和煤水车的轮对，机车和煤水车转向架的基础制动装置及前后车钩。另外，根据运用部门的需要，设计中增加了若干美化与加装改造项目。同年第四季度，大同厂共生产出 9 台前进型宽轨蒸汽机车。唐山厂被铁道部指定为上游型蒸汽机车的定点生产厂后，最高年产量达到 165 台。1976 年唐山大地震工厂遭到毁灭性破坏，1979 年唐山厂移地重建，1980 年恢复上游型机车制造。

铁道部根据国家能源状况及当时蒸汽机车还作为铁路运输主要牵引动力的实际，提出要对前进型蒸汽机车进行更新改造，改善乘务人员的劳动条件，将机车效率提高到 10%。此项任务由大同厂承担，铁道部科学研究院协助。1980 年 1 月起，大同厂着手对前进型蒸汽机车进行综合改造：汽缸增加乏汽稳压室，加粗加长过热管，小烟管增加变阻节流器；采用高效通风装置（即 7—10 扁烟筒）；加装粘着重量增加器自动控制装置及采用六轴滚动轴承煤水车等 5 项。其中在蒸汽机车上设置乏汽稳压室属国内首创。大同厂试制出第一台综合改造的前进型蒸汽机车，车号为 QJ6191，出厂后暂配属大同机务段。在完成 5 万多公里的运行考核之后，由铁道部科学研究院在北京环行铁道试验基地进行了 3 种方案的全套牵引热工试验。试验后，机车正式配属集宁机务段。大同厂共制造综合改造的前进型蒸汽机车 14 台（其中 1 台试用高效传热螺纹小烟管），分别配属桂林、宝丰、绥化等 8 个机务段。至 1988 年 12 月停产，大同厂共生产各型蒸汽机车 5571 台，遍布全国 12 个铁路局的 116 个机务段，承担了当时全国铁路货运量 70%左右的运输任务，蒸汽机车总产量为亚洲之最。

2. 内燃机车的制造

（1）货运机车。1956 年，铁道部根据中国铁路运输发展的需要，编制了《1956—1967 年铁道科学技术发展远景规划》，提出在第一个五年期内，开始研究电力机车及内燃机车；在第二个五年期内，制造电力机车、内燃机车及煤气内燃机车，研究燃气轮机车及固体燃料代用液体燃料。按照中苏两国签订的关于协助中国开发内燃机车的技术合作协议，铁道科学研究院和有关工厂选派了工程技术人员出国考察、学习。1956 年 10 月至 1957 年 12 月，大连厂派出两批设计人员赴苏联学习考察内燃机车设计技术和制造工艺。1957 年，一机部机车车辆科学研究所派出一批技术人员到唐山铁道学院，对新中国成立前留下来的 120 马力内燃机车上的福依特 T2 型液力传动装置作了测绘，进行"内燃机车设计资料系统化"的课题研究，系统地整理国外内燃机车技术资料，初步掌握了内燃机车和柴油机、电力传动和液力传动的工作原理、设计方法与试验方法，大连厂还组成了内燃机车设计组。1958 年 2 月和 4 月，国家技术委员会、第一机械工业部和铁道部等有关单位，商讨中国试制双节 4000 马力内燃机车的工作，确定了内燃机车试制技术任务书。内燃机车的设计任务由大连厂承担。大连厂在苏联专家德·依·别洛乌斯指导下开始设计内燃机车。当时既没有现成图纸，又没有成套参考资料，只有苏联专家随身携带的少量 ТЭ3 型机车的资料和海军部门提供的几张 2Д100 型柴油机图纸。6 月底，大连厂完成全部设计。

在铁道部铁道科学研究院和唐山铁道学院协助下，1958 年 8 月 31 日，长辛店厂试制出建设型内燃机车。9 月 22 日，四方厂试制出东风型液力传动内燃动车（摩托动车）。9 月 26 日，大连厂试制出巨龙型内燃机车。同日，铁道部机务局发来贺电，大连厂试制成功我国第一台铁路干线用的内燃机车，这个成就标志着中国的机械工业开始以现代化的头等装备来武装中国铁路运输事业。12 月 30 日，戚墅堰厂试制出先行型内燃机车。

图 16：1958 年 9 月 26 日，大连厂研制成功我国第一台“巨龙型”干线货运内燃机车

1959 年 4 月 10 日，四方厂试制出卫星型内燃机车。1960 年 2 月下旬，铁道部工厂总局在四方厂召开内燃机车设计审查会议，讨论了大连厂巨龙型液力传动内燃机车草图和技术设计、长辛店厂 3000 马力电传动货运内燃机车设计技术任务书等 5 种内燃机车的技术设计或设计技术任务书。5 月 19 日，铁道部以铁厂技石（60）字第 1310 号文，批准颁发几种内燃机车设计审查意见书。当年国家计划生产 20—26 节内燃机车，由于农机部协作的柴油机和一机部协作的电机、控制设备及专用轴承等未能交货，一些属于非国家统配物资的配件没有订到货，计划又全部落空。1961 年铁路运输需要 100 节内燃机车，国家计划委员会初步安排 50 节。为了运用上的可靠，铁道部工厂总局初步确定以自力更生为主制造 50 节内燃机车，选型为巨龙型-2Д100 型内燃机车，电力传动，主要部件如内燃机、电

机、电控等多点上马，逐步建立部件的专业生产基地，从而构成工厂总局内燃机车、电力机车的生产协作体系。

1961 年初，四方厂在红星型内燃机车制造成功的基础上，开始研制东方红型液力传动内燃机车。在试制东方红 1 型液力传动干线客运内燃机车时，生产关键问题是“曲轴淬火”。经过科技人员的 3 次工艺方案设计，改进了 11 次工艺装备，解剖了 34 根曲轴，割取了 132 块试样，终于攻克了“中频加热喷油淬火”的关键课题，保证了机车的试制顺利进行。该型机车经过长期试运及多次改进，于 1964 年试制成功，1966 年批量生产，成为中国第一台在干线上运营的内燃机车。该型机车自成批量投入运营以后，除牵引大量普通旅客列车以外，还牵引毛泽东等党和国家领导人乘坐的专用列车以及国际列车、国宾列车。至 1972 年，四方厂共生产了 107 台。

1961 年 2 月，铁道部在南口召开设计研究会议，要求内燃机车试制生产一切主要零部件都必须是国产化，强调一切经过试验，以工艺保证产品质量，以工艺装备保证达到成批生产。由于缺乏经验，对大功率柴油机的技术要求估计不足，曾一度安排了四个工厂同时上马，分头并进，以期短时间内生产出更多的产品。通过一段时间的实践，技术力量、专用设备以及材料等均难以安排，各厂的准备工作进展非常缓慢，当年的计划再次落空。

连续几年的挫折使国家改变了内燃机车研制生产的总体安排部署，1961 年 10 月，国家计委决定机车用大功率中速柴油机由铁道部自行规划与生产，铁道部对选型与定型、布局与分工、基建规划及试制、研究工作重新进行了规划部署。以大连厂为重点，集中力量试制 2Д100 型柴油机，专作巨龙型内燃机车，组织南口、天津、四方等厂分别承担一部分主要部件。缩短战线，突出重点，对难以攻克的零部件，在少添专用设备的条件下，分头赶制工艺装备和试验设备，有效地使用技术力量予以研制。大连厂成立了曲轴、机体与机座、气缸套、活塞及活塞环、连杆及轴瓦等17个攻关小组，制定了“踏踏实实地做，规规矩矩地出，以工艺保证质量，一切零部件都经过试验鉴定，不合格不组装”的试制原则，提出“过好三关”（工艺装备关、制造关、性能关），“提高四个水平”（工艺装备设计、制造、管理、工艺文件），“创造一个条件”（具备小批生产）的试制口号。

1962年3月27日，铁道部下发文件，根据中共中央宣传部的通知精神，决定原巨龙型内燃机车改名为ND型内燃机车，有关机车标记、图纸、技术文件亦作相应修改；规定产品命名均不要用龙作为象征性的名字。ND型内燃机车的试制得到路内外许多单位的支持与帮助。1962年，铁道部铁道科学研究院计量所所长吴瑞、金化所所长郑中岳、大海海军机械学校教授俞懋旦、大连工学院教授胡国栋、唐山铁道学院系主任刘钟华和大连铁道学院系主任王玉根等协助大连厂进行内燃机车10大关键部件的技术攻关。

1962年9月20日至26日，铁道部副部长石志仁检查了大连厂试制内燃机车的情况，总结了试制内燃机车的初步经验。10月31日，铁道部转发了石志仁《关于大连工厂试制内燃机车的报告》。1962年10月，大连厂开始组装第一台10L207E型柴油机，12月上旬组装完成，经过该厂自制的全功率试验台试验，功率达到1100千瓦。

为了加强对铁路动力内燃化、电气化的领导，1963年3月21日，铁道部党组向中央提出关于建议成立铁路牵引动力内燃化、电气化领导小组的报告。报告提出，为提高主要干线繁忙区段的通过能力，节约煤炭，支援农业，配合国民经济的发展，必须加速铁路牵引动力的改革，积极实现内燃化、电气化。由于内燃机车和电力机车生产技术复杂，其试制与生产，关系到整个国家工业建设与生产技术水平的发展，牵涉到有关各部的生产与基建计划、科学研究以及长远规划等工作。为加强对铁路牵引动力内燃化、电气化的领导，建议成立国家内燃、电力牵引动力领导小组，负责审核并确定中国铁路牵引动力内燃化、电气化的长远规划，内燃、电力机车的选型及定点生产，内燃机车、电力机车主要部件试制、生产的协作方案以及有关科研工作等。

1963 年 8 月 19 日，国家内燃、电力牵引动力领导小组在北京养蜂夹道一号召开会议。会议宣布，根据中央批示，国家内燃、电力牵引动力领导小组正式组成。会议认为：内燃、电力机车不仅是铁路牵引动力技术改革的发展方向，而且当前在缺水、缺煤、产油、森林、坡度大、多隧道等地区，以及要求防火、防爆、防震、防烟等厂矿企业内部运输也迫切需要内燃、电力机车。因此，一致表示要共同努力密切配合，在中国尽快地生产出内燃、电力机车，并在两三年内达到批量生产。为达到上述目标，首先要解决定型问题、定点问题、配套问题。会议决定成立办公室，由铁道部牟焕奎负责，计委、经委、科委、一机、冶金等部门指定联系人名单由各单位报送铁道部。9 月 3 日，吕正操向中央写出书面报告。定型问题，当前初步提出进行试制的 2Д-100、40Д、12V1802、6L207、B2-300 等五种作为定型或过渡型，决定会后组织一个技术会议，进一步统一认识，予以肯定。定点问题现已安排六个项点，包括上海汽轮机厂生产 40A 柴油机、上海柴油机厂生产 12V1802 柴油机、四方机车车辆工厂生产液力传动装置和以 B2-300 柴油机组装的工矿内燃机车、大连机车车辆工厂生产 2Д-100 柴油机和干线内燃机车等。国家科委选定试制采用 l0L207E（仿苏 2Д100）型中速柴油机的 ND 型 2000 马力电传动货运机车，采用 12V1802（或 12V1752）型高速柴油机的卫星型液力传动客运机车，将第一种货运机车改用 12V2302（仿苏 40Д）型柴油机。1963 年 12 月，大连厂试制出第一台 ND 型内燃机车（ND0003 号），先后进行了水电阻调整试验和线路试验；12 月 29 日至翌年 1 月 6 日，又进行了厂线试运和 4 次干线试运。同年，大连厂还试制出 2 台 10L207E 型柴油机，经过磨合调整，顺利通过了 100 小时可靠性试验。在试制中，北京铁道学院、戚墅堰机车车辆工艺研究所、株洲车辆研究所、株洲电机厂、湘潭电机厂、大连电机厂等单位联合协助大连厂设计内燃机车电气线路和电力传动系统，铁道科学研究院协助大连厂进行以普通合金钢代替特种合金钢的试验研究，实现内燃机车研制用料国产化，降低了成本。

1964 年 3 月 2 日，铁道部向中央作出《关于组织内燃、电力机车试制会战的报告》。3 月 5 日，国家经委复文铁道部，同意铁道部的报告。铁道部党委将西南三条路线、内燃机车生产及其后方基地建设称为“三线一机”大会战。随后，国家经委组织召开全国定点协作会议，落实了协作任务。在大连厂试制 ND 型内燃机车大会战中，戚墅堰、天津、南口厂等单位制作了扫气泵、活塞环、风泵、油嘴等零部件，长春汽车厂、张店电机厂、哈尔滨电机厂、上海电器仪表厂、上海汽轮机厂等制作了电机和电器仪表，铁道科学研究院、大连工学院、大连铁道学院、戚墅堰机车车辆工艺研究所、大连热力机车研究所等在技术上给予指导和帮助。大连厂在内燃机车设计、试制、改进过程中，共得到全国 200 多个单位在技术、生产和科学研究等方面的大力支援与广泛协作，其中有中央 13 个部门的 70 个国营厂矿，有 11 个城市的 110 多个地方企业，还有 7 家科研单位、6 家高等院校和解放军部队。随后，铁道部组织大连厂试制的 ND 型 0003 号内燃机车在北京铁路局进行了正线试运和初步鉴定；四方厂 NY1 型 0002 号内燃机车、NY6 型 001 号内燃机车移交北京内燃机务段运用。在 1964 年的会战中，试制出四种类型、9 台内燃机车，包括大连厂试制的 4 台 2000 马力电传动内燃机车。

1965 年 3 月，铁道部批复大连厂当年下半年停止修理蒸汽机车，转为批量生产 ND 型内燃机车。6 月 4 日，大连厂修理的最后一台蒸汽机车出厂，开始批量生产 ND 型内燃机车。该型机车单机牵引 2000 吨列车在平道上可运行到 74 公里／小时，双机牵引 2000 吨列车在平道上可运行到 99 公里／小时，是中国第一代干线货运主型内燃机车。

铁道部在此次大会战中，提出赶超世界先进技术水平的目标：一是新型高速柴油机，液力传动的 4000 马力内燃机车；二是新型中速柴油机，电力传动的 3000 马力内燃机车；三是硅半导体整流、低压脉流牵引电机、高压侧调压开关的电力机车。1964 年，铁道部向大连厂下达了开发功率为 2200—2940 千瓦新型内燃机车的任务。1965 年 8 月，大连厂在转产 ND 型内燃机车后，立即成立由铁道部科学研究院、大连热力机车研究所和大同机车厂参加的新中速柴油机设计组，确定了柴油机的主要结构参数和工作参数，完成了技术设计并进行试制。同年，以四方厂为主进行 16V2002 型柴油机设计，制出单缸机，戚墅堰厂承担五大件试制。在会战中，围绕新型柴油机试制，攻克了曲轴挤压、三层轴瓦、气阀渗铝、活塞锻造等技术难题。围绕大马力液力传动装置试制，掌握了液力变扭器整体加工工艺，试制的耦合器完成试验。1966 年 2 月，大连厂研制出 16V240ZJ 型柴油机双缸试验机，进行了包括轴瓦剥离试验、滑油选型试验、气缸套磨损试验、单泵双喷嘴试验等在内的一系列试验研究工作。ND 型内燃机车后改称东风型内燃机车。

中国第二代内燃机车的研制是在“文化大革命”中进行的。1969 年，中国铁路机车车辆工业企业开始研制第二代内燃机车。作为第二代内燃机车产品，其特征为：机车、柴油机和液力传动装置全部是自主设计开发的；电力传动由直流传动升级为交直流传动，液力传动则采用高水平的多循环圆传动装置；电力传动配用新型四冲程中速柴油机，液力传动既配用新型四冲程高速柴油机，也配用新型四冲程中速柴油机。为向国庆 20 周年献礼，1969 年 9 月 26 日，大连厂制成一台装用 16V240ZJ 型柴油机的电力传动东风 4 型 2001 号内燃机车。

铁道部在组织货运、客运、调运内燃机车试制、转产的同时，继续组织燃气轮机车的研制。在第一机械工业部和铁道部 3000 马力燃气轮机车联合设计组的领导下，燃气轮机车设计试制工作分别由哈尔滨汽轮机厂、湘潭电机厂和大同机车工厂 3 家承担。1969 年 12 月 26 日试制出长征型 RDO01 号交—直流电传动 3000 马力燃气轮机车。长春机车工厂试制了长征 2 型燃气轮机车。这两种机车均为试制，未批量生产。

第一台东风 4 型内燃机车制成后，在大连至大石桥间试运了 8 万多公里，暴露出机车特别是柴油机存在的许多问题。1971 年初，交通部召开内燃机车、船用柴油机会战会议，组织对 16V240ZJ 型等四种型号柴油机进行会战。经过试验改进后的东风 4 型内燃机车在大连厂转入批量生产，是中国自行研制的第二代内燃机车中首先定型的机车，很快成为中国铁路内燃牵引的主型机车之一。

大连厂在转产东风 4 型内燃机车后，继续对该型机车进行试验改进。采用加厚的对称连杆盖，在柴油机顶部加设排气稳压箱，这两项改进的柴油机称为 A 型柴油机，安装 A 型柴油机的机车称为东风 4A 型机车。1976 年 6 月 29 日，第一台东风 4A 型内燃机车 0109 号出厂。同年 7 月，由铁道科学研究院主持，对东风 4 型 0104 号机车进行了高原性能试验。大连厂继续对东风 4A 型机车进行改进，于 1982 年 12 月试制出第一台东风 4B 型内燃机车。

（2）调运机车。1958 年 8 月 31 日，长辛店厂试制出一台建设型 600 马力调车内燃机车。该型机车未定型生产。1961 年 10 月，铁道部决定由戚墅堰厂试制与大连厂同一系列的 6207 型柴油机（即 2Д100 减少 4 个缸），专作 1000 马力调车内燃机车。12 月 6 日，铁道部指定大连厂主持与 10L207E 型柴油机有大量通用件的 6L207E 型柴油机设计工作，戚墅堰厂主持柴油机的试制及调车内燃机车的设计、试制工作。该型机车原称飞龙型，1962 年改称 ND2 型。1962 年 11 月，四方厂开始研制液力传动工矿调车内燃机车。1963 年，国家科委选定试制采用 6L207E 型柴油机的 ND2 型 1000 马力电传动调车机车和采用 B2-300 型柴油机的 600 马力液力传动工矿调车机车。1964 年 1 月，四方厂研制出 ND6 型内燃机车，铁道部同意将 ND6 型机车命名为红星型。与此同时，戚墅堰厂试制出第一台 6L207E 型柴油机，9 月 15 日，第一台 ND2 型 0001 号内燃机车移交北京铁路局作运用试验。1965 年 1 月，戚墅堰厂试制的 6L207E 型柴油机通过铁道部部级鉴定，ND2 型内燃机车是中国第一代调车、小运转用主型内燃机车。

1966 年 8 月，ND2 型内燃机车改称东风 2 型内燃机车。1972 年，四方厂和资阳厂共同设计了东方红 2 型液力传动调车内燃机车，1973 年由资阳厂投入批量生产。1975 年，资阳厂根据东方红 2 型机车存在的问题，决定对东方红 2 型机车进行修改设计。1976 年 3 月 19 日，铁道部将该机车型号改为东方红 5 型。

在 1975—1976 年国家交通运输科学技术发展计划中，决定开发 1800—2000 马力的调车内燃机车，以满足大中型编组站调车作业内燃化的要求，其主要零部件可与东风 4 型机车通用，并可与东风 4 型机车配套运用。在东风 4 型机车基础上，由大连厂和唐山厂共同设计了东风 5 型电力传动调车内燃机车。1976 年 3 月，唐山厂制成第一台东风 5 型机车。云南省境内的窄轨（1000 毫米）铁路全长 665.9 公里，在 1976 年以前一直是蒸汽机车牵引。为逐步实现该窄轨铁路的内燃化，1976 年四方厂设计了适用于米轨铁路的东方红 21 型液力传动内燃机车，1977 年试制了 2 台机车并投入运用。

3. 电力机车的制造

1956 年，国家在制定向科学技术进军的 1956—1967 年 12 年规划中，提出了铁路运输和铁路牵引动力改革的主要任务：“技术政策的中心环节是牵引动力的改造，要迅速地有步骤地由蒸汽机车转移到电力机车和内燃机车上去”。铁道部在 1956—1967 年的《铁道科学技术发展远景规划》中，也提出了实现电气化的任务。第一机械工业部在 1956 年 3 月编制的《科学和技术研究工作基本规划》中指出，中国铁路牵引技术发展方向应该是内燃机车和电力机车，第一个五年计划期间研究电力机车，第二个五年计划期间制造电力机车。1957 年 8 月，由国家计委主持，铁道部、一机部及有关科研单位、高等院校的专家和学生参加，就中国铁路电气化采用何种电流、电压制进行了探讨研究。1957 年 10 月，毛泽东率中共中央、中华人民共和国代表团赴苏联参加十月革命胜利 40 周年庆祝活动，中国有 50 多名科学家、工程技术专家随同访问考察，其中有铁路机车车辆工程技术专家、铁道部科学院机车车辆研究所所长周劢。在周劢等领导的倡导下，中国正式向苏联政府提出为中国提供电气化铁路技术资料的要求，并列入签订的《中苏技术合作协定》条文。当时，苏联基本定型的电力机车为 H60 型。根据《中苏技术合作协定》有关规定，国务院批准由国家计委、经委、技委和建委关于组织考察团赴苏进行电力机车考察的报告。1957 年 12 月，考察团由一机部、铁道部和部分高等院校派人联合组成，共分为电力机车总体、机械、电机、控制、电器、工艺与引燃管及高压开关等 6 个专业组。考察团于 1958 年 1 月 15 日离京，在 4 个月时间中，工作大致分为拟定设计并修改方案、正式设计、补充考察和搜集资料三个阶段。在设计过程中，考察团成员对机车生产工艺、企业管理、测试手段等方面进行全面考察，搜集了 H60 型电力机车试制的全套技术图纸及有关技术工艺文件。

1958年7月15日至20日，由国家技委装备局局长邓裕民、铁道部机务局代局长宋力刚、一机部技术局副局长褚应璜等16人组成技术审查委员会，由16个单位的70余名工程技术人员组成总体布置和机械、电机、控制系统及电器3个专业组，在一机部湘潭电机厂全面审查设计任务书和技术设计方案。审查会议决定：成立国产电力机车联合设计处。第一台车的引燃管由上海电器科学研究院设计试制；变压器、平波电抗器、阳极分流电抗器、过渡电抗器由沈阳变压器厂设计试制；主断路器由沈阳高压开关厂设计试制；车体、转向架等机械部分由田心机车车辆工厂设计试制；电机、电器及总组装由湘潭电机厂负责完成；其他零部件、材料、仪表分别扩散到全国近50个单位协作试制或提供成品。1958年12月28日，第一台仿H60型25千伏工频单相引燃管式电力机车在湘潭电机厂落

图17：1958年12月28日，株洲机车车辆工厂研制成功我国第一台干线电力机车

成，12 月 30 日在湘潭电机厂举行了庆祝大会。机车命名为韶山型 1 号机车，又称 6Y1 型（6 表示 6 轴，Y 表示引燃管整流，1 表示车型系列序号）。1959 年至 1960 年，6Y1 型电力机车先后在铁道科学研究院进行环行试验和牵引性能试验。1961 年 8 月 15 日，宝成线的宝鸡至凤州电气化区段正式通车，韶山型 1 号机车正式牵引运行。

铁路机车车辆制造工业由一机部重新转归铁道部管辖后，经一机部、铁道部共同商议，干线电力机车从 1959 年起改由铁道部自行组织生产。机车所用牵引电机、电器部件暂由湘潭电机厂提供，其他零部件、材料、仪表等仍按原协作渠道供应不变。1959 年 10 月，铁道部正式下达计划，决定田心厂按韶山型 1 号机车的设计图纸，试制 2 号电力机车。1960 年 3 月 14 日，2 号机车制造完工。从 3 号机车起，机车由 8 个引燃管改为 12 个引燃管。1961 年 1 月，铁道部工业总局召开第一次韶山型电力机车质量改进会议。4 月 3 日机车正式组装完成，随后送往北京环行铁道试验基地做性能试验。4 号机车于 1962 年第一季度制成。1962 年 8 月制成 5 号机车。1966 年 3 月，6 号机车完工。5 月，大功率硅半导体整流机组取代引燃管首先安装在 4 号机车上，在宝鸡电力机车段进行运用试验；同年开始试制 7 号机车，1967 年 1 月出厂。1968 年 3 月，田心厂制成 8 号机车，对电力机车进行了第一次重大改造。1968 年 4 月 27 日，铁道部文件规定：将国产 6Y1 型电力机车命名为韶山 1 型（汉语拼音简写为 SS1），取消 6Y1 字样；正在试制的 4800 千瓦新电力机车命名为韶山 2 型（汉语拼音简写为 SS2）。根据部文，8 号机车起定型为韶山 1 型。1969 年 10 月 20 日，8 号机车与 9 号机车在宝成线广元至马角坝电气化线路正式运行。

1969 年 9 月，韶山 2 型电力机车在田心厂落成。1977 年 9 月 1 日，田心厂和株洲电力机车研究所向铁道部工业总局、科技局、技统局提出对韶山 1 型电力机车进行改进的建议。改进设计生产的机车称为韶山 3 型电力机车。1978 年 9 月，田心厂、株洲所完成全部机车施工设计图纸，12 月 30 日韶山 3 型 1 号车落成。1978 年第四季度，田心厂正式停修蒸汽机车，1979 年起转为电力机车专业制造厂。1979 年 11 月 12 日，铁道部田心机车车辆工厂改名为铁道部株洲电力机车工厂。1979 年，株洲厂按照标准化、简统化、通用化的要求，开始对韶山 1 型电力机车的技术图纸作全面整理。1980 年整图完毕，报铁道部审批后，从当年生产的韶山 1 型 221 号机车起，一律按部批图纸组织生产，韶山 1 型电力机车正式定型，并投入大批量生产。

（三）客车制造

1949 年以前，我国几乎没有独立的客车制造工业。1949 年后，为适应经济的飞速发展，工厂充实了技术力量，组建了设计队伍。从 1953 年开始自行设计制造客车。先后设计批量制造了 21 型、22 型和 25 型客车，随后在特种客车制造方面取得了长足进展。

1. 常用客车制造

中华人民共和国成立后，铁道部即着手新造客车的准备。1952 年 12 月，铁道部成立机车车辆制造局，确定大连厂、四方厂为客车制造厂。随着工作机构的成立，开始组成设计队伍，对旧型客车图纸、资料进行整理。1953 年 6 月，唐山厂完成 YZ21 型硬座客车的设计和试制并投入批量生产。同年 8 月，按中央人民政府政务院统一部署，铁道部机车车辆制造局及所属工厂划归第一机械工业部。实行造修分立后，客车图纸设计、规范设计仍由铁道部负责，机部具体组织实施。同年，根据铁道部设计图纸，大连厂试制生产了首批 21 型硬座车。同年 9 月，四方厂试制并成批制造 21 型硬卧车。1954 年 12 月，铁道部公布了 21 型硬座车、硬席寝车、餐车三种客车制造及验收规范，并要求 1955 年新造客车均应按本规范要求制作。1955 年 8 月，四方厂设计制造了 21 型行李车。同年起，四方厂、唐山厂、株洲厂、戚墅堰厂、浦镇厂、沈阳厂先后生产21型硬座车。1956年3月，四方厂设计制造了21型邮政车，装载行李容积55立方米。1956年7月，铁道部制定了《1956—1967年铁道科学技术发展远景规划纲要（草案）》，指出“我国目前客车状态落后，不能满足将来的需要。新制客车必须达到降低自重，提高速度，运行平稳，安全舒适”。提出“为了统一和制定客车的席位、设备和外形轮廓标准，并随着国民经济的发展相应地予以提高，要进行主型客车（包括软硬席寝座车、餐车、行李车、邮政车）定型的研究”。1956年7月，四方厂试制了22型软卧车。这是中国最早生产的22型客车。1957年，铁道部召开了22型客车定型会议，决定定量生产22型软卧车，试制22型硬卧车和餐车。同年，四方厂试制了22型硬卧车和餐车。

1961年起，铁路工业系统贯彻“调整、巩固、充实、提高”的方针，客车制造确定为长春客车厂、唐山厂、四方厂、浦镇厂4个厂。1961年下半年，四方厂将22型硬座车的温水循环式取暖改为大气压式蒸汽取暖，定型为Y223型硬座车。长春客车厂研制了23型硬座车和硬卧车。1962年，唐山厂将22型餐车改进定型为CA23型餐车。1964年4月，长春客车厂研制并小批量生产Y231型市郊客车，供输送市郊旅客之用。同年11月，长春客车厂研制生产了RYW软硬卧合造车。1965年，长春客车厂设计制造了XL22型行李车和UZ22型邮政车。1966年，唐山厂设计制造CA23型国际联运专用餐车；四方厂重新设计制造了新的YW22型硬卧车并投入批量生产，并先后研制了YW24型硬卧车、RZC24型软座餐车和RW18型软卧车。1967年，四方厂、唐山厂、浦镇厂、长春客车厂设计制造了用于中、蒙、苏国际联运的RW19型软席卧车、餐车、邮政车和行李车。1967年至1969年，四方厂、唐山厂、长春客车厂和四方车辆研究所试制了车身25.5米长的5辆硬席座车、1辆硬席卧车、1辆餐车和1辆行李发电车，组成一列车组，先后在京津和广深线上运用。至 20 世纪 60 年代末,22 型客车常用品种基本配备齐全，同时设计制造了 18 型、19 型、23 型、24 型、31 型等结构类同的客车，满足国内客运和国际联运的需要。

1978 年 12 月召开的全国铁路科学技术大会审议通过了《1978—1985 年全国铁路科学技术发展规划纲要（草案)》，提出客车最高时速逐步提高到 120 公里、140 公里、160 公里，要成批制造高速新型客车，努力实现客车轻量化，并把新型客车、客车空调装置、集便装置、高速客车转向架作为重点研究项目。1978 年至 1980 年，客车制造企业研制了第二批 23 辆 25 型干线空调客车，分别配属几个铁路局使用。

2. 特种客车制造

中华人民共和国成立后，铁道部在组织研制开发常用客车的同时，根据铁路运输的需要，组织了特种客车的研制。1952 年，铁道部副部长吕正操要求唐山厂设计制造轨道检查车。在没有任何可供借鉴参考资料的情况下，唐山厂仅用 7 个月完成全部设计工作，研制出我国第一辆轨道检查车。该车采用当时较为先进的机械传动方式，能在运行中准确测出轨距、接头高低、曲线方向和三角坑水平等铁路工务部门所需数据并自动记录。铁道部专门发出文件，指出“在我国现在的技术条件下，能制造出这样复杂的高度技术产品，是我国铁路技术发展的一个新的开端”。

1955 年 8 月和 1957 年，四方厂分别研制了 SY21 型、SY22 型动力学试验车，供在线路上进行机车车辆动力学试验用。车体结构由 RW22 型软席卧车改变设计而成，车内有试验室、修配室、暗室、配电室、会议室、厨房和厕所等。1958 年 9 月，长辛店厂研制出了望车。1959 年 10 月，唐山厂研制了 GW2 型公务车。戚墅堰厂、大连厂等也生产过公务车。1960 年，浦镇厂研制了接触网检修车。1961 年，由四方厂设计、浦镇厂研制了 TZ4 型锅炉车。1961 年 7 月，长春客车厂研制了车辆动力学试验车。1962

年，四方厂研制了电力机车试验车。1963 年 9 月，唐山厂研制了 EX 型振动试验车。1963 年 12 月，浦镇厂研制了专用行李发电车。1965 年起，长春客车厂研制了 6000 千瓦蒸汽电站列车。1967 年 12 月，四方厂研制了 TZ24 型 200 千瓦柴油行李发电车。1967 年至 1969 年，唐山厂先后研制了 YW 型新 1 号生活车、EX2 型电气轨道检查车和 YWX 型新 3 号车。1969 年，四方厂研制了 TZ2 型 200 千瓦柴油发电车。1970 年，四方厂研制了用于测量隧道外形的专用车。中国的米轨客车均由唐山厂制造。1974 年至 1975 年，唐山厂为昆明铁路局制造了 YZ30 型米轨硬座车、YW30 型米轨硬卧车、RW30 型米轨软卧车、CA30 型米轨餐车和 XU30 型米轨行李邮政车。

1970 年至 1971 年，唐山厂研制了 XL 型新 2 号车。1972 年，浦镇厂研制了 SY 型线动力试验车。1978 年，浦镇厂设计制造了 20 辆 YL23 型医疗车。

1956 年 7 月，铁道部在《1956—1967 年铁道科学技术发展远景规划纲要（草案）》中提出，要研究低重心轻快客车、自动列车及近郊客车。1958 年 9 月，四方厂研制出东风型双层客车摩托车组。动车组研制出后，先后在青岛至烟台区间试验若干次，1960 年 5 月 14 日在北京环形试验基地曾运行试验 2 小时，最高时速达 74km/h。

1960 年 1 月，四方厂研制出一列低重心列车组，由 8 辆硬座车、1 辆软座车、1 辆行李车组成，定员 444 人（其中软座车 40 人），采用合金薄壳结构，列车组外轮廓呈流线型，相邻两车之间共用一转向架。1961 年 2 月 21 日，铁道部确定四方厂为东风型内燃摩托车组、低重心列车组和双层客运列车的设计负责厂。1962 年 9 月 22 日，为进一步缩短新产品战线，铁道部决定将东风型摩托车组 2 辆头车（即动车）移交唐山铁道学院作教学用，低重心列车组在京津间运用试验。

1978 年，《1978—1985 年全国铁路科学技术发展规划纲要（草案）》

提出要研制时速160公里以上的高速动车组，并达到批量生产的程度，把交流电动车组、高速动车电空制动机的研制列为重点项目。长春客车厂、株洲所、铁科院合作进行KDZI型交流电动车组研制。

（四）货车制造

我国独立的货车制造工业是在新中国成立以后起步的，之前的铁路货车主要靠进口，数量少、车型杂、吨位小、速度低。经过六七十年的发展探索，彼时我国已经建立了相对完整的货车研究、设计和制造系统，工业规模由小到大、品种由少到多、技术水平和制造质量由低到高，基本能够满足铁路运输的需要。

1. 通用货车制造

中华人民共和国成立前夕，中国共产党领导的解放区铁路工厂已经恢复了铁路货车的生产。1949年起，大连厂依照当时运用的敞车，设计制造了铆接结构载重为30吨的C1型敞车。1951年至1952年，根据铁道部厂务总局和大连厂等单位的设计，哈尔滨厂、大连厂、四方厂、戚墅堰厂、齐齐哈尔厂先后制造了P3型棚车、P1型棚车、N1型平车、N5型平车等通用货车。经过短时期的仿制生产后，1952年，铁道部厂务局分别设计了载重为50吨的C50型敞车和P50型棚车。

在恢复生产过程中，铁道部对机车车辆工业企业进行了调整，1952年12月分别成立制造局和修理局，实行造修分立，由铁道部统一管理。1953年，制造工厂划归第一机械工业部后，铁路货车图纸设计、规范设计仍由铁道部负责，一机部具体组织实施。同年，C50型敞车、P50型棚车分别由齐齐哈尔厂和大连厂转入批量生产。P50型棚车共制造约9700辆。期间，大连厂制造了一批载重40吨的N4型平车；哈尔滨厂、齐齐哈尔厂制造了载重60吨、底架长度为12.5米、具有活动端和侧板的N6型平车。1955年，为适应焊接工艺的发展，齐齐哈尔厂将C50型敞车的底架改为焊接结构。大连厂对P50型棚车进行了较大的改进设计，底架改为全焊结构，车窗由4个改为8个，后戚墅堰厂将侧柱与侧板、端柱与端板、车顶弯梁与车顶板的连接均由铆接改为焊接。齐齐哈尔厂、沈阳厂也生产过P50型棚车，该型棚车共生产9491辆。1955年至1956年，齐齐哈尔厂参照苏联的图纸，设计了M11型60吨敞车，该厂还设计制造了载重为60吨的N12型平车，底架分为电焊与铆接两种结构，该型车没有端、侧板，使用范围受到一定限制，仅制造1100辆即停止生产。

1956年7月，铁道部对货车的要求主要是：构造速度高、吨位大、自重系数小、坚固耐用、单位阻力小和使用效率高、装卸便利。1957年，齐齐哈尔厂设计制造P13型棚车，载重60吨，容积为120立方米。1958年，货车制造企业重归铁道部统一管理。同年，齐齐哈尔厂设计制造N60型60吨平车，该型平车制造近1900辆。1959年，齐齐哈尔厂在总结C50型敞车运用经验的基础上设计了C13型敞车，翌年投入批量生产，该型敞车共制造2700多辆。1960年，齐齐哈尔厂设计制造了6辆N型多用短平车。1959年、1960年，货车年产量分别达到19673辆、26080辆。

1961年起，铁路工业系统贯彻“先修后造、以修为主”的方针，大部分工厂由造转修，铁道部对货车产品结构进行调整，停止C1型等吨位较小的敞车、通用平车等货车生产，建立健全技术负责制，开展标准化、简统化、英制改公制等活动，对主型通用货车进行技术改进。1963年，齐齐哈尔厂研制的P13型棚车经部鉴定后投入批量生产。1965年，齐齐哈尔厂研制了C65型敞车、P60型棚车和N16型平车并投入批量生产。C65型敞车是齐齐哈尔厂与铁科院、四方所联合设计的，后由齐厂和株洲车辆厂共同生产，共制造约10100辆。P60型棚车共制造约11800辆，曾是中国铁路货车中的主型棚车。N16型平车由齐齐哈尔厂和北京二七厂共同生产，共制造9900多辆，是中国铁路上的主型平车。1967年，株洲车辆厂试制生产了 C16 型敞车和 CF 敞车。

1970 年，齐齐哈尔厂设计试制了 N17 型平车，后由北京二七厂批量生产。1971 年 7 月，交通部工业组决定对 C65 型敞车修改设计，组织株辆、齐齐哈尔、眉山三厂联合设计 C62 型敞车，该型敞车共制造 11400 多辆。1973 年，齐齐哈尔厂在 C62 型敞车的基础上，设计试制了载重 60 吨的 C62M 型敞车，在 C50 型敞车停产后由齐齐哈尔、眉山、大连、戚墅堰等厂批量生产。C65 型、C62 型、C62M 型均为中国的主型敞车。1974 年，齐齐哈尔厂设计试制的 P61 型棚车投入批量生产。北京二七厂设计制造了车辆长度为 9 米的 N15 型 65 吨平车。

1978 年 12 月，全国铁路科学技术大会通过的《1978—1985 年全国铁路科学技术发展规划纲要（草案)》中提出，要努力实现货车大型化，成批制造载重 70 吨以上的大型货车。同年，根据铁道部指示，齐齐哈尔厂邀集大连厂、眉山厂洽商研究，以 C62M 型敞车为基础，改为全钢敞车，设计了 C62A 型敞车，齐齐哈尔、大连、眉山、株洲、哈尔滨、沈阳、西安等厂均生产过该车。

2. 专用货车制造

中华人民共和国成立后，铁道部在组织所属工厂迅速恢复通用货车生产的同时，开始研制生产专用货车。1950 年至 1952 年，大连厂仿照日伪图纸，制造了罐体内径 2.1 米、有效容积 30.5 立方米、载重 25 吨的 G3 型轻油罐车，共生产 1800 多辆；萧山铁路工厂和山海关桥梁厂设计制造了罐体内径 2.1 米、有效容积 37 立方米，载重 30 吨的 G4 型粘油罐车；萧山厂制造了约 100 辆中国第一批 B5 型车顶冰箱冷却式保温车；皇姑屯（沈阳）厂制造了约 100 辆无制冷装置的 B10 型保温车。

1953 年造修分立后，专用货车图纸设计、标准制定仍由铁道部负责，一机部组织实施。同年起，保温车转由武昌厂生产，制造了一批 B4 型车端冰箱冷却式保温车，翌年改进设计，改进后的保温车称为B3型保温车。B4型、B3型保温车共生产700余辆。1954年起，铁道部机车车辆制造局设计、大连厂制造了G50型轻油罐车和G10型浓硫酸罐车。1955年，齐齐哈尔厂设计，武昌厂制造了B11型车顶冰箱冷却式保温车，共制造1900多辆。1955年齐齐哈尔厂设计、1956年大连厂制造了G12型粘油罐车。

1958年7月，专用货车制造企业统归铁道部管理，在“大跃进”形势下，专用货车研制类型和生产企业都有所增加。同年，大连厂设计制造了G60型和G60A型轻油罐车。G60型罐车罐体内径2.8米，有效容积58立方米（后为60立方米），载重60吨，该型罐车经多次改进，先后制造31700多辆，是中国的主型轻油罐车。

G60A型罐车是中国第一辆无中梁结构的罐车，罐体内径2.8米。武昌厂设计试制了2辆12型车顶冰箱冷却式保温车；戚墅堰厂设计制造了T4型重力卸货散装水泥车，是中国自行设计制造的首辆水泥车；哈尔滨厂设计制造了罐式水泥车。1959年，根据铁道部指示，大连、沈阳、戚墅堰厂等单位组成联合设计组，重新设计了G12型粘油罐车。三桥（西安）厂在上海交通大学的协助下，设计制造了中国第一辆60吨K13型风动卸砟车，后定型为K13型石砟漏斗车。齐齐哈尔厂配合三门峡工程的需要，在T4型水泥车基础上，设计制造了326型重力卸货的有盖散装水泥漏斗车，后定型为K15型散装水泥漏斗车。武昌厂为昆明铁路局设计制造了一批B25型车顶冰箱冷却式保温车，车体结构与B11型保温车相似。1960年，铁道部下达设计二轴守车的任务，石家庄厂在改造原车的基础上，设计了S23型守车并进行批量生产。同年起，原由大连工矿车辆厂批量生产的EF-4型和K1型60吨自翻车转由哈尔滨厂生产；沈阳厂研制了载重50吨的G13型粘油罐车；大连厂研制了GXY50-1型五无罐车。1960年至1961年，大连、沈阳、戚墅堰厂设计制造了100余辆车，外加150毫米厚矿渣棉保温层的G12B型粘油罐车，用于运输高含蜡原油；大连厂设计制造了G16型轻油罐车。江岸厂设计制造了S10型四轴守车。

1961年2月，铁道部作出关于加强产品设计负责厂制度的规定，重新确立了各专用货车的负责厂：G50、Gl0、G12、G16型罐车，33立方米浓硫酸罐车和52立方米酒精罐车为大连厂；60吨水泥车为齐齐哈尔厂；Gl3型粘油罐车为沈阳厂；B11、B12型保温车，1000毫米窄轨保温车为武昌厂；S23型守车为石家庄厂；K13型筑路石砟车为三桥（西安）厂；Sl0型守车为江岸厂；K1型60吨翻斗车为哈尔滨厂。在机车车辆工业“先修后造”调整时期，铁道部组织相关工厂对既有产品进行改进，同时研制新的专用货车。1962年，武昌厂对B3型保温车进行加装改造，车体隔热材料改用尿醛泡沫塑料，车内顶部装有4个冰箱，定型为B6型保温车。1963年，武昌厂在铁科院、四方所、上海交通大学等单位的协助下，经过四年多的努力，试制成一列由五辆车编成的机保车组，定名为JB5型五节式新型机械保温车组。根据国家科委指示和铁道部1963—1972年科学技术发展规划草案精神，哈尔滨厂在Kl-60型自翻车基础上，设计制造了KF-60型（后称K4型）60吨自翻车，共制造5600余辆，是中国生产和使用的60吨自翻车中的主型产品。戚墅堰厂利用旧车改造成Jl型10吨双层家畜车；武昌厂设计制造了J2型15吨双层家畜车。

1964年至1965年，铁道部以G12型罐车、粘油罐车、B12型保温车、窄轨保温车为重点，做好成批制造的准备工作和新型专用货车的开发。大连厂研制了G17型粘油罐车和G19型无底架轻油罐车。武昌厂研制了J3型家畜车和S11型守车。1966年，大连厂和四方所设计试制了GQ型液化气罐车；齐齐哈尔厂研制生产了K15型65吨水泥漏斗车；武昌厂设计制造了J4型家畜车。1967年，大连厂设计制造了G11型酸碱罐车，由大连厂和西安厂共同制造，是中国的主型酸碱罐车；齐齐哈尔厂和四方所设计了U60型水泥罐车，由齐齐哈尔厂、江岸厂、沈阳厂共同制造；武昌厂试制了载重45吨B12A型车顶冰箱式保温车；齐齐哈尔厂试制了载重60吨的K18型煤炭漏斗车，改进后投入批量生产；哈尔滨厂和四方所设计、哈尔滨厂试制了中国第一台KF-100型100吨液压矿山自翻车。1968年至1969年，大连厂设计制造了GL型50吨沥青罐车，由大连厂、西安厂共同制造；齐齐哈尔厂和四方所设计、齐齐哈尔厂试制了K17型（后称L17型）60吨散装粮食专用漏斗车，该车经过多次改进，先后由太原厂、戚墅堰厂批量生产。

1970年至1971年，大连厂设计制造了无中梁结构的G17A型粘油罐车、G60A型无底架轻油罐车。1971年至1972年，齐齐哈尔厂设计制造了60吨石灰漏斗车；株辆厂与四方厂设计、株辆厂研制出K16型6轴95吨矿石漏斗车。1973年至1974年，武昌厂设计制造了B19型机械保温车和S12型守车；哈尔滨厂设计试制了KF-70型70吨自翻车。1977年至1978年，齐齐哈尔厂设计制造了2E轴K70型煤炭漏斗专用车；眉山厂设计制造了K60型60吨矿石漏斗车；哈尔滨厂试制了KF-65型65吨自翻车。

1978年12月，国家提出要把铁路专用货车、机械保温车的研制列为科技发展的重点项目。1980年，齐齐哈尔厂在K18型车基础上设计制造了K18F型58吨煤炭漏斗车；齐齐哈尔厂与四方所联合设计了采用顶锁式开闭机构的K18D型58吨煤炭漏斗车；武昌厂设计制造了B6型冰冷保温车。

3. 特种货车制造

中华人民共和国成立初期，大连厂、戚墅堰厂、齐齐哈尔厂制造了用于装卸、救援的201型15吨蒸汽轨道吊车和45吨蒸汽轨道吊车。

1958年起，中国铁路机车车辆工业企业加快长大货物列车的研制和生产。1958年12月，齐齐哈尔厂研制了120吨凹底平车；太原厂设计制造了C25型米轨敞车、P25型米轨棚车，载重均为25吨。1959年3月，齐齐哈尔厂研制了LDQ–1型电站列车、D22型长大平车和D20型280吨钳夹式两节平车；戚墅堰厂设计制造了D50型凹底平车。1960年12月，江岸厂研制了60吨万能车。1961年，齐齐哈尔厂设计制造了203型15吨蒸汽轨道吊车；戚墅堰厂设计制造了505型水渣车。1963年，齐齐哈尔厂设计制造了VP型分格化肥棚车、LP型分格零担棚车和WP型危险货物专用车。1965年6月，沈阳厂设计制造了中国第一列SYH1型250米长钢轨列车组；大连厂设计制造了简支梁式的66型架桥铺轨机；戚墅堰厂研制了T9型发电车。1966年，齐齐哈尔厂参与设计制造了为6000千瓦燃气轮电站列车配套的柴油机车厢和配电车厢；长春客车厂制造了LDQ–2型蒸汽轮电站列车。1967年8月，北京二七厂设计制造了Dl0型旁承支重凹底平车。1968年至1969年，齐齐哈尔厂设计制造了PL型零担办公车；北京二七厂设计制造了D5型凹底平车；武昌厂设计制造了50吨检衡车和25吨检衡车；四方厂、戚墅堰厂设计制造了T22型和Tl0型发电车。1970年至1971年，齐齐哈尔厂设计制造了QNY100I型100吨内燃液力轨道吊车；武昌厂设计制造了T6型检衡车；戚墅堰厂设计制造了TP8型特种棚车。

1973年至1974年，哈尔滨厂设计制造了D23型16轴平车。1974年，齐齐哈尔厂与四方所合作设计制造了D30型双联平车；大同厂制造了LDQ–3型电站列车。1975年，齐齐哈尔厂设计制造了D27型8轴平车。1977年，哈尔滨厂设计试制了D2型16轴凹底平车；武昌厂研制了40吨检衡车。1978年，齐齐哈尔厂与四方所、铁科院合作，设计制造D35型32轴钳夹式长大货物车。

（五）车辆修理

中车的车辆修理工业，始自1881年兴建的开平矿务局胥各庄修车厂（即现在的唐山公司）。为了在筑路时制配一些简单配件、修理筑路机械和装配从国外进口的机车车辆，各条铁路创办了各自的铁路工厂，作为修理基地，从事修理和装配机、客、货车和其他机械并制作配件。1949年，我国（除台湾省外）共有这类厂35个。以这些修配厂为基础，经过几十年的发展，我国的铁路机车车辆工业建立起了修理、制造、配件专业生产体系。中车的车辆修理事业经过多次重大调整，逐步建立起了比较完整的机车车辆修理生产体系，促进了机车车辆修理能力的增长，不断提高机车的修理质量和技术水平。

1. 机车修理

（1）蒸汽机车的修理

中华人民共和国成立后，铁道部采取一系列重大举措，改变之前蒸汽机车修理工作管理分散、标准不一、效率低下的状况。

在国民经济恢复的三年时间里，经过各工厂艰苦的死机复活、病机康复的整修工作，使一大批报废或待报废的蒸汽机车重新投入运输，共修理蒸汽机车5450台，包括修复689台，不仅增加了运用机车，而且有了29.8%的备用机车，其中一半以上是大型机车。

1958年，机车制造企业重新归属铁道部。1959年9月，铁道部对全国铁路的蒸汽机车型号、名称作第二次调整变更并采用汉语拼音字头作型名代号。1961年，铁道部将工厂总局所属企业全部转为修理。1962年，铁道部公布修订的《蒸汽机车大中修规则》《修理蒸汽机车各零件磨耗限度表》《蒸汽机车及煤水车轮对鉴定及修理细则》，作为贯彻中央“调整、巩固、充实、提高”的方针，提高机车质量，保证行车安全，完成铁路运输的基本法则。5月9日，铁道部公布《机车车辆配件简统化和整图办法》。1963年，铁道部工厂总局印发《关于简化和调整机车机型问题的通知》，经国务院批准，淘汰82种机型，保留58种机型。1964年9月，铁道部颁发《蒸汽机车厂修规程》，将检修周期改为厂修—架修—架修—厂修，取消了中修。1965年，济南厂在戚墅堰所的帮助下，组织了等级检修、锅炉各板规格切换、大配件的部件互换修理；对“三机两泵”、阀动各杆、弹簧、制动装置的销、套，各种涨圈和螺栓等零件实行等级检修，制定了加工等级，成立等级配件储备库，储备不同等级的备品零件；对摇连杆、阀动各杆、导板、十字头、轮对等大部件储备一定台份的互换件，试行了汽缸成套组装和摇连杆及导、从轮转向架等部件互换修理。在此基础上，工厂按统筹法编制了机车检修主要工序和主要部件检修作业流程图，推行平行作业和交叉作业，大大缩短了机车在厂检修日数。实行等级检修、规格切换、大配件和部件互换修理，是机车修理工艺的一项重要改革，也是机车修理从现修现配的落后生产方式向专业化、制造化方式过渡的一项重要措施，并在各修理工厂普遍推行。1965年至1966年，蒸汽机车修理各项技术经济指标都创造了历史较好水平。

恢复蒸汽机车新造和转产内燃机车后，铁道部对蒸汽机车修理基地布局进行了调整。1966年，铁道部印发《关于变更部分蒸汽机车修理主导工厂和专修工厂的通知》，共修机型将唐山厂负责的建设型、四方厂负责的人民型改为北京二七厂负责，唐山厂负责的解放型、JF6型分别由济南厂、牡丹江厂负责；专修车型为太原厂负责工建型、KD5型、MG1型、MG7型、XK13型，戚墅堰厂负责JF9型，柳州厂负责JFll型、SL3型，北京二七厂负责JF13型，田心厂负责KD6型，长春机车厂负责PL1型、DKI型，牡丹江厂负责DB2型。1971年7月，铁道部对蒸汽机车型号、名称再次作部分变更，将反帝型更名为前进型（代号QJ），将反修型更名为FD型，将唐山厂制造的上游型机车代号更改为SY。至此，中国铁路蒸汽机车的型号、名称基本得到统一、明确的划分。1972年11月20日，交通部下发通知，将戚墅堰厂蒸汽机车修理部分搬迁铜陵701厂。1973年12月31日，交通部铁路工业局公布试行修订蒸汽机车零件修理等级标准。1974年12月20日，交通部下发《关于调整蒸汽机车设计归口厂的通知》，将菲得（FD）型由北京二七厂改为田心厂，解放（JF）型由济南厂改为兰州厂，前进（QJ）型除大同厂外增加济南厂为第二归口厂，上游（SY）型除唐山厂外增加太原厂为第二归口厂，负责修理方面的设计工作。

1978年后，各机车修理工厂围绕提高产品质量和经济效益，开始进行企业整顿。长春机车厂在推行以定台位、定工作量、定质量标准、定时间、定人员为内容的“五定作业”基础上，坚持以汽缸车架完整出段、完整座炉、完整落车、完整点火、完整试运为内容的“五项完整”和以一次交车架线、一次落车、一次阀调整、一次调簧、一次试运为内容的“五个一次”；同时，建立健全岗位责任制，贯彻原材料入厂鉴定检查、重大质量问题分析等各项质量管理制度，重整机车检修工艺规程，提高了修车质量和修车能力，缩短了在厂检修日数。兰州厂着重抓了生产组织管理的改革。至1979年，中国铁路蒸汽机车的拥有量为7899台，达到历史最高峰，以后蒸汽机车在中国铁路的使用数量逐年减少。蒸汽机车修理基地确定为牡丹江、长春、太原、济南、兰州、铜陵、洛阳、柳州等地的8个工厂。

（2）内燃机车修理

中国内燃机车修理始于20世纪60年代。1960年初，从匈牙利进口的10台ND1型内燃机车开始运用。铁道部先后制订出ND型、ND1型、NDQ型机车的中修、小定修、大定修范围、水阻试验办法、验收办法等制度，并确定由北京内燃机务段进行机车小修和中修。1962年9月，铁道部工厂总局决定由长辛店厂承担600马力（440千瓦）ND1型内燃机车的修理工作。1963年7月10日，铁道部工厂总局在《机车车辆工业十年规划纲要》中进一步提出长辛店厂承担调车内燃机车修理工作。1965年中国自行研制的内燃机车投入批量生产后，鉴于东风型内燃机车主要配属在西南地区铁路线上运用，为便于就近施修，铁道部决定对成都厂进行改造，承担东风型、东风 2 型内燃机车修理工作。1971 年，交通部决定将沈阳厂的蒸汽机车修理系统改造后转为修理东方红 1 型内燃机车。1972 年，交通部决定戚墅堰厂停止蒸汽机车修理，转为修理内燃机车。1973 年，交通部公布《东风、东风 2、东风 3 型内燃机车大修规程》，自 1974 年 5 月 1 日起试行。规程提出根据统一领导、分级管理的原则，工厂须对大修机车的生产任务和机车质量负全部责任。1975 年 5 月 12 日，铁道部决定停止制造东风型、东风 3 型内燃机车及 10L207E 型柴油机后，设计归口厂由大连厂移交给成都厂。早期内燃机车修理基地都是在修理蒸汽机车基础上改建的，各工厂在蒸汽机车修理工艺流程和生产组织的基础上，根据内燃机车的结构特点和技术要求，将内燃机车修理工作划分为“拆、修、装、试”四大作业过程，并按此确定生产组织，建立工艺技术管理机构，编制检修技术条件和工艺文件，制定管理制度，初步建立起内燃机车大修工艺技术工作的基础。

东风 4 型内燃机车批量生产后，1977 年铁道部决定戚墅堰厂进行转产修理东风 4 型内燃机车的技术改造，1979 年试修后转为批量修理。

（3）电力机车修理

1961 年，中国修建的第一条电气化铁路竣工通车后，由宝鸡电力机务段负责电力机车的检修工作。到 20 世纪 70 年代后期，电力机车运行性能已严重影响到运输任务的完成，迫切需要进行大修，并通过大修进行必要的加装改造，以提高机车的性能。1978 年、1979 年，铁道部先后公布《韶山 1 型电力机车大修规程（草案）》《铁路机车验收规则》，指出“机车修理按厂、段修规程的内燃、电力机车，由所在厂、机务段参照设计图纸、技术文件和其他机型的规程，制订暂行规程，征求验收室同意，分别报部或铁路局核备，作为验收依据”。宝鸡电力机务段开始对韶山 1 型电力机车进行大修。

2. 货车修理

1965 年 2 月，铁道部公布《货车厂修规程（草案)》，对货车检修制度作重大变动，将大、中修合并改为厂修，由工厂负责；将年修改为段修，由车辆段负责。在货车配件简统化和螺纹公制化工作基本完成后，铁道部组织开展了准轨货车简化车型工作。1965 年 4 月 23 日，铁道部印发《关于简化准轨货车车型的指示》，提出 314 种型号货车 1970 年前予以淘汰，不再施行厂修，其中敞车 45 种、平车 32 种、砂石车 28 种、煤车 11 种、矿石车 9 种、罐车 32 种、棚车 54 种、守车 33 种、保温车 8 种、通风家畜车 11 种、特种车 51 种，改造合并车型 29 种，保留车型 90 种。1966 年 12 月，铁道部印发指示，从 314 种车型中选出 21 种车型推迟淘汰。对淘汰的煤车、矿石车、罐车、保温车及特种车，先安排变更用途，质量很差不能再用时方予以报废，对淘汰型中的棚车、守车、家畜通风车利用报废车回收的零部件进行修复使用。

随着配件的简统化、标准化和车型的减少，车体配件大都已采用铁标件，转向架 90%以上为转 8 滚，13 号车钩及 120 三通阀均已成为各自部位的主型件，货车修理的各零部件都得以简化，为货车修理的专业化、自动化创造了条件。

3. 客车修理

1961 年，铁道部确定长春、唐山、四方、浦镇、西安等地的 5 个厂承担客车修理任务。各修理工厂开展了以加强技术管理为中心，建立健全技术负责制为重点，提高修车质量和降低成本为目标的企业管理全面整顿工作。1962 年 5 月 9 日，铁道部公布《机车车辆配件简统化和整图办法》，按照“调查、定型、验证、试行、过渡”五个步骤，组织了大规模的客车配件简统化工作。客车简统化以 22 型新造车作为样板，折棚简统化方案由唐山厂负责提出，通风装置简统化方案由四方厂负责提出，灯具和暖气给水卫生的简统化方案分别由唐山厂、长春客车厂负责提出，转向架配件的简统化工作由长辛店工厂摸清情况再行安排。

整顿期间，客车修理厂围绕拆、修、装作业，开展技术革新活动，创造了大量“土洋结合”的工艺装备和专用设备。四方厂和浦镇厂组织车体除锈技术攻关，自行设计制作了客车车体抛丸除锈设备，使辅助劳动减少90%，工效提高3倍，改善了劳动条件和作业环境，根除了矽肺病对工人的危害。该项新技术随后在其他客车修理厂予以推广。采用新材料新技术，改进、提高客车使用性能，将滑动轴承改为滚动轴承，钢结构的铆焊作业采用气体保护焊。唐山厂实行规格切换，在此基础上，确定了“向剪、冲、压要效率、要质量”的工作目标，以“土洋结合”的方式制作了大量模具和样板，将客车制造及修理的钢材下料集中，组成下料中心，实现了客车检修工艺的重大进步。1964年，浦镇厂制订了侧墙、顶板等29个部位的198种切换规格，实行集中下料，提前预制，规格检修，使铆工作业样板化、胎模化，提高了效率和挖补焊修质量，解决了生产关键。该厂推行流水作业，着重抓木工机械化，革新制作了履带抛光机、客光机、净光机、方孔钻、打槽机、拼缝机等34台木工机械，机械化程度由原来的8.4%提高到82.8%。1964年至1965年，客车修理广泛开展等级检修、零部件互换、规格切换、独立附件的集中修和工序平行作业等，逐步做到除底架、车体等需现车修理外，其他均可通用互换。至1965年，客车破损失修的状况已发生根本好转。

第五节　城市轨交行业的启蒙

1863年，世界上第一条地铁线路诞生于英国伦敦。随着国民经济的蓬勃发展，为满足广大人民出行需求，中车开始探索世界轨道交通车辆技术发展方向，着手进行地铁客车的探索与实践。1969 年，中国第一列地铁客车问世，此后，我国的城市轨道交通行业走向了大发展、大繁荣阶段。

一、中国地铁摇篮的诞生

1953 年，中央决定在北京修建地下铁道。1959 年底，刚建立不久的长春客车厂与唐山铁道学院、铁道科学研究院、株洲电力机车研究所、湘潭电机厂联合搜集、整理地铁客车资料，研究地铁客车的设计方案。1962 年，铁道部曾将地铁客车研制列入年度计划，责成长春客车厂、株洲所组成联合设计组，会同湘潭电机厂、唐山铁道学院，进行方案设计和技术设计，因经费困难等原因而中止。

1965 年初，中央再次决定在北京兴建地铁工程。2 月 4 日，毛泽东亲笔为北京地铁工程书写了“精心设计、精心施工”的题词。铁道部组织长春客车厂、株洲所、唐山铁道学院、四方所、大连厂、湘潭电机厂等单位

图 18：1969 年，长春客车厂研制出我国第一列地铁客车——北京 DK1 型地铁车辆

进行方案设计，由长春客车厂承担主体设计，天津厂承担制动设计，湘潭电机厂承担电器设计，北京电务设计事务所承担自动控制设计。1967年10月，长春客车厂终于制造出两辆DK1型地铁样车，并交付试运。至此，我国第一代新型地铁电动客车诞生，填补了国内空白，长春客车厂也从此被誉为“中国地铁的摇篮”。1969年10月1日，新中国第一列地铁列车赶在中华人民共和国成立20周年之际，从古城站呼啸驶出，“长客制造”的“北京”牌地铁车，成为长客人献给祖国华诞的最好贺礼。1972年长春客车厂为北京地铁生产的第二批50辆BJ-3型客车，各项性能有较明显的改善，保证了北京地铁正式通车运营。

二、成立我国第一个地铁研究机构

为北京提供地铁之后，我国的地铁车辆制造和地铁事业共同经历了一段漫长的寒冬。受经济发展能力限制，地铁发展停滞不前，各地连续多年地铁新增订单为零。在这样严峻的形势下，地铁研发何去何从，成为摆在中车人面前的一道难题。当时长春客车厂的决策者们敏锐地意识到，未来随着我国经济的快速发展，城市交通矛盾日渐凸显，地铁必将大有作为、大有发展。在没有任何订单和项目的情况下，长春客车厂并没有削弱地铁研发的力量，而是坚持跟进投入，搞自主研发，勇闯新路，用最精锐的力量继续开展地铁研究，紧跟国际地铁发展的趋势。长春客车厂向交通部提交了《关于成立地下铁道电动客车研究所（室）的报告》，上面清晰地记录着这样一段文字：“研究所既抓紧解决现有地铁车上存在的技术关键，又积极为今后需要加强技术储备，尽快赶上和超过世界先进水平。”一个月后，长春客车厂收到了国家的回复，1973年，国内第一个专业的地铁研究机构——长客地铁研究所正式获批。

初始阶段，长客地铁研发人员十分注重把新技术应用到实际开发中，开发了国产耐候钢和玻璃钢墙板、复合铝板、地铁车主保护装置、斩波调压技术等一大批填补国内空白的材料、系统和零部件，这些成果曾先后获得全国科学大会奖。一些与长春客车厂有过接触的外国地铁专家，都十分惊讶长春客车厂的技术人员怎么能近十年不干地铁，却能熟知国际地铁的最新技术。正是这种执着与坚持，使长春客车厂保住了地铁研发的火种，为日后参与并实现中国地铁的大发展积蓄了雄厚的能量。

第六节　国际援助亚非拉国家

这一时期，中车积极参与对亚非拉友好国家的国际援助，用优质的产品和热诚的服务与援助国家的企业与人民之间缔结了深厚的国际友谊，为中国在国际社会塑造和展现良好的国家形象做出了独特的贡献。

一、参与援建坦赞铁路

坦赞铁路是一条贯通东非和中南非的交通大干线，是东非交通动脉。东起坦桑尼亚的达累斯萨拉姆，西迄赞比亚中部的卡皮里姆波希，全长1860.5公里（其中在坦桑尼亚境内长约960公里，赞比亚境内长约884公里）。1970年10月28日正式动工，1975年6月7日全线铺通，同年10月23日全面建成并试运营。1976年7月14日，坦赞铁路通车，中国正式移交给坦、赞两国政府。

根据协定，中国为修建这条铁路向坦、赞两国提供不附带任何条件的无息贷款，派出专家参加铁路的修建、管理、维修并培训当地技术人员。机车车辆工业系统提供机客货车，帮助建立铁路工厂并培训技术人员。机车和客车由四方厂负责制造，货车由齐齐哈尔厂、株辆厂、大连厂、武昌厂负责制造。1970年起，各厂生产的机客货车陆续出口坦桑尼亚和赞比亚。至1979年，四方厂出口坦赞铁路东方红1型液力传动内燃机车34台、东方红2型液力传动内燃机车102台。东方红1型内燃机车用于调车作业，装用12V180ZIL型柴油机，装车功率845千瓦（1150马力），轴距1067毫米，轴式B–B，轴重15吨，整备重量60吨，最高时速50公里。东方红2型内燃机车用于干线客货运输，装用2台12V180ZL型柴油机，为双柴油机组，装车功率2×845千瓦（2×1150马力），有29台机车换用了德国MTU2V396TC12型柴油机，轨距1067毫米，轴式B–B，轴重20吨，整备重量80吨，最高时速90公里。期间，大连厂向坦赞铁路出口1台干线内燃机车、15台调车用内燃机车、3台架桥铺轨机。齐齐哈尔厂向坦赞铁路出口2台内燃液力铁路起重机。

1970年至1977年，齐齐哈尔厂、株辆厂、大连厂、武昌厂向坦赞铁路出口货车2110辆，车种包括50吨敞车、30吨棚车、55吨平车、50吨低边车、90吨凹底平车、31吨轻油罐车、50吨石砟漏斗车、15吨家畜车、25吨机械保温车、守车、宿营车、轨排专用车等，这些货车均采用自动车钩、空气和真空两套制动装置。1971年至1976年，四方厂向坦赞铁路出口102辆米轨客车，包括硬座车（三等车）、硬卧车（二等车）、软卧车（一等车）、硬卧播音车、餐车、行李邮政守车、公务车7种车型。1976年，中国政府向坦、赞两国政府赠送2台20米全钢公务车，车尾是半圆式玻璃密封瞭望台，列车行进中沿途景一览无余，尽收眼底，受到两国总统的喜爱。四方所承担了坦赞铁路列车JZ–6型真空—空气制动机研制工作，解决了制约坦赞铁路机车研制的关键问题，此外还承担了车辆动力学试验、车辆木结构设计、电气自动控制系统设计、使用教程编著、驻外技术人员培训等重要任务，为中非“友谊之路”建设作出了积极贡献。

坦赞铁路移交后，中国专家还对当地员工进行了全方位培训。三国政府在坦赞铁路项目上继续展开技术合作。从1971年起，沈阳厂在长达20

余年里，参与援建坦赞铁路、见证了中非“全天候”友谊的里程碑事件。坦赞铁路是当时中国最大的援外成套项目之一。工厂援建人员主要在赞比亚姆皮卡机车车辆修理工厂工作，援建人员多为工程技术人员。

坦赞铁路是新中国早期对外援助的典范和缩影，它是中国外交中的一笔无形资产，甚至被看作中国与非洲乃至中国与整个第三世界“兄弟情谊”的丰碑。

二、出口产品援助友好国家

在此期间，中车对亚非地区以及欧洲、美洲、大洋洲等友好国家进行产品援助，向他们出口各种型号的机车产品，赢得了用户的好评，为中车产品赢得良好声誉打下了坚实的基础。

1952年，太原厂以经济援助方式向越南出口3辆平车，这是中国铁路工业最早出口的货车。1957年起，唐山厂以经济援助方式，先后分3批向越南出口76辆米轨客车，包括硬座车、硬卧车、软卧车和餐车4种车型。1958年，太原厂以经济援助方式，向越南出口6台工建型蒸汽机车，这是中国铁路工业最早出口的蒸汽机车。1957年至1960年，唐山厂和太原厂以经济援助方式，向越南出口999辆货车，唐山厂出口货车为载重40吨的B40型米轨凹底平车，太原厂出口货车为C38型窄轨钢木敞车和P38型窄轨棚车。1960年，成都厂以经济援助方式向越南出口8台蓉建型蒸汽机车。1961年至1963年，对越南出口的产品包括齐齐哈尔厂出口19辆载重40吨的底开门敞车，江岸厂出口7辆载重30吨的C1型敞车，戚墅堰厂出口7辆505型水渣车，武昌厂出口10辆载重30吨的全钢平车，大连厂出口5辆容积18立方米的浓酸车。1962年，四方厂向越南出口2台上游型蒸汽机车。1963年，唐山厂在跃进型蒸汽机车设计基础上，按越方要求进行局部改进，研制出2台蒸汽机车，在越南太原钢厂准轨线路上作调车及小运转牵引作业。1965 年，铁道部责成唐山厂为越南设计制造米轨蒸汽机车，唐山厂按越方要求进行了改进设计，定名为自力型。该型机车轴式 1–4–1，运营时速和功率等与跃进型蒸汽机车基本相似。该型机车共向越南出口 66 台。

1965 年至 1969 年，齐齐哈尔厂向越南出口棚车 180 辆、宽木棚车 270 辆、25 吨低边车 456 辆、35 吨手扳车 150 辆，武昌厂向越南出口载重 30 吨的 UCH10 型全钢敞车 4 辆，长辛店厂向越南出口载重 60 吨的六轴凹底平车 40 辆，大连厂向越南出口 DLH3 型轻油罐车 50 辆。1971 年至 1975 年，唐山厂向越南出口 130 辆米轨客车，包括硬座车、硬卧车、软卧车和餐车 4 种车型。该批客车采用部分新结构、新材料，提高了产品的耐腐蚀性，改善客室的通风，采用 TKZ1 型转向架，提高车辆运行的平稳性。齐齐哈尔厂向越南出口木棚车 452 辆、宽木棚车 280 辆、煤漏斗车 30 辆、石砟车 200 辆，二七厂向越南出口货车 19 辆，株辆厂向越南出口货车 9 辆。期间，1972 年至 1973 年，四方厂以经济援助方式向越南出口 20 台东方红 3 型内燃机车。至 1975 年末，中国铁路机车车辆工业企业以经济援助方式，共向越南出口蒸汽机车 88 台、内燃机车 20 台、客车 206 辆、货车 3185 辆。

1961 年起，向锡兰出口铁路客车、货车。至 1966 年，四方厂出口锡兰 134 辆全钢客车，为适应该国湿热气候等特点，在制造中采取了防潮、防霉、防白蚁蛀蚀及防海洋性腐蚀等措施。齐齐哈尔厂出口锡兰 976 辆货车，大连厂出口锡兰 13 辆 DLH2 型罐车。

1962 年至 1965 年，哈尔滨厂以经济援助方式向阿尔巴尼亚出口 11 辆容积 27 立方米、载重 50 吨的全钢翻斗车，武昌厂向阿尔巴尼亚出口 23 辆 UCH6 型和 UCHI 型 30 吨炼钢厂用平车，两种货车均采用自动车钩及连挂装置两用车钩、空气制动装置。1966 年至 1971 年，长春客车厂以经济援助方式向阿尔巴尼亚出口 22 辆硬座客车。武昌厂向阿尔巴尼亚出口 70 辆货车，品种包括 30 吨平车、30 吨棚车和 30 吨低边车。哈尔滨厂向阿尔巴尼亚出口 26 辆 KF-68 型自翻车。齐齐哈尔厂向阿尔巴尼亚出口 33 辆低开门车和 1 辆大平车。1972 年至 1973 年，四方厂以经济援助方式向阿尔巴尼亚出口 9 台东方红 4 型液力传动内燃机车。长春客车厂向阿尔巴尼亚出口 6 辆 YZ22 型硬座客车和 5 辆 XU22 型行李车。齐齐哈尔厂、哈尔滨厂、株辆厂向阿尔巴尼亚出口货车 107 辆，车种包括自翻车、90 吨凹底平车、低开门煤车、低边车、60 吨全钢敞车等。1974 年至 1977 年，长春客车厂以经济援助方式向阿尔巴尼亚出口 17 辆 YZ22 型硬座客车。齐齐哈尔厂、株辆厂、哈尔滨厂、西安厂向阿尔巴尼亚出口货车 170 辆，车种包括平车、煤车、棚车、50 吨粘油罐车、50 吨轻油罐车、60 吨酸碱罐车等。至 1977 年，以经济援助方式，中车的相关工厂共向阿尔巴尼亚出口内燃机车 9 台、客车 50 辆、货车 441 辆。1973 年，四方厂以经济援助方式向巴基斯坦出口 2 台东方红 5 型液力传动内燃机车。1966 年，齐齐哈尔厂以经济援助方式，向古巴出口 70 辆准轨 60 吨有盖斗车。

三、国际交流共促发展

1965 年 2 月，应日本日中贸易促进会的邀请，中国铁路考察团赴日本考察了隧道修建经验、施工机具的配套及牵引动力改造等。这是中华人民共和国铁路第一次有组织地对日本铁路进行技术考察。在中断若干年之后，从 1973 年起，通过中国土木工程学会和日本有关民间团体，双方又恢复了技术交流和往来。

1977 年 9 月，应中国铁道部的邀请，日本国有铁道技师长泷山养率领日本代表团访华，这是两国铁路间的首次正式接触。1979 年 2 月，日本政府铁道技术合作代表团在北京与中国铁道部和外交部人员组成的代表团进行了会谈，并签署了会谈纪要。同年7月，根据会谈纪要，中国铁道部外事局局长与日本政府铁道技术合作代表团、日本国驻华大使馆签署了《中日铁道技术合作计划书》。双方向各自政府建议，中日铁路技术合作按照该合作计划书进行。这样正式建立了两国政府渠道的铁路技术合作。

1964年3月，中国铁路派考察组赴英国考察内燃机车柴油机技术。同年10月，英国运输部铁路委员会咨询处主席等应邀访华。这是两国铁路的早期交往。1978年10月，英国铁路总裁坎贝尔率领铁路代表团访华，开始了中英铁路部门之间的正式接触。

1978年5月，联邦德国铁路理事会主席法斯特率领铁路代表团访华，开始了两国铁路部门的正式交往。

1977年以前，中法两国铁路之间有少量人员来往和技术交流。1977年11月，时任法国国营铁路总局局长桑蒂率领铁路代表团访华，开始了两国铁路部门的正式交往。1978年，时任中华人民共和国铁道部部长郭维城访问法国。

中国铁路还先后与美国、加拿大、奥地利、瑞典、比利时、意大利、丹麦、瑞士、泰国、巴基斯坦、孟加拉国、澳大利亚等国家的铁路部门开展技术交流和友好往来。

第七节　“文化大革命”冲击与生产组织

“文化大革命”的发动，对我国的国民经济建设带来严重破坏，铁路正常的交通运输受到干扰，国家经济运行面临着失序的局面。在“文化大革命”的冲击下，铁路企业生产经营的正常节奏也被打乱，中车广大职工积极应对不利影响，排除干扰保证生产。

一、“文化大革命”对企业发展的不利影响

1966年5月开始的“文化大革命”，使刚刚形成新的生产布局的机车车辆工业遭受到严重冲击。同年12月16日，铁道部党委发出电报，要求全路“试行”中共中央的“十条规定”，暂缓开展“文化大革命”的单位可以相继开展运动，具体安排由各铁路局、工程局、设计院自定，不必报请铁道部党委批准。从此，运动迅速在包括机车车辆工厂在内的铁路基层单位蔓延。各工厂纷纷成立群众组织，分成不同的派别，使工人队伍造成混乱。“踢开党委闹革命”的口号在各单位广泛流行，各级党委陷于瘫痪或半瘫痪状态，基层党组织停止活动，无政府主义思潮泛滥。错误地批判《工业七十条》，批判所谓的“管卡压”“洋奴哲学”“利润挂帅”“唯生产力”等，全盘否定已经形成的比较科学的企业管理制度。部分工厂因工人参加武斗而造成停工停产。一大批工程技术人员和老工人遭受迫害，离开技术工作岗位，技术攻关活动处于停顿或半停顿状态。

1967年6月12日，中共中央、国务院决定对全国铁路实行全面军事管制，各工厂先后由解放军宣传队实行军事管制，成立抓革命促生产指挥部，恢复生产。1968年后，各单位普遍实现“大联合”，成立“三结合”革命委员会，混乱的局势初步趋于平稳。1968年下半年开始，全国各地开展“清理阶级队伍”工作，北京二七厂被列为北京市试点单位。全厂车间、科室以上领导干部共有167人，其中有102人以各种罪名受到审查和迫害；全厂8000余名职工，1600余人列为审查对象，解放前入厂的老工人绝大多数被怀疑有政治历史问题而受审查；全厂有246人被定性为叛徒、特务、走资派、反革命分子。这个厂因而成为名噪一时的“六厂二校”之一，它们的所谓经验曾在全国全路广为宣传推广。这些错误做法，不仅严重摧残了本厂职工，而且对全国各地制造大量“冤、假、错”

案起到很坏的影响作用，机车车辆工业各单位也深受其害。1968 年 11 月，铁道部军管会决定，包括工厂总局在内的原 26 个厅、局、部、委全部撤销，改组为政工、生产、后勤、办事 4 个组。同年 12 月起，机车车辆工业各工厂以“打乱旧的上层建筑”名义撤销管理机构，管理人员下放车间或以“走五七道路”名义下放农村劳动改造。车间实行连排班的军事建制。

二、排除干扰 坚持生产

在困难的条件下，中车广大干部群众排除各种破坏和干扰，坚持正常的生产，扩大造修能力、调整布局和开发新产品在曲折中仍然取得一些进展。

铁路机车方面，四方厂研制的东方红 1 型内燃机车投入批量生产。蒸汽机车确定唐山厂、大同厂专门生产上游型（客运）、前进型（货车）机车，重新设计和试制新六轴煤水车。电力机车研制成立作战小组，研制出 4 号车，用硅整流器代替引燃管，攻克了引燃管逆弧、调压开关烧损、牵引电机环火三大技术难关。1967 年研制出 7 号车，采用炭滑板单臂受电弓，加装制动电阻。1968 年研制出 8 号车，对电力机车进行第一次重大改造，采用大功率硅半导体整流，采用 20 触头组调压开关，使用具有补偿绕组的 ZQ650-1 型四极脉流，加装电阻制动，小时功率提高到 4200 千瓦，电阻制动功率提高到 2800 千瓦。1968 年 4 月 27 日，铁道部军管会将 6Y1 型电力机车命名为韶山 1 型，正在试制的 4800 千瓦新电力机车命名为韶山 2 型。

铁路客车方面，四方厂研制新的 YW22 型硬卧车投入批量生产；研制了 YW24 型硬卧车、RZC24 型软座餐车、RW18 型软卧车；设计制造了用于中、蒙、苏国际联运的 RW19 型软席卧车、餐车、邮政车；试制了车身长25.5米的硬席座车、硬席卧车、餐车和行李发电车，组成列车组在京津和广深线上运用；研制了TZ24型200千瓦柴油行李发电车、YW型新1号生活车、EX2型电气轨道检查车，同时设计制造了18型、19型、23型、24型、31型等结构类同的客车。

铁路货车方面，主要发展方向是轴重21吨、载重60吨的大型货车及装运煤炭、矿石的专用货车。研制生产了C16型敞车、CF型敞车、N17型平车、GQ型液化气罐车、J4型家畜车、G11型酸碱罐车、U60型水泥罐车、B12A型车顶冰箱式保温车、K18型煤炭漏斗车、GL型50吨沥青罐车、K17型60吨散装粮食专用漏斗车、D10型旁承支重凹底平车、PL零担办公车、TZ2型和T10型发电车、50吨和25吨检衡车等。车辆零部件生产在经过简统化、公制化后，淘汰各类杂型货车转向架，形成以转8A为主的铸钢“三大件”（两个铸钢侧架和一个铸钢摇枕）转向架系列；制动系统开始在客货车上分别装用由铁道科学研究院、四方所、眉山厂协作研制生产的104、103空气分配阀；铁路客车不再使用带箍车轮，货车也不再使用铸铁或老式铸钢车轮，全部改装由马鞍山提供的辗钢一体车轮。蒸汽机车修理实行新的厂修规程，客车修理逐步转为以22型（23型）为主，货车修理简化车型，将314种型号货车予以淘汰不再施行厂修。

1969年4月，大连厂研制出东风3型内燃机车投入批量生产。同年9月，大连厂研制出东风4型内燃机车，田心厂研制出韶山2型电力机车。按照铁道部在之后的几年内把东北、华北和沿海一些重要的铁路工业分迁到内地，结合新建，使内地形成铁路装备大体配套的工业基础的规划，当年，四方厂、沈阳厂、大连厂、戚墅堰厂、齐齐哈尔厂、牡丹江厂、长春客车厂等开始大量分迁，资阳厂基本建成，永济厂、贵阳厂、眉山厂新建开工。

受到“文化大革命”的影响，当时中车各个工厂的产品质量管控工作也处于失控状态。1969 年，铁道部明令取消驻厂验收员制度，产品质量由工厂负责，检验制度遭到冲击，部件质量下降，新造机车车辆质量问题增多。铸钢件成品率只达到百分之六七十，铸铁件成品只达到百分之七八十，1967 年出厂的东方红型内燃机车设计运行十四五万公里才需要更换部件，而 1970 年出厂的运行不到四万公里就得大量更换活塞、缸套、轴瓦。

1968 年机车车辆工业曾一度跌落到谷底，1969 年开始回升，产值比上年增长 59.4%。

1970 年 7 月 1 日，根据中共中央、国务院的决定，铁道部、交通部和邮电部邮政部分合并组建交通部，标志着铁路军事管制的结束。

1971 年初，交通部召开内燃机车、船用柴油机会战会议，组织对 16V240Z 等四种型号柴油机进行会战。同年 8 月，北京二七厂研制出第一台 3001 号北京型客运内燃机车。

1972 年 3 月，交通部召开全国交通工作会议，这是在林彪集团覆灭后召开的第一次全国性交通工作会议。会议深入揭发批判了林彪一伙的罪行，批判了极左思潮和无政府主义，提出要整顿企业管理，加强集中统一指挥；基层单位应按车间（队）、班组组织生产，确定人员编制，不得任意抽调生产人员从事非生产性工作；把岗位责任制、考勤制、设备管理和维修制度、经济核算制、安全生产制度建立健全起来；与安全生产有关的规章制度和技术操作规程，新的没有颁布以前，要按原有的执行。同年 12 月，交通部恢复部机关的机构设置，恢复铁路工业局，管理机车车辆工业企业。各厂进行改章建制，恢复部分科室管理机构和车间生产组织，制定国家计划会议规定的 7 个方面 26 项生产技术管理制度。

经过整顿企业管理，生产被动局面开始出现好转，生产秩序也逐步开始恢复。1972年，四方厂和资阳厂共同设计了东方红2型液力传动调车内燃机车，1973年由资阳厂投入批量生产。大连厂对东风4型内燃机车曲轴、缸盖、活塞、气阀增压系统、调整器、传动装置、排气系统、减振器、连杆瓦和主轴瓦、滑油滤清器等零部件结构进行了改进，1974年6月投入批量生产，是中国自行研制的第二代内燃机车中首先定型的产品。北京二七厂研制出3002号、3003号北京型客运内燃机车后，1975年投入批量生产。客车生产对YZ22型硬座车进行了较大改进，定员改为118人，对22型餐车、行李车、邮政车和软席座车也进行了改进，为昆明铁路局制造了YZ30型米轨硬座车、YW30型米轨硬卧车、RW30型米轨软卧车、CA30型米轨餐车和XU30型米轨行李邮政车。货车生产方面，株辆厂、齐齐哈尔厂在原C65型敞车的基础上，缩短底架、降低重心，联合研制了C62型敞车投入批量生产，后又研制了适用于装运煤炭的C62M型敞车投入批量生产，成为新一代主型敞车。期间，还研制生产了P61型棚车、N15型65吨平车、G17A型粘油罐车、60吨石灰漏斗车、K16型95吨矿石漏斗车、B19型机械保温车、S12型守车、KF–70型70吨自翻车、100吨内燃液力轨道吊车、T6型检衡车、D23型16轴平车、D30型双联平车、D27型8轴平车、LDQ–3型电站列车等。在铁道部统一领导下，四方厂、唐山厂、齐齐哈尔厂、武昌厂、大连厂、株辆厂制造了援助越南、坦桑尼亚、赞比亚、阿尔巴尼亚、巴基斯坦等国家的东方红1型、东方红2型、东方红3型、东方红4型、东方红5型液力传动内燃机车，米轨客车以及敞车、棚车、平车、低边车、凹底平车、轻油罐车、石砟漏斗车、家畜车、机械保温车、守车、轨排专用车等货运车辆。机车修理工作编发新的《机车概要》，准轨蒸汽机车减少28种、米轨蒸汽机车减少14种，确定成都厂、沈阳厂为内燃机车修理厂，编制公布内燃机车大修规程予以实施。自 1975 年起，各铁路局的二轴及木皮客车不再做厂修，厂修到期后不再做段修，老旧客车被逐步淘汰。货车修理继续淘汰 168 种型号的货车，旧中国遗留的 30 吨以下的小型货车和杂型车基本上被淘汰。

1973 年，交通部根据铁路运输发展的需要，决定采取老厂人员、设备分迁的办法，将郑州铁路局和上海铁路局分别筹建的洛阳厂、铜陵厂收归部直属并继续进行建设。

在国家投资压缩规模的情况下，大部分工厂围绕产品调整进行了技术改造：大连厂由制造中等功率内燃机车转到大功率内燃机车的改造，四方厂、北京二七厂转产内燃机车的改造，田心厂转产电力机车的改造，天津厂、南口厂转产内燃机车、电力机车配件的改造，西安厂转产罐车的改造，哈尔滨厂转产长大货车的改造，沈阳厂转修内燃机车的改造等。技术改造中，各厂采取工人和技术人员相结合的办法，改造老设备，自制专用设备，铸造方面建成射压造型联动线、无箱挤压造型联动线、水爆清砂及旧砂回收生产线、大型抛丸机和高压水力清砂等机械化造型、清理设备，锻造方面大力提倡模锻、广泛采用锻工操作机等，机械加工建成一批联动生产线，提高了机械化、半自动化、自动化程度，改善了劳动条件，把工人从一些笨重的体力劳动中解放出来。

1975 年 1 月，四届全国人大一次会议决定重新设立铁道部，机车车辆工业企业重新归属铁道部管理。同年 3 月 5 日，中共中央发出《关于加强铁道工作的决定》，要求铁路企业建立健全岗位责任制、技术操作规程、质量检验制度、设备管理维修制度，各工厂迅速传达，全面整顿企业管理工作，企业经营发展再现转机。

1975 年 11 月，“反击右倾翻案风”运动开始，使生产开发等各项工作又受到不同程度的干扰和影响。

1976年7月发生唐山大地震，唐山厂遭到毁灭性的破坏，天津厂也遭到一定程度的破坏。十年的“文化大革命”，机车车辆工业在曲折中艰难地发展。

第 三 章

改革奋进的中车

1978 年，中国开启了改革开放的伟大征程，工业（尤其是制造业）作为国民经济的重要支柱，中车肩负着前所未有的历史使命。面对全球技术革命的浪潮和国内经济转型的压力，中车不仅需要突破传统计划经济的束缚，更要在国际竞争中抢占先机，推动中国轨道交通装备制造业从“跟跑”向“并跑”乃至“领跑”转变。这一时期，中车以转型创新为驱动，以市场化为导向，积极引进先进技术，推动产业升级，为中国铁路现代化奠定了坚实基础。与此同时，中车还承担着服务国家战略、支撑经济发展的重任，这一历程，既是中车自我革新的壮丽篇章，也是中国工业崛起的重要缩影。

第一节　改革开放的机遇与挑战

自 1978 年中国实行改革开放之后，国民经济发展进入快速前进的通道，随着生产力的解放，交通运输已经显得无法与经济增长相适应，瓶颈效应的凸显对轨道装备工业的发展提出了严峻的挑战。数据显示，1981 年至 1985 年，每亿换算吨公里拥有机车台数由 1.44 台逐步降为 1.12 台，每百万吨公里拥有客车辆数由 0.12 辆逐步降为 0.09 辆，每百万吨公里拥有货车辆数由 0.48 辆逐步降为 0.37 辆，迫切需要进一步改造发展机车车辆工业，迅速提高生产能力，以适应铁路运输事业发展的需要。

一、生产力的解放和客货运的爆发

1977年初，铁路运输生产仍然处于非常困难、被动的局面。大量的煤炭、木材、石油、矿石等物资积压待运。当时，山西、河南、内蒙古、宁夏、黑龙江等地的重点煤矿，落地存煤就达896万吨，而有许多地区，却因煤炭供应不足，造成电厂关闸限电，工厂停产减产，城市居民生活用煤经常脱销。1977年1月上中旬，兰州铁路局装车数比正常情况少了超50%，积压保留重车达20多列，严重干扰了兰新、包兰等干线的正常运输，运输秩序混乱，全国将近一半的铁路局，正点率只达到60%，有的还不到40%。到达北京的旅客快车，正点率也只有50%多。

1977年2月2日至15日，国务院召开全国铁路工作会议，研究如何搞好铁路运输的问题，确定了当时铁路运输的任务，研究了铁路管理体制事项。会后，中共中央转发了《全国铁路工作会议纪要》，重申铁路运输仍按1975年中共中央九号文件规定，由铁道部统一指挥，千方百计把铁路运输迅速搞上去，完成和超额完成全年的运输生产计划。全国铁路工作会议之后，各省、自治区、直辖市先后召开铁路工作会议，具体落实中央对铁路工作的要求。铁路各单位在当地政府和驻军的支持下，认真贯彻《纪要》精神，推动了运输生产的发展。经过整顿，铁路管理的混乱状况逐步有所改善。在郑州、兰州铁路局的问题得到解决之后，太原、南昌、昆明、锦州等铁路局和蚌埠、贵阳等铁路分局这些“老大难”单位也都逐步改变了落后面貌。运输生产稳步上升，全路日装车从年初的3.8万车，很快上升到三月份的5.1万车，二季度持续上升，达到了5.7万车。经过3月至8月的突运存煤的战斗，完成了会议纪要规定的任务。

1977年前三个季度，整个国民经济得到了初步恢复，扭转了长期停滞不前甚至下降的局面。在新的形势下，一项紧迫任务就是要保电、保煤、保钢和保工农业生产，超额完成运输任务。九、十月间召开的全国铁路领导干部会议提出，1977 年冬和 1978 年春运输生产的具体目标是保证实现“二、三、六”，即煤炭日装 2.1 万车，货车周转时间压缩到 3 天，全路日装车尽快达到 6 万车。以实现“二、三、六”，超过“二、三、六”为目标的劳动竞赛展开后，调动了职工的积极性，出勤率迅速提高，组织纪律性大大加强，生产效率有较大幅度提高。北京、成都、西安、昆明、上海、广州 6 个铁路局，十一、十二月份运输生产都全面达到了“二、三、六”的要求。进入 1978 年，劳动竞赛深入发展，运输生产持续上升。第一季度，运输生产打破了年初比上年末下降的常规，一、二月份日装车仍超过了上年十二月份的水平，三月份全面突破了“二、三、六”的目标，四月份全路日装车达到 6.3 万车，五月份达到 6.5 万多车；货车周转时间压缩到 2.86 天，创造了 1966 年以来的最好成绩。

二、机车车辆需求强劲

1978 年 12 月，党的十一届三中全会做出了把党和国家工作中心转移到经济建设上来的战略决策，并提出了解决国民经济比例失调的要求。1979 年 4 月，中共中央召开工作会议，正式提出了“调整、改革、整顿、提高”的方针。为了贯彻落实这两次会议精神，铁道部分别于 1979 年 1 月和 5 月两次召开全路领导干部会议，开始清理铁路工作中“左”的思想影响，把工作重点转移到铁路现代化建设上来，并以调整为中心，着手解决铁路发展中比例失调的问题。

机车车辆工业逐步得到恢复和发展。在铁道部指导下，中车开始对企业管理进行初步整顿，对管理制度进行充实完善，修订了生产、技术、经营、行政、生活福利等方面 34 项管理制度，汇编下发。1977 年 10 月，全路科学技术规划会议讨论铁路技术政策时，首次提出大力发展内燃、电力牵引，以电力为主的意见，受到各方面的高度重视。12月21日，铁道部作出《关于立即对内燃机车进行“三化”的决定》（“三化”即标准化、系列化、通用化），要求统一内燃机车主要零部件的技术标准，并进行选优定型，调整内燃机车的生产布局，着手研制更大功率的柴油机和内燃机车。1978年1月，铁道部调整机关机构，将工业局改为工业总局，明确工业总局对内为职权单位，对外仍为铁道部职能部门。3月，铁道部布置全路开展设备整修大会战，机车车辆工业系统要完成厂修蒸汽机车800台、内燃机车70台、客车530辆、货车12600辆，年内全面完成机、客、货车的厂修任务，把失修的机车、车辆和有关机械动力设备整修好。7月《中共中央关于加快工业发展若干问题的决定（草案）》（即《工业三十条》）发布后，机车车辆工业根据《工业三十条》和铁道部通知精神，进行恢复性企业整顿。各工厂以提高产品质量为中心，以整顿技术管理为重点，恢复党委领导下的厂长负责制和职工代表大会，建立以总工程师为首的技术责任制和以总会计师为首的经济责任制。

1979年至1981年共新造机车1483台、客车3017辆、货车35292辆，年年超额完成国家计划。同时，制订了调整规划，对配件、修理和制造的比例关系作了一些调整。1980年和1978年相比，配件生产和修理产值所占机车车辆工业总产值的比重，分别由11.2%和28.7%提高到12.2%和35.8%。各工厂认真加强全面质量管理，针对重大质量问题，组织技术攻关，提高了产品质量，降低了返修率。大连机车车辆工厂、长春机车工厂和浦镇车辆工厂等在解决惯性质量问题上都取得了比较突出的成效。全路新造机车、车辆和修理客车的出厂返修率已低于历史的最低纪录。根据运输的需要，有些工厂还制造了一些急需产品。武昌车辆工厂批量生产具有制冷、加温、融霜、恒温、通风五种功能的B19型机械冷藏车组；齐齐哈尔车辆工厂研制成功的0NY102型铁路轨道内燃起重机，起重能力达到

100吨，比蒸汽吊起动快；南口机车车辆机械工厂为了逐步实现货车滚动轴承化，开始成批生产货车滚动轴承，并由齐齐哈尔、大连、眉山、西安等工厂安装在新造货车上，运用情况良好。

第二节　趟出体制机制改革新路

改革开放之后，生产力得到较快发展。国民经济建设潜力逐渐得到释放，中车也面临着发展的挑战，需要在体制机制建设方面趟出一条新路。

一、调整管理机制

这一时期，机车车辆工业的各项改革走向深入。1978年3月27日，铁道部党组发出《关于实行党委领导下的局（院、厂、校）长分工负责制的通知》，规定各单位由党委对行政业务进行集体领导。同年7月，按照中央决定和铁道部通知精神，机车车辆工业30多个工厂恢复了党委领导下的厂长负责制和党委领导下的职工代表大会制。1984年5月，党中央和国务院决定在部分城市进行厂长负责制试点。7月，铁道部决定在包括齐齐哈尔车辆工厂、戚墅堰机车车辆厂、大连机车车辆厂、株洲电力机车工厂在内的16个单位实行厂长（经理）负责制试点。1986年，中车公司决定在牡丹江、哈尔滨、西安、贵阳、柳州、成都、太原、石家庄等地的8个厂正式实行这一领导制度，同时在资阳、株机等6个厂进行了厂长任期目标责任制试点。1987年，中车公司作出决定，在所属34个工厂和4个研究所全部实行厂所长负责制，同时制定《厂长任期目标责任制暂行办法》，全面推行厂所长任期目标责任制。

党的十一届三中全会以后，由于改革开放和经济的快速发展，传统的计划经济体制已经严重地束缚了机车车辆工业的发展，企业改革势在必行。

1979年3月26日，铁道部印发通知，决定自5月1日起，工业总局对外称中国铁路技术装备总公司，实行企业化管理，实行经济核算制，对本系统的生产、建设和经营管理负全面责任。铁道部通过工业总局对该系统的局、院、厂等单位实施全面管理和对全路进行有关业务指导，这是机车车辆工业管理体制改革的起步。机车车辆工业的改革是从扩大企业经营管理自主权开始的。1979年5月，铁道部召开全路领导干部会议，传达讨论中共中央工作会议精神，继续贯彻国民经济"调整、改革、整顿、提高"的8字方针，提出要继续搞好企业整顿，整顿好领导班子，加强职工队伍建设，改善经营管理，积极稳妥地改革铁路管理体制，扩大企业经营管理自主权。11月，铁道部印发通知，在沈阳、成都等8个机车车辆工厂进行扩大企业经营管理自主权试点。1980年，铁道部要求部属各单位在企业整顿中要把质量管理摆在首位，分期分批、扎扎实实地推行质量管理。机车车辆工业在全系统开展了质量审核、质量成本、定置管理、创优质产品等工作，做到全企业、全过程、全体职工参加质量管理，促进质量管理全面健康地发展。

1981年5月，国家经委等10个单位关于贯彻落实国务院扩大企业自主权文件的实施办法下达后，铁道部对长机、长客、沈阳、兰州、大同、成都、浦镇等工厂进行扩大企业自主权的试点。1982年4月，对所有机车车辆工业企业首批下放计划、财务、物资、机构设置和干部任免等17条权限。1984年7月，铁道部根据国务院关于进一步扩大国营工业企业自主权的暂行规定，作出关于进一步扩大所属铁路企业自主权的补充规定，在计划、物资、劳动工资、财务、干部管理等方面再次下放36条管理权限。1984年，工业总局通过调查研究，代部拟定了《关于进一步扩大机车车辆工业企业自主权的实施意见》，共50条，经有关司局会审，于

1985年1月以铁道部铁工字93号文下发。

1981年，结合企业整顿，机车车辆工业企业着手学习首钢经验，根据各自的企业实际，开始建立经济责任制。首先由石家庄、兰州、江岸、二七机车等厂率先推进，而后在35个工厂普遍展开。经济责任制采取递增包干、固定比例上交、税后超额分成和独立经营自负盈亏四种形式。在推行经济责任制中，各工厂通过摸索、创造，取得了不少好的经验。石家庄工厂创造了以产量为轴心，从现代化管理入手，以提高质量、降低消耗、提高效益为目标的综合性责任制模式，并进一步发展为“一鸟两翼”战略，即把机车车辆主产品作为鸟体，其他市场主产品作为鸟翼，多经产品作为鸟尾，充分发挥各部位的作用，确保企业这只“鸟”展翅高飞。长春客车厂创造了定人员、产量、工资含量三个基数和包质量、均衡、成本、设备、安全生产五项指标的“三定”“五包”责任制模式。牡丹江工厂创造了台车承包联质联产责任制模式，几个研究所试行有偿合同制和科研人员课题包干经济责任制。这些不同形式的经济责任制的推行，对调动厂所职工的生产、工作、科研的积极性，起到了很好的作用。

党的十一届三中全会后，按照中央有关会议精神，铁道部对机车车辆工业系统进行改革。1979年，铁道部决定将北京二七机车车辆工厂分为北京二七机车厂和北京二七车辆工厂，决定将铁道部七〇一工厂改名为铁道部铜陵机车工厂，将铁道部田心机车车辆工厂改名为铁道部株洲电力机车工厂。1980年11月11日，铁道部转发工业总局《关于改革铁路机车车辆工业管理体制意见的报告》，把工业总局改组为企业性质的专业公司，改称为中国铁路机车车辆工业总公司。1981年1月，铁道部决定大连内燃机车研究所、株洲电力机车研究所、四方车辆研究所、戚墅堰机车车辆工艺研究所由工业总局代部统一领导。1986年2月7日，铁道部党组根据国务院批准的国家经委《关于成立铁道部机车车辆工业公司的通知》，决定成立铁道部机车车辆工业总公司。总公司对 34 个机车车辆、机械、电机工厂和 4 个机车车辆专业研究所实行统一领导和全面管理。原铁道部工业总局和中国铁路机车车辆工业总公司同时撤销。原由铁道部中国土木工程公司管理的铁道部北京工程机械工厂改由铁道部机车车辆工业总公司管理，改名为铁道部昌平机车车辆机械工厂。1989 年 8 月 18 日，铁道部根据国家机构编制委员会批准的《铁道部“三定”方案》，决定自 1989 年 9 月 1 日起，将铁道部机车车辆工业总公司的名称更改为中国铁路机车车辆工业总公司（以下简称“中车公司”）。中车公司对下属 34 个机车车辆、机械、电机工厂和 4 个机车车辆研究所等单位实行统一领导和全面管理。1991 年 1 月 23 日，铁道部决定撤销铁道部广州车辆工厂筹建处，成立铁道部广州车辆工厂。

二、推行经济承包责任制

1982 年 7 月，铁道部工业总局公布《机车车辆工业企业全面经济核算试行办法》，指出：全面经济核算是现代工业生产中一种科学管理经济的方法。

1986 年，国务院批准铁道部实行经济承包责任制方案，铁道部也随之对工业总公司实行经济承包责任制（以下简称“大包干”）。工业总公司分年对铁道部承包产量品种、包质量、包基本建设和技术改造、包利润总额，各厂对总公司也分年进行承包。1986 年和 1987 年，中车公司分年对铁道部承包，主要包产量品种、包质量、包基本建设和技术改造、包利润总额。

1986 年，国务院下发《关于加强工业企业管理若干问题的决定》，提出“七五”期间，要有计划、有步骤地开展“抓管理、上等级，全面提高素质”的企业升级工作，把提高产品质量、降低物资消耗和增加经济效益作为考核工业企业管理水平的主要标准。根据铁道部的部署，中车公司把企业升级作为完成大包干任务的有效手段，按照“高标准、严要求”的原则，制订标准，确立目标，在不断健全完善规章制度的基础上，促进企业管理工作走向规范化、标准化和制度化。“七五”期间，机车车辆工业系统共有省级以上先进企业 33 个，其中国家二级企业 11 个，国家一级企业 2 个，大连厂、眉山厂荣获全国企业管理优秀奖——金马奖。

1988 年起，中车公司对铁道部实行“七五”后三年的全面经济承包，进一步深化经济承包责任制。铁道部对中车公司的基本建设和技术改造加大投入，按照“保本微利”的原则，对产品价格予以调整，实行分配上的“不交不要”的政策。中车公司按照“包死基数、三年不变、自我消化、合理补偿”的原则，分批落实各厂对中车公司的承包方案。在对各厂加大考核力度的同时，每年都按照实际情况，及时调整承包基数和留利比例，实行了一系列鼓励全面完成各项承包指标和多创利的政策。各厂内部普遍实行车间对工厂、班组对车间的两级承包，使经营承包责任制进一步深化，调动了工厂和广大职工的积极性，推动了生产力的发展。

1992 年，在国家加快铁路发展的紧迫形势下，铁路工业特别是机车车辆工业的生产能力、产品的品种、水平，还不适应铁路大发展的要求。铁道部提出，必须超前、优先安排机车车辆工业的发展，上能力、上质量、上水平。发展的动力在于深化改革。机车车辆工业在“八五”后三年，实行了三年承包。中车公司对部承包，各厂对中车公司承包。中车公司对部承包模式是：价格调放结合，投资逐步有偿，利润定率上交，完善工效挂钩，经营建设承包。承包内容主要有，包实现利润和税费上交，实现利润以所得税的形式向部上交 33%，交后全留中车公司，按国家规定自主使用；承包全面完成部下达的机、客、货车修造和路用配件计划以及新产品开发和基建任务的完成。承包方案中提出合理调价并逐步放开价格，实行超产加价，逐步缩小指令性计划，扩大企业生产自主权。并承诺“八五”期末，除部分机、客、货车制造实行指令性计划外，其余全部进入市场。

铁路工业产品长期以来实行计划管理，几乎全部产品都由国家和铁道部定价，统管的产品在 13800 种以上，企业基本上无定价权，对此上下都感到“管得多、管得死、管得细、管得难”，这种状况极大地限制了企业的经营发展活力。1992 年，国家物价局对铁路工业产品价格的改革与管理作出了明确的规定，铁道部于 1993 年发出《关于铁路工业产品价格改革的通知》，决定加大铁路工业产品价格改革的力度，以“分步改革，加快步伐”为方针，开始按部定价格、指导价格和放开价格三种形式管理，最终实现全部由企业自主定价，并确定在南口厂进行放开产品价格试点。过渡期内暂按部定价格、指导价格和放开价格三种形式进行管理：对全路运输和建设影响大、垄断性强的关键重要的产品实行国家定价；对全路运输和建设虽有影响，但较易于形成路内外竞争市场的产品，实行指导性价格；对全路运输和建设成本影响小，产需基本平衡或已多家生产形成竞争的产品，实行价格放开。

1993 年国家定价产品由 13875 种减少为 161 种，主要产品是机车车辆新造产品、厂修产品和货车加装改造；国家指导性价格产品由 89 种增加到 359 种；放开价格的产品由 248 种增加到 13355 种，主要是部分机车车辆零、配件，机车、客车厂修加装改造，部分通信信号产品及线路器材等。1994 年，国家定价产品又由 161 种减少为 157 种，指导价产品由 359 种减为 63 种，改革的重点是放开除柴油机、机体、曲轴外的全部机车车辆配件的价格和绝大部分通信信号产品价格。

1993 年初，在全路领导干部会议上，铁道部领导要求机车车辆工业率先走向市场。同年 5 月，铁道部同意中车提出的《机车车辆工业总公司

“八五”后三年承包方案》。承包方案包括6项内容即“六包”：包实现利润和税费上交，包产品产量，包产品质量，包安全生产，包新产品开发，包基本建设。承包的基本模式是：价格调放结合，投资逐步有偿，利润定率上交，完善工效挂钩，经营建设承包。同时，铁道部赋予中车公司12项配套政策和保条件。承包方案中增加了调价机制、转产补贴、鼓励多经等优惠政策。各厂对中车公司实行“三包两定一挂”，即包产品产量、质量和安全生产，定实现利润总额基数、利润分配或补贴数额，实行工效挂钩。同时，中车公司也赋予各厂相应的承包政策和保证条件。

1994年1月，铁道部又提出：“建立现代企业制度要进行国有资产授权经营试点。有条件的总公司可改造为控股公司，先在工业总公司试点。”铁道部还制定了《铁道部关于加快机车车辆工业改革的意见》等重要文件，要求机车车辆工业加快改革步伐，转换经营机制，快步走向市场，建立现代企业制度。按照这一精神，齐齐哈尔厂被列为铁道部现代企业制度试点单位，同时，中车公司也选择贵阳厂和永济厂的各一个分厂进行现代企业制度试点。

三、开展横向联合

长期以来，机车车辆工业的管理体制，基本上是封闭型的生产结构。产品自行配套，独家生产，与其他机械行业极少联系，限制了本行业的发展。当国民经济迅速发展，铁路运量剧增，对机车车辆工业提出更高的要求时，生产能力不足与需求不相适应的矛盾就愈为突出。除了加速机车车辆工业的技术改造、提高生产能力外，发展横向联合，是扩大企业生产能力的有效途径。

在改革、开放、搞活的方针指导下，机车车辆工业冲破了封闭的圈子，发展了横向联合，以松散型和半紧密型联合为主进行产品扩散。松散型联合主要是由上级计划部门指引，将产品扩散给其他部门的机械加工企业。这类企业的隶属关系不变，自主地生产机车车辆产品，自产自销；但由机车车辆工业主管部门组织与有关机车车辆工业企业挂钩，提供产品图纸、技术标准、工艺文件等有关技术资料，并派技术人员、管理人员咨询和指导，必要时还提供产品配套用的部分机车车辆专用配件和代制工装模具及非标准专用设备。1985 年 5 月 11 日，铁道部提出了“要改变铁路独办的局面，敞开铁路大门，扩散产品，积极支持和鼓励军工厂、地方工厂生产机车车辆和配件”的意见，并在铁道部内部确定了发展横向联系向路外扩散产品的领导体制。机车车辆工厂可以根据自己制造和修理产品的需要，向工厂所在地的地方企业扩散零部件的生产。1985 年，铁路同路外共签订产品扩散合同 36 项，扩散机车和货车配件 1 万多件（套）。铁路系统外的企业，为铁路生产货车 200 辆，做到了当年定点、当年投产，从而对完成全年机车车辆修造任务起到了积极作用。针对“七五”计划期间客货运量大幅度增长，而机车、车辆及其配件的生产供应缺口较大的问题，1985 年 12 月，国家计委、国家经委联合召开全国铁路机车车辆行业“七五”规划会议，有国务院的 9 个部委和 20 个省市及部分企业的负责人参加，探索打破部门、地区和行业界限，发展横向联系，以铁路工业为龙头，开展全国性大协作，走一条依靠专业大协作发展机车车辆工业的新路子。

四、快步走向市场

1988 年末，中车公司在沈阳厂召开研讨会，围绕如何进一步落实铁道部的部署、全面打好机车车辆工业翻身仗、实现机车车辆工业持续健康发展、走上良性循环轨道的问题开展讨论、研究制定了“一业为主、多种经营，立足铁路、面向全国、走向世界”的经营战略。这一经营战略的提出，是机车车辆工业发展思路上的历史性转变。此后，它成为机车车辆工业的发展战略，它的贯彻落实使机车车辆工业各企业由产品的单一化生产向生产经营多元化发展，由单一的封闭型铁路市场推向国内和国际大市场，加速了机车车辆工业市场化、多元化的发展。

（一）实行多种经营

党的十一届三中全会后，机车车辆工业系统开始改革。1979 年 5 月 1 日，铁道部工业总局对外称中国铁路技术装备总公司，实行企业化管理。1981 年至 1985 年，资阳厂先后为广州黄埔港务局和鞍山钢铁公司生产了 6 台东方红 6 型和东方红 5C 型液力传动内燃机车，这是机车车辆工业企业最早为路外企业生产的产品。1986 年 1 月，铁道部机车车辆工业总公司成立后，成为铁道部直接领导下的具有生产和经营自主权的全民所有制企业。1987 年下半年，工业总公司组织资阳、四方、沈阳等工厂，与冶金部物运局组成联合调查组，调查了攀枝花、本溪、鞍山、首钢、宝山等有代表性的五大钢铁公司，并联合下达《关于安排研制冶金工矿专业铁路内燃机车的通知》，成为机车车辆工业走向市场的开端。

1990 年起，中车公司先后印发《关于大力发展多种经营的规定》《关于加强边贸合作的通知》等文件，健全多种经营管理机构，确定、完善发展多元经济和加强多种经营管理的有关规章制度，加大多种经营发展基金的融资力度。1992 年，中车公司党政工联合作出《关于学习贵阳车辆厂的决定》，指出贵阳厂由一个多年亏损的企业，通过深化改革、发展多经、进入市场，闯出了一条搞活企业、摆脱困境的新路子，为机车车辆工业的改革和发展提供了新经验，要求所属各单位向贵阳厂学习。同年 10 月，资阳厂向泰国出口 2 台调车内燃机车，中国铁路机车车辆工业产品开始走向国际市场。12 月 3 日，外贸部授予中车公司自营产品进出口权。1994 年起，铁道部对机车车辆工业企业逐步减少指令性计划，扩大指导性计划和市场调节的比重，促使企业加快走向市场。中车公司也相应实行“控制关键，放开一般”的宏观控制管理办法，从500余项统管配件中选控116项关键配件，其余全部下放各机车车辆厂自行管理，由供需双方协商定价订货。1995年，铁道部开始改变计划体制，客车、货车购置实行国内招标投标制，首批招标货车2000辆、客车200辆，经过竞争揭标，中车公司系统货车中标1800辆，客车全部由四方厂、长春客车厂和唐山厂中标。经过几年的改革，机车车辆工业企业逐步向自主经营、自负盈亏、自我发展、自我约束的经济成分实体转化，开始建立新的管理体制和运营机制，包括产权管理机制、计划管理机制、价格机制、投资机制等，向建立现代企业制度的方向前进了一大步。

1996年，铁道部批准中车公司改组为以经营国有资产为主、兼有部分生产经营和行业管理职能的控股公司。1997年，铁路机、客、货车全部实行招议标采购，路外厂家也可以同机车车辆工业企业一起参与投标竞购，这标志着铁路机车车辆工业市场全部放开，也标志着机车车辆工业的买方市场形成，且竞争更趋激烈。

（二）实行“工效挂钩”制度

十一届三中全会后，在分配领域对工资制度进行一系列调整和改革。1981年，铁道部颁发《关于结合经济责任制进一步改进奖励和计件工资的通知》，提出计件工资要把个人的劳动报酬同企业的生产任务和经营效益联系起来。1981年至1983年，给1978年底以前参加工作的职工普遍增加了一级工资。1983年，铁道部在戚墅堰厂进行了工资调改相结合的试点，采取按新工资标准先套入后升级的办法增加工资。铁路企业实行第一步利改税，实行利改税的单位采取奖金随上缴利税发奖率浮动的办法，上浮限额一般不得超过年度奖金计划的23%。1984年下半年，机车车辆工业企业统一了工资标准和工资分类，工人实行8级14等制，干部实行

16 级 30 等制。

1985 年，铁道部实行第三次大规模的工资改革。这次工资调整改革，简化统一了工资制度，提高了工资水平，改善了劳资关系。1991 年，铁道部开始对中车公司实行“工资总额同经济效益挂钩”（简称“工效挂钩”），即与产品产量、销售收入、实现利润三项指标挂钩，挂钩比例分别为 50%、40%、10%。在此基础上，中车公司对所属企业实行“工效挂钩”，下发了《机车车辆工业企业工资总额同经济效益挂钩的实施办法》。1992 年，中车公司印发关于加强工资基金管理的暂行规定，把工资总额范围内用于职工各项工资性支出的项目，均纳入工资基金。

1993 年，铁道部发出《关于进一步推进铁路企业劳动工资制度综合改革的通知》，进行人事、工资、养老保险三项制度改革，其中工资制度改革在总量控制的前提下，试行岗位技能工资制，进一步体现按劳分配原则。1996 年，中车公司改组为控股公司后，对原工效挂钩办法进行了重大变革，进一步突出效益决定工资的原则。

随着现代企业制度的建立，1997 年中车公司开始探索现代企业制度试点企业的劳动工资改革，并提出了导向性意见。1991 年中车公司下发《机车车辆工业企业工资总额同经济效益挂钩的实施办法》。

2001 年起，修订和完善与新一轮资产经营责任制配套的工效挂钩办法，坚持效率优先、兼顾公平的原则，实施资产经营责任指标、工效挂钩办法、领导班子风险工资制“三位一体”和人工成本总体控制下的工资总额与销售收入及实现利润双挂钩的模式。

第三节　机车车辆挺进重载高速

改革开放活跃了国民经济建设，对国家的铁路交通发展事业提出了新的要求：高速重载成为中国机车车辆工业的发展方向，中车义无反顾地向高速重载领域迈进。

一、转产与扩能技改

“三五”“四五”时期，国民经济遇到严重困难。这个时期，机车车辆工业建设的重点是“三线建厂”，老企业的技术改造投资减少，基本停滞。直到“四五”后期，技术改造工作才有较大进展，其重点是进行内燃机车、电力机车的产品更新，从不同层面对中车系统工厂进行改造。

（一）客车系统扩能与技术改造

为了尽快形成规模生产能力，长春客车厂从 1963 年到 1983 年进行了充实配套建设。这一时期，工厂利用设备大修费和技术改造费，自主建设生产面积 21081 平方米，还自制一大批设备、非标准设备和工艺装备。工厂还多次向主管部委呈文陈述充实配套建设的必要性，于 1975 年 12 月建成了修车系统，又投资 100 万元于 1979 年建成地铁客车生产厂房，添置了一批设备。至此，新造客车、修理客车和地铁客车制造三条相对独立的生产线形成了。纵观长春客车厂的建厂历程，可以说是长客人自力更生，“生产”了一个工厂。为了继续完善建厂规模，多为国家生产各种车辆，工厂于 1982 年和 1983 年又向国家有关部委提出改造、完善工厂的建议。主要是关于客车改型、地铁客车制造、扩大修车等技术引进方案。1984 年，国家把工厂列为“七五”计划的重点改扩建企业，投资近一亿元（包括世界银行贷款 1500 万美元）。为适应铁路客车高档次、高质量、高速化的发展趋势，工厂利用这笔资金引进了国外先进技术，更新了一批设备，扩建了生产厂房 13 万多平方米。经过改扩建，工厂的生产能力已达到年新造 25.5 米客车 1200 辆（相当于 22 型客车 1600 辆以上）、修理客车 300 辆、新造地铁电动客车 50 辆的水平。

1980年1月30日，铁道部批准浦镇厂为解决客车修造工艺布局不合理、场地拥挤、劳动条件差等问题，并扩大客车修造能力为年造300辆、年修1200辆进行技术改造。此项改造1981年开工，1984年建成，总概算1130.4万元，完成厂房建筑面积20350平方米，露天跨面积7612平方米。工程完工后，使得工厂的中厂区、西厂区、东厂区的布局基本形成，改善了配件加工系统管理，缩短了配件运输的工艺路线，缓解了料场及料库的不足，增强了客车车体钢结构新造能力。

（二）机车系统扩能与技术改造

1977年12月21日，铁道部决定戚墅堰厂为扩大机车系统修造能力进行改扩建。1982年11月，生产规模最后确定为年修东风4型内燃机车150台、年修货车7500辆、年新造特种货车500辆。至此，工厂内燃机车修造、货车修造、配件制造三大产品生产系统，基本达到区域分布清楚、生产流程较为合理、工艺较为先进的要求。

1978年7月7日，铁道部决定对株辆厂蒸汽机车修理系统进行改造，全面转产干线电力机车制造，同年8月11日，铁道部决定改建的生产纲领为年造干线电力机车100台。至1979年，完成投资1395.28万元，这次改扩建，该厂由蒸汽机车修理工厂转为生产电力机车的专业化工厂。1980年至1982年，再次投资976万元进行填平补齐，新建模型车间、模具车间、电器车间、铸钢熔炼造型间、综合技术楼等14350平方米，形成年产100台电力机车的能力。

1979年12月3日，铁道部决定济南厂为扩大蒸汽机车修理能力为年修600台进行技术改造，同年开工，边改建边投产。1980年11月，新建成6178.34平方米的铸造厂房；1985年1月建成2314平方米的三库厂房；此后又进行了7项大的改扩建工程。从1980年至1992年，累计完成改扩建厂房面积28613.6平方米。

1982年11月30日，国家计委批准大连厂按年产东风4型内燃机车150台进行扩建，1986年完成，实现了由制造东风4型内燃机车到制造东风4B型内燃机车的转变。1985年5月30日，铁道部决定大连厂再次为扩大东风4型内燃机车和16V240ZJB型柴油机生产能力进行技术改造。

1983年3月26日，国家计委批准资阳厂按年产东风4型内燃机车100台、16240柴油机250台进行转产改造。

1983年4月1日，国家计委批准株机厂为扩大干线电力机车制造能力进行扩建，生产规模为年产韶山型电力机车120台、工矿电机车车体20台。1993年至1995年，株机厂进行电机变压器线圈厂房改造，新建电机线圈工部、变压器线圈绝缘厂房及制冷站等，建筑面积6271平方米。增置进口三坐标测量机、5000千伏安工频试验机组和250千伏安中频试验机组、制冷机等设备41台。

1983年12月13日，铁道部决定四方厂为生产8L240型柴油机组装东风5型内燃机车和扩大客车修造能力进行技术改造。1987年1月3日，国家计委批复工厂机车系统改扩建任务书，生产规模为年产东风5型机车150台。1988年4月22日，铁道部批准生产规模为年产东风5型机车100台、8L240型柴油机125台。1989年2月，新建柴油机组装试验车间破土动工，四方厂机车系统改造全面展开。新建柴油机组装车间、柴油机试验站，改扩建电镀车间、铸铁车间、锻工车间、锅炉车间、动力车间、热处理车间、科技楼。客车系统方面，1985年11月，国家计委、铁道部正式为四方机车车辆厂客车分厂扩建工程立项，并列入国家“七五”大中型重点建设项目。这是建国以来四方机车车辆厂首次全面技术改造。其中钢结构厂房建筑面积为24120平方米；客车总装厂房建筑面积为14107平方米，采用18米柱距网架结构，屋面为网架超静定构件组成；锅炉房建筑面积3803平方米；厂区铁路12股、9.035公里，厂外专用线1.126公里。

从 1986 年 7 月 21 日破土动工，到 1988 年 8 月 14 日上午 9 时试投产，两年零 23 天的建设周期，占地约 92 万平方米的客车分厂建成，被新华社赞誉为“创造了中国铁路机车车辆工业建厂史上的奇迹”，创造了“棘洪滩速度”。

1985 年，国家计委和铁道部将大连厂列为铁道部重点技术改造单位，同意大连厂扩大内燃机车和敞车的生产能力，计划将东风 4 型内燃机车由年产 150 台增加到 300 台，16V240ZJB 型柴油机由 180 台增加到 360 台，并具备生产更新柴油机、机车的能力。车辆制造保持年产 C62A 敞车 2000 辆。

1986 年，国家计委和铁道部批准二七机车厂为转产东风 7 型内燃机车进行扩建。生产规模为年产北京型机车 30 台、东风 7 型机车 70 台、路用 12V240 型柴油机 10 台。实现了该厂由生产北京型内燃机车到东风 7 型机车的转变。

1989 年，铁道部决定大同厂转产组装电力机车和配件，确定生产规模为年组装 100 台韶山 3 型电力机车。

1984 年 6 月 19 日，国家计委批复同意长春客车厂进行扩建，扩建后客车制造能力由年产 700 辆提高到 1500 辆，客车修理能力由 300 辆提高到 500 辆。扩建工程的重点是根据生产新型客车的要求，消化吸收英国铁路工程公司（BREL）咨询专家建议，使客车设计上档次、上水平、上质量，填补工艺空白，以较先进的设备装备工厂。

1986 年 12 月，铁道部批复浦镇厂扩建工程初步设计，生产规模为年造客车由 210 辆增加到 500 辆；修理客车由 730 辆增加到 900 辆。工程项目重点是缩短客车修造的生产周期，增加生产台位，同时相应改造配套生产的辅助系统。客车系统：新建总组装车间的辅助建筑、总装车间油漆工部、木工主厂房、制材车间、解体车间；制备系统：改建机械配件车间、扩建铸钢车间清理工部，新建废钢料场，修配车间铆焊工部；后方系统：新建运输系统、利材车间、理化试验室、材料综合库、卷材及外协大件库、乙炔站等。

（三）货车制造系统技术改造

1983年9月17日，铁道部决定株辆厂按年产货车6000辆进行改扩建。1984年5月30日，国家计委批准齐齐哈尔厂以产品升级为中心的重点技术改造。

技术改造的重点是引进国外先进设备。1984年8月，国家计委同意眉山厂进行技术改造。1986年12月，国家计委同意眉山厂引进美国ABDW型货车制动装置生产技术和设备。1993年，铁道部同意眉山厂货车制造生产规模由4000辆提高到6000辆，以C64为代表产品。通过改造，使工艺流程更为合理，具备了完整的型钢、板材预处理设施及车体油漆干燥线，强化了冲压备料、轮轴加工的手段，提高了铸件质量，使敞车达到了20世纪80年代的先进水平。

1985年11月27日，铁道部同意西安厂进行技术改造。通过改扩建，全厂形成了客车修理、货车修理、货车制造三大系统，1994年已达到设计生产规模，即年造货车3000辆、年修货车5000辆、年修客车500辆，已成为中国铁路罐车设计制造的主要生产厂。

1984年，中国从民主德国进口1000辆机械冷藏车，同时引进机械冷藏车的制造技术。1986年3月正式签订技术转让合同。随后，铁道部批准对武昌厂进行修造机械冷藏车的技术改造。

在中国以技贸结合方式引进民主德国机械冷藏车技术中，石家庄厂负责制冷机组的制造，与武昌厂配套。“八五”期间，中车公司批准石家庄厂生产客车空调机组。经过以上两个项目的技术改造，石家庄厂从单一的货车修理发展到同时生产具有较高水平车辆配件的多元化工厂，自开始生产至 1994 年共生产制冷机组 16 组 128 台、客车空调机组 800 台，填补了机车车辆工业的一项空白。

1992 年 10 月，铁道部决定济南厂转产货车制造。确定的生产规模是：以 C62A（N）为代表的货车产品，1994 年建成并形成 2500 辆生产能力，1996 年底达到年产 4000 辆，核定转产改造投资 7000 万元。到 1995 年一期工程圆满结束，完成了老厂房改造 45735 平方米，新建厂房 16560 平方米，新建厂区道路 25386 平方米，达到了年产 4000 辆生产能力，转产速度之快，被铁道部赞誉为“济南厂速度”。整个转产过程中，工厂新增各类设备 394 台，更新改造设备 84 台，迁移旧设备 155 台。

实际上，该厂此前已经进行过一轮技术改造。1982 年 1 月 6 日，铁道部决定按年修货车 4000 辆进行改造。1985 年，由于货车所需铸钢件短缺，按年产 5000 吨铸钢件进行技术改造。1989 年，与铸钢能力配套的机械加工能力改扩建。1993 年至 1994 年，又利用工厂超产 850 辆货车加价费用进行了新造敞车扩能改造。通过改扩建，达到年造货车 2000 辆、年修货车 4000 辆的生产规模。

1985 年 4 月 17 日，国家计委批准哈尔滨厂增建年修客车 500 辆的客车修理系统。

1985 年 8 月 7 日，铁道部决定沈阳厂将内燃机车修理系统由年修理东方红型内燃机车 50 台扩大到 150 台进行技术改造。1986 年，沈阳厂研制成功我国第一列 500 米长钢轨列车组，定型为 T11A 型，为第二代长钢轨列车组。该车组一次可装运 56 根 500 米长钢轨，铺轨 14 公里，能进行装轨、运轨、卸轨、收轨等多种机械化作业，其运轨量等主要技术指标当时居世界之首。该产品当年获铁道部科技进步一等奖，1990 年获国家科技进步二等奖。1993 年，铁道部批准沈阳厂利用工厂超产 600 辆货车加价费用，对货车新造能力由 1000 辆提高到 2500 辆进行技术改造。

1986年，国家计委批复同意戚墅堰厂进行第二期改扩建工程。改造后的生产规模为年修理东风4型和280系列内燃机车300台、年造280系列内燃机车30台。二期工程征地2.73亩，1987年开工。工程主要内容为：内机系统新建柴油机车间、柴油机试验台站3—7台位等；改建扩建机车联合厂房、机车油漆间、回修交车间、电机真空浸漆间；配件系统改造扩建内机铆焊车间、机械一车间、机械二车间、表面处理车间、热处理曲轴工部；热加工系统新建铸铣预加工厂房，扩建锻冶车间、有色精铸工部；动力后方公用系统新建总仓库、柴油机备品库；扩建制氧站、配电间，增建空压站冷却水循环系统等。机车车间新建管子工段、280内机水阻试验台位；柴油机车间新建单缸试验台位；铸铁车间新建机体清理厂房、扩建机体坭芯制作厂房，工程项目基本完成并形成了生产能力。

（四）修理系统技术改造

1982年5月4日，铁道部批准江岸厂按年修货车6000辆的规模进行技术改造。1993年，铁道部决定对江岸厂货车系统进行改造，对组装、转向架两个车间的危房进行原地翻建。同意年修货车仍维持6000辆不变。改造工程的重点项目是转向架车间和落车车间，建筑面积19122平方米，另外新建一台10吨锅炉和分变电室，新增17台起重设备。改造工程从1993年开始至1995年底为期3年，很快形成生产能力。

1983年2月8日，国家计委批准柳州厂为新增客车修理系统进行扩建。扩建后的生产规模为：年修客车500辆，主要车型为22型硬座、硬卧、软座、软卧、餐车5种。又批复工厂机车试运线及客车专用线投资937.4万元，纳入客车修理扩建项目。

1983年8月25日，铁道部决定洛阳厂保留修理蒸汽机车，按增加年修理内燃机车150台进行扩建。1992年9月，由于北京型机车停造，东风7型机车产量增加，铁道部决定将年修150台北京型生产规模调整为年修北京型内燃机车 80 台、东风 7 型内燃机车 70 台。另有与扩建工程有关的小型项目。

1984 年 7 月 31 日，国家计委批准太原厂将蒸汽机车修理系统转为修理电力机车进行改建。1994 年达到年修电力机车 70 台的水平。至此，太原厂建成中国第一个电力机车修理厂。

1984 年 11 月 13 日，铁道部决定成都厂为提高内燃机车修理能力和电机生产能力进行改造。随后铁道部决定 ND2、3 型内燃机车由机务段进行简易大修，成都厂承担东风 4 型机车大修，改扩建生产规模为年修机车 180—250 台（东风及东风 2、3、4 型）。1991 年又核定生产规模为年修东风 4 型机车 80 台，东风及东风 2、3 型机车 180 台。工厂同时保持原有的配件生产能力。

1986 年至 1995 年，铁道部和中车安排部分小型项目对长春机车厂生产、生活设施进行改造。为解决工厂供电能力，1994 年至 1995 年投资 859 万元，进行总配降压站改造。1986 年至 1995 年，铁道部、中车公司投入 2351 万元，用于工厂住宅、职工医院、中小学校、职工食堂等 10 余项扩建工程。

1988 年 3 月 12 日，铁道部报经国家计委批准，兰州厂为转产修理内燃机车进行改扩建。改扩建后的生产规模为年修东风 4 型、东风 5 型内燃机车 150 台（保留轨道车、蒸汽机车供外配件和货车摇枕铸钢件的生产能力）；新建以柴油机修理试验为中心的分厂。

“七五”初期，铁道部曾批准牡丹江厂扩大蒸汽机车年修理能力至 550 台，先后建成煤水车、油漆库、汽车库、计量档案室、锅炉房和铸铁厂房主体等项目。1992 年，铁道部和中车公司领导经过详细调查，决定对该厂机车联合厂房、铸钢厂房、土坯平房等危险房屋迅速加以改造，以消除对人身安全的隐患，并同意对相关的设施予以填平补齐，当年由中车公司予以批复实施。后来，铁道部又批准立项年产 1.5 万套大容量缓冲器的扩能项目。经过建设和改造，消除了主要危房对生产、生活的隐患，并使职工住宅及福利设施有了显著改善。

1984 年，铁道部批准南口厂扩建工具车间和轴承生产系统第二期工程。第一批新引进美国 GE 公司内燃机车用喷油泵、喷油器生产线 2.5 条和 4 台磨床，约 250 万美元。第二批引进 6 条生产线、5 台磨床及其他设备 6 台，约 600 万美元。

1984 年 4 月 6 日，铁道部决定天津厂再次进行扩大生产能力的技术改造。通过扩建改造，天津厂主产品从产量到质量都上了一个台阶。

1985 年，铁道部决定引进国外电机、电控的先进技术和设备，对永济厂进行技术改造。经过技术改造后，工厂达到了年生产 400 台牵引电机组的生产能力。

昌平厂于 1987 年划归中车公司后，陆续进行了技术改造。通过引进、购置一批现代化设备，使工厂具有了一定钢结构的生产能力。投资新建 35 千瓦变电站，购置、安置了具有现代通讯水平的程控交换机。

二、研制开发重载高速新产品

随着中国不断加快铁路技术装备现代化的步伐，在内燃机车领域，戚墅堰厂厚积薄发，从 1976 年开始就着手研制 16 缸 280 毫米缸径的大功率柴油机。1979 年，首台 16V280 柴油机组装下线。1984 年，首台装用 16V280 柴油机的东风 8 型内燃机车下线。东风 8 型机车初试身手，就展现出了不俗的实力。1985 年，京广铁路干线河南武胜关一段 13‰以上的坡道，由于牵引吨数提到了 4000 吨，原有的两台机车都难以胜任，但是东风 8 型机车的到来让这一问题迎刃而解。东风 8 型机车一口气就爬上了坡顶。

东风 8 型机车的特点突出表现为功率大、效率高，并能够在环境温度±40℃下正常运行。在平直线路上牵引 4500 吨时，运行速度可达 80km/h，成为当时国内单机功率最大、牵引速度最快的内燃机车。1989 年，东风 8 型机车通过国家技术鉴定，并获准批量生产。

1990 年，东风 8 型机车获国家科技进步一等奖。随后，戚墅堰厂乘势而上，又研制出了东风 8 型机车的升级换代车型——东风 8B 型货运内燃机车，其牵引功率和运行效率更是上了一个台阶。

根据铁道部的统一安排，戚墅堰厂以 16V280 柴油机为动力，为广深准高速铁路研发了东风 11 型内燃机车。这是我国设计的第一款时速 160 公里的准高速客运内燃机车，在下线的第一次试验中就跑出了时速 167 公里的纪录。1994 年 12 月 22 日，东风 11 型内燃机车牵引的准高速列车被命名为“春光号”，以 160 公里时速离开深圳向前飞驰，用时 1 小时 7 分抵达广州站，比原来的时间缩短 1 小时。

内燃机车研制也在大踏步提升，从功率 2000 马力到 3680 马力，从最高速度 80km/h 到 160km/h。20 世纪 80 年代初开始，大连厂确立了“生产一代产品，试制一代产品，研究一代产品”的滚动开发方针，逐步形成东风 4 型内燃机车的系列化。1981 年 3 月 12 日，时任国务院副总理万里到工厂视察，提出了“完善 B 型，研制 C 型，搞好系列化”的重大决策，大连厂加快了产品开发研制步伐。1982 年研制出东风 4B 型内燃机车并投入生产，获 1987 年度国家优质产品金质奖，是我国铁路机车产品获得的第一枚金奖。“毛泽东号”机车、“朱德号”机车和“周恩来号”机车，均选用该型机车。1984 年工厂成立技术开发中心，形成 240 柴油机、东风 4 型内燃机的产品开发系统。1984 年 2 月，研制成功东风 4 型重联机车，投入抢运晋煤的行列。1985 年 9 月 24 日，研制成功东风 4C 型内燃机车，机车动力装置为工厂与英国里卡多公司合作研制的 16V240ZJC 型柴油机。1985 年 12 月，研制成功东风 4B 型高原机车，并在南疆铁路鱼儿沟至库尔勒区间，进行了牵引 1700 吨和 1000 吨两个往返的高原性能试验。1986 年 4 月，成功研制 12V240ZJ 型柴油机，是 240 柴油机的又一系列产品。12 月 21 日，东风 4B 型客运机车试制成功，是当时我国功率最大的干线客运机车，1987 年投入批量生产。1988 年，试制出第一台（双节）内燃机车（东风 10A 型），1990 年 9 月 4 日，在沈大线上一次试车成功，配属柳州铁路局金城机务段在黔桂线投入运行，在山区高坡地段通过小半径曲线的性能、运行速度和经济性方面均优于东风 4 型机车。1992 年 8 月 8 日，铁道部在徐州至南京间组织了东风 10A 型（双节）机车牵引 5000 吨级列车重载试验，牵引运行近 9 个小时正点到达。1989 年 4 月，工厂与美国 GE 公司合作开发的东风 6 型内燃机车研制成功，传动方式采用交—直流电传动装置，机车首次采用微机控制系统，我国内燃机车开发研制达到了 20 世纪 80 年代中期的世界先进水平。1994 年，工厂确立了“坚持市场导向，瞄准高速重载，研制高新技术，创造产品优势”的技术工作方针，以市场为导向，创造产品优势，提高应变能力。

为适应铁路客运提速的需要，1995 年 12 月 18 日，时任铁道部部长韩杼滨到工厂视察，要求工厂加速开发生产东风 10F 型客运内燃机车。1996 年 2 月 27 日，首台东风 10F 型机车研制成功。8 月 2 日，两台东风 10F 型内燃机车配属北京铁路局担当北京至秦皇岛间“北戴河号”快速列车牵引任务，在牵引性能、制动性能和耐久可靠性方面显示了很强的优势。1996 年 9 月，铁道部决定翌年 4 月 1 日四大铁路干线旅客列车全面提速，并确定由大连厂研制开发新型内燃机车。同年 12 月 15 日，首台东风 4D 型客运机车在工厂下线。东风 4D 型客运机车是以成熟设计、成熟技术和成熟零部件集合而成的最新产品，机车装用与英国里卡多公司合作开发的 16V240ZJD 型柴油机，牵引 20 节长旅客列车平衡速度达 133km/h。

我国的高档客运机车长期以来一直采用国外机车。1997 年 10 月，铁道部党组决定要用国产机车替代进口机车，并把制造高档客运机车的任务交给了大连厂。铁道部文件指出："搞好高档客运内燃机车的设计、制造是一项严肃的政治任务。部要求大连厂要认真组织、精心设计、严格工艺、精心施工，抓紧组织试制生产；要把产品的可靠性放在首位，确保专运机车的产品质量。"1998 年 6 月 27 日至 28 日，首台东风 10F 型高档客运机车在沈大线进行了客、货列车牵引试验，对此后在国内市场广泛运用具有重要的意义。1998 年 1 月，工厂又开发研制了东风 4D 型货运内燃机车并转入批量生产。东风 4D 型客、货运内燃机车的开发成功，对此后铁路提速发挥了重要作用。

至 20 世纪末，大连厂设计研制的内燃机车作为我国铁路客货运输的主型机车，产量一直居于全国同行业首位，占全国内燃机车总量的一半以上，覆盖全国所有铁路局，雄踞国内半壁江山，并有多种型号内燃机车向电力、冶金、化工、油田、港口、矿山等大型企业和地方铁路市场挺进。1989 年 8 月，前国家主席李先念来厂视察，欣然亲笔题词——"机车摇篮"。1999 年 5 月 28 日，时任中共中央总书记、国家主席、中央军委主席江泽民为建厂百年题词："立足国内，走向世界，努力发展中国机车工业。"

从"韶山 1"一直到"韶山 6""韶山 8"，电力机车重载牵引从 0.5 万吨到 1 万吨、3 万吨，株机厂持续研制了多种不同类型的电力机车，逐步实现了中国电力机车的系列化、型谱化。株机厂早在 1983 年就开始了对重载电力机车的研制，那一年，韶山 4 型货运电力机车完成技术方案设计。1985 年，成功研制韶山 4 型八轴大功率重载货运电力机车，开创了中国第三代电力机车（无级调压、交—直传动）的系列制造成功的局面。1989 年，韶山 4 型 6400 千瓦八轴货运电力机车荣获国家科学进步一等奖。

1993年4月，时任铁道部部长韩杼滨来株机厂考察，就电力机车“上档次”问题作出指示。5月，第一台韶山4改进型样车试制完成。7月，工厂新造的两台韶山4改进型159号、160号机车重联编组牵引着万吨列车从湖东开出，行程六百余公里，顺利到达秦皇岛。由此，国产电力机车正式牵引万吨列车获得成功。大秦铁路是我国铁路第一条开行重载单元列车的煤炭运输专线，全长653公里，设计输送能力为每年1亿吨。1988年，大秦铁路一期工程建成通车；4年后，大秦线二期竣工实现全线贯通。随着国民经济发展对能源需求的与日俱增，大秦铁路不断提升运输能力，年运量最高突破4.5亿吨，超过国际认定重载铁路年运量极限的2倍多。

总体来看，这一时期，株机厂完成的从普载到重载、从常速到高速、从直流到交流、从引进到出口的“四大跨越”，成就了日后株机公司的辉煌。早期的电力、内燃机车大多采用直流电机传动，而交流电机传动正好相反，电机结构简单、重量轻、便于维护，缺点在于调速困难。根据世界机车发展的趋势，我国坚持进行跟踪研究。历经十多年试验后，1996年，功率4000千瓦的AC4000型交流传动电力机车由株机厂、株洲所试制成功。我国成为世界上第五个在这一领域拥有原创技术的国家。

改革开放以来，经济高速发展，铁路客运量猛增。为提高客运能力，让电力机车不仅能“多拉货”，也要能“跑得快”，提高列车速度成为当务之急。为解决这一问题，中车株机在消化吸收进口8K型电力机车先进技术的基础上，进行了近3年的科研攻关。1990年9月21日，韶山5型电力机车正式问世，140km/h的速度让朝发夕至的理想成为现实，标志着我国进入快速客运时代。1998年6月24日，韶山8型0001号机车于京广铁路许昌至小商桥区段的试验中达到240km/h的速度纪录，创下了当时的“中国铁路第一速”。此后韶山8型电力机车也成为用于中国干线铁路牵引提速旅客列车的主型机车。20世纪90年代以后，京沈铁路山海关至沈阳间的运输能力一直高度紧张，成为进出关“卡脖子”区段，急需另外建设一条大能力铁路。经过反复论证，有关设计院提出了建设秦沈客运专线的方案。秦沈客运专线西起秦皇岛，东至沈阳，全长405公里。1999年8月16日开始建设的秦皇岛至沈阳客运专线，成为我国高速铁路的开路先锋。

1964年10月1日，日本新干线建成投入使用，它以崭新的面目展现在世人面前。更让人们看好的是列车的牵引动力分散在各个车辆上，所谓的带有操纵功能的“机车”与旅客乘坐的车辆连成一体，流线型的车体给人们带来全新视觉体验，大家都称它为“动车组”列车。

我国动车组的研发历史可追溯到20世纪50年代。动车组按动力类型可分为内燃动车组（DMU）和电力动车组（EMU）。1956年，铁路主管部门制定了《铁路十二年科技发展规划》，提出牵引动力的改造是铁路技术改造的重点，要逐步由蒸汽机车转到电力机车和内燃机车。各大机车厂纷纷“争取生产内燃机”，同时一些大学、科研院所以及企业也开始了相关理论和关键部件的研究。我国最早进口的内燃机动车组是“NC3”动力分散型动车组。

1978年10月，改革开放总设计师邓小平访问日本。在充分沟通的基础上，邓小平选择乘坐新干线列车去京都。在新干线列车上，工作人员问他有什么想法，邓小平同志回答说：“就感觉到快，有催人跑的意思，我们现在正合适坐这样的车。”

KDZ1型电动客车组是我国第一代交直流传动电动客车组，诞生于1988年。列车采用二动二拖四节编组设计，最高140km/h。20世纪70年代末的改革开放前夕，国家召开了一次全国科学大会，铁道部在会议上提出了十年铁路技术发展规划。1978年，由长春客车厂、株洲所和原铁道部科学研究院合作，立项研究设计电力动车组，以满足城市间中距离高速运行需要、增强客运能力。1978 年 5 月，铁道部与相关单位召开了第一次电动车组协作会议，要求于 1978 年内组织一次 160km/h 的动力学试验，以便为研制快速电力动车组的转向架提供试验数据。在 1978 年底的试验中，一列由 NY5 型内燃机车加上 4 辆经过改装的 22 型客车的试验列车跑出了 165km/h 的时速，创造了当时中国铁路列车的最高速度纪录。1983 年，电力动车组的技术设计已基本完成，并开始进入试制阶段。1988 年，中国第一列电力动车组完成组装，定名为 KDZ1 型，列车采用二动二拖的四节编组，最高速度为 140km/h。1989 年 3 月，列车被送往北京环形铁道试验基地，先后进行了静态和动态调试、性能鉴定试验和试运行考核，同年 7 月 7 日，列车最高试验速度达 141km/h。1989 年 8 月，包括时任国务院总理李鹏在内的多位国家领导人在北京视察并乘坐了这列动车组。KDZ1 型电力动车组为长春客车厂后续研制的一系列电力动车组奠定了基础、积累了经验。

1993 年至 1995 年间，四方厂研制了两台“天安号”液力传动内燃公务动车组，分别配属于北京铁路局和沈阳铁路局，在 1996 年的鉴定试验中最高试验时速达到了 120 公里。1995 年，铁路主管部门为落实市场经济建设精神，下发《关于扩大铁路局更新改造投资决策权的规定》，下放了采购权和投资权。20 世纪 90 年代以来，在市场经济的推动下，各路局纷纷与机车车辆制造厂联合，研制了一大批新产品，掀起了一场中国动车组研发的高潮。1998 年唐山厂自行开发成功研制“庐山号”双层内燃动车组，采用两动两拖编组，最高时速 180 公里。同年四方机车车辆厂启动了液力传动内燃动车组的研制，将其命名为 NYJ1，采用 2 动 5 拖等多种编组形式，设计时速 100—140 公里不等。1999 年 2 月出厂后，运营相对稳定，获得南昌局、哈尔滨局、内蒙古集通铁路公司、北京铁路局、广西的地方铁路公司和包神铁路公司的订单，并分别被命名为“九江号”、“北亚号”、“罕露号”、“晋龙号”、“北海号”、“神华号”。

为满足铁路客运提速需要，1998 年铁路主管部门下达研制“时速 180 公里级别准高速内燃动车组”的任务，并将其列为铁路主管部门重点科研攻关专案之一。1999 年 8 月，戚墅堰厂、浦镇厂和上海铁路局共同研制出 NZJ1 型内燃动车组，动车组采用 2 动 9 拖编组，中间拖车为双层软、硬座客车组成，最高运用时速为 180 公里。1999 年 10 月在沪宁线进行测试，最高时速达 194 公里。随后配属上海铁路局，被命名为“新曙光号”，投入沪宁线使用，2010 年初停用。2000 年 7 月，大连厂、长春客车厂和四方厂共同为北京铁路局研制出 NZJ2 型“神州号”双层内燃动车组，最高运营时速 180 公里。在北京—秦皇岛高速试验时，最高时速达到 214 公里。“神州号”还配备有全球卫星定位系统等其他现代化设施。2001 年，大连厂联合四方厂为兰州铁路局研制开发了“金轮号”双层内燃动车组，采用交—直流电传动系统，动车组最大运用时速 180 公里，是西北高原的首列内燃动车组。2003 年“普天号”内燃动车组研制成功，这是由大连厂、唐山厂和浦镇厂联合开发研制的一款动力集中摆式动车组。同年，唐山厂研制成功国内首列时速 160 公里动力分散型内燃摆式动车组。由于当时我国铁路发展政策发生重大改变，“普天号”等两款摆式内燃动车组完成编组试验后即被封存于唐山厂等处。

20 世纪 90 年代末，关于京沪高铁的“轮轨”与“磁悬浮”路线之争日趋激烈，在此背景下，上海磁悬浮试验线上马，而支持高速轮轨方案的铁路主管部门也着手进行前期研究，以研发的实际成果来证明轮轨的正确性。随着铁路主管部门立项的“时速 200 公里电动列车组”正式被列入“九五”国家科技攻关计划，自 1998 年起，铁路主管部门集结了大批机车车辆技术专家联合进行时速 200 公里高速列车的研制。1999 年，为迎接昆明世界园艺博览会，长春客车厂、株机厂与昆明铁路局联合研制了一列动力分散型动车组“春城号”，担任昆明至石林的城际线路运营。动车组采用 3 动 3 拖编组，最高运营时速 120 公里，是我国自主研制的首列投入商业运营的分散动力式电动车组。2009 年“春城号”被封存。同年 4 月，由株机厂与株洲所共同研制的 DDJ1 型“大白鲨号”电力动车组问世，动车组以我国电力机车鼻祖韶山 8 型和 25Z 型准高速客车为基础，用动力集中式 1 动 6 拖编组。9 月初，“大白鲨号”被派往广深铁路进行试验，最高试验速度达到时速 223 公里。9 月 27 日起开始在广深投入运营，最高时速达 200 公里。

同期，国家重点科技攻关项目“高速铁路试验工程前期研究”和“时速 200 公里电动旅客列车组合动力分散交流传动电动车组研究”正式启动，并先后研制出 DJJ1 型“蓝箭号”和 DJF2 型“先锋号”高速电力动车组。DJJ1 型动力集中型电动车组“蓝箭号”于 2000 年 9 月问世，在广深线高速综合试验中，最高试验速度达时速 236 公里。2001 年 1 月，“蓝箭号”投入广深线运营，最高运行时速达 220 公里。8 列“蓝箭号”与 1 列购自瑞典的 X2000 一起组成了广深铁路“新时速”列车。2001 年 5 月正式出厂的 DJF2 型“先锋号”是我国首列时速达 200 公里的电动车组，也是我国首列交流传动动力分散型电动车组。该电动车组由浦镇厂研制，借鉴了日本新干线 300 系的一些技术。2001 年 10 月“先锋号”在广深铁路的线路试验中创下了时速 249.6 公里的当时中国第一速，2002 年 9 月又在秦沈客专综合试验中创造了时速 292.8 公里的中国速度新纪录。2001 年 9 月，株机厂、四方厂、株洲所和郑州铁路局联合研制出动力分散型交流传动电动车 DJF1 型，命名为“中原之星号”，是我国首款采用 IGBT 逆变器的动车组型号，2001 年 11 月投入正式使用，设计时速 200 公里，最高运营时速 160 公里。

至2000年初，铁路主管部门向国家计委提交“时速270公里高速列车产业化项目报告”，报告于2000年下半年获正式批准立项，并被正式列入国家高新技术产业化发展计划项目，列车被命名为“中华之星”。2001年4月，铁路主管部门下达“时速270公里高速列车设计任务书”，我国具有完全自主知识产权的“中华之星”高速列车正式展开研发。为确保研制成功，中国列车制造行业的四大企业都参与了该项目，株机厂和大同厂分别负责研制一台动力车，长春客车厂负责研制4节拖车，四方厂负责研制5节拖车，再加上轨道技术最强的两家高校——西南交通大学和中南大学，以及铁路系统四大科研院所——株洲所、铁科院、四方所、戚墅堰所，都参加了研制工作，被称为“422工程”。“中华之星号”电力动车组由2动9拖编组而成，动力集中型交流传动，研制时速达270公里，总定员726人。2001年通过了技术设计审查，进入试制阶段。2002年9月，在北京铁科院环形试验线中进行编组调试，11月，“中华之星”动车组在秦沈客运专线的冲刺试验中创造了最高时速321.5公里，成为当时“中国

图19：2002年，我国自行设计、拥有自主知识产权的高速电力动车组“中华之星”创造了当时的“中国铁路第一速”

铁路第一速”。这是2004年技术引进之前，中国自主研发的顶峰，为中国高铁实现再创新奠定了技术开发基础、提供了高速铁路技术平台。2006年8月“中华之星”停运，被存放于沈阳车辆段。

在“和谐号”CRH系列动车组大规模投入使用之前，中国所研制的最后一款动车组是2005年由长客股份公司研发出厂的“长白山号”，动车组为动力分散型,6动3拖编组，设计时速210公里。2005年5月参与了“遂渝线200公里时速提速综合试验”，最高试验时速达250公里。2006年底配属沈阳局，2010年4月起被封存。

国产动车组的问世拉动了国内相关制造业的发展，如各种铝型材挤压、新型电子器件研制等，这也为后来消化引进技术以及自主开发新产品，创造了有利条件。

三、自主创新助力铁路大提速

20世纪80年代，铁道部为了挖掘运输潜力，积极改善运输装备，改进运输组织和管理，推进了一系列改革措施，运用了许多适合中国国情的先进技术。铁路开行重载组合列车，扩大旅客列车编组，提高行车密度，成功试验开行万吨列车，对路网性编组站进行自动化技术改造。机车车辆生产已满足国内需要，内燃、电力牵引的比重由1980年的20.1%提高到71.9%，跨入了内电牵引为主的新时期。建成了重载运煤专线大秦铁路，“三防”安全技术大面积推广、机车三大件普遍应用等。获得的科技成果转化为现实的生产力，十年中铁路完成的换算周转量增长了86.4%，而营业里程只增加了6.9%，说明在完成繁忙的运输生产任务中，科学技术发挥了巨大的作用。

进入20世纪90年代，由于国民经济的持续高速发展，中国铁路运输能力和运量的矛盾日益尖锐。中国铁路科技总体水平和综合运输能力与发达国家相比，还有很大差距。还应继续以科技为先导，扩大运能。在1992年年初，中共铁道部党组明确提出了“科技兴路”的发展战略。在当时举行的全路科技大会上，铁道部提出了20世纪90年代铁路科技发展的方针和科技发展的目标，提出要“以货运重载技术配套扎根和提高客运装备水平、进行高速客运技术研究开发为主攻方向，以机车车辆和信息技术为重点发展领域，根据不同的运输需要，采用不同层次的技术和装备，按照资金上可能、技术上可行、经济上有利的原则，使新技术尽快转化为强大的生产力，逐步形成先进、适用、合理的技术结构和装备结构，缩小与世界铁路先进技术整体水平的差距”“采用先进技术建设新线和改造旧线”“牵引动力基本实现电气化、内燃化”“大力发展信息技术，基本完成全路运输系统计算机网络，实现运输过程和运营管理的现代化”“努力促进轨道结构重型优质化”“提高机车、车辆、工务、电务等主要工业产品的技术性能、质量和使用寿命，力争接近和达到国际同类产品的先进水平”。

1993年，铁道部对原来的技术政策进行了修订和补充，颁发了第三个《铁路主要技术政策》文件。新技术政策对重载、高速、信息、安全等重点领域制定了发展方针和目标值。提出为扩大运输能力，重点修建大能力运输通道；适应运输发展特点，调整“重量、密度、速度”三者匹配关系和目标值；保持“大力提高列车重量，积极增加列车密度”，将“适当提高行车速度”改为“努力提高行车速度”；重载列车分为万吨级、5000吨级和少量6000—8000吨级组合列车，以繁忙干线大量开行5000吨级重载列车为主要方式。还明确提出，积极发展轴重25吨低动力作用的大型四轴货车，并相应有计划地强化桥梁、线路结构，提高其承载能力；因地制宜，采取不同方式，努力提高铁路列车速度，力争在21世纪初，中国铁路实现高速客运的历史性突破；大力发展信息技术，促进铁路现代化，强调“大力发展信息技术和广泛应用电子计算机是铁路现代化的主要标志”；在高新技术软、硬件的保证下，实现铁路运输安全体系现代化。

1995年，铁道部成立提速领导小组，决定在既有干线上进行提速试验，为未来大面积提速进行技术准备，在沪宁线、京秦线先后开行了“先行号”和“秦皇岛号”快速列车。通过多次的提速试验，解决了重大技术问题，取得了大量科学数据，为全路普遍提速奠定了坚实的技术基础。

1997年3月，铁道部下达了“‘九五’期间铁路四大干线提速规划”。这个规划指出，提速工作是一项包容运、机、工、电、辆、供电和运营管理、技术改造、工业生产等各方面工作的系统工程。提速规划的实施原则主要是：在充分利用既有设施、确保安全的前提下，通过少量技改，增加机车功率，采用新型客车，改进运输组织等措施，根据各区段的实际条件提高客车的旅行速度，提高运输质量和经济效益。提速区段的快速旅客列车最高时速为140—160公里，一般旅客列车最高时速为120公里，其他区段的旅客列车最高时速为120公里。货物列车的提速目标是最高时速80—85公里。要适应市场需求，提高运输质量，吸引旅客流量，增加运输收入。在部分区段提速的基础上，尽量多开行旅行时间在12小时以内、旅行距离为1500公里以内的快速旅客列车。200—400公里以内，开行当天往返的快速旅客列车。这个规划还要求，用三年左右的时间改造京沪、京广、京哈、陇海四大干线有条件提速的线路，总计营业里程6762公里。

1997年至2007年，中国铁路实施了六次大提速。

（1）1997年第一次大面积提速调图

1997年4月1日零时，中国铁路开始实施第一次大面积提速并全面调整列车运行图。全国铁路以沈阳、北京、上海、武汉等大城市为中心，在京广、京沪、京哈三大干线开行了最高时速达140公里、旅行时速在90公里以上的40对快速列车，同时提高了其他旅客列车的运行速度，并首次开行了 64 列“夕发朝至”列车。

这次提速调图受到了广大旅客的普遍欢迎，取得了良好的社会效益和经济效益，“夕发朝至”列车被旅客赞誉为“移动宾馆”。当年铁路旅客周转量完成 3543 亿人公里，为年计划的 107.4%，比 1996 年增加了 223 亿人公里，增长 6.7%。

（2）1998 年第二次大面积提速调图

1998 年初，铁道部决定再次提速调图，以京广、京沪、京哈三大干线为主，进一步提高列车速度，扩大提速范围，增加提速列车数量。

1998 年 10 月 1 日零时，中国铁路第二次大面积提速调图开始实施。这次提速调图，使提速线路进一步延长，列车速度进一步提高。提速后，快速列车最高运行时速达到了 160 公里，非提速区段快速列车最高时速达到了 120 公里。京九、浙赣、侯月、宝中、南昆线和兰新线武威至乌鲁木齐段列车运行速度也有一定幅度提高。广深线利用摆式列车，最高运行时速达到了 200 公里。快速列车增至 80 对，增加了 40 对。“夕发朝至”列车由 64 列增加到 228 列，提高了 2.5 倍。铁路新一轮提速，进一步满足了旅客对运输快捷的要求，扩大了客货运输品牌效应，赢得了社会各界的广泛赞誉，铁路提速被 64 家产业报评为 1998 年“十件大事”之一。

（3）2000 年第三次大面积提速调图

进入 2000 年，随着国家西部大开发战略的实施，东、西部之间人员、物资交流数量迅速增加。为缩短东、西部之间时空距离，支持国家西部大开发战略的实施，铁道部决定以西部地区为重点，实施第三次大面积提速调图。这次提速区段主要集中在陇海、兰新、京九、浙赣线。通过这些线路的提速，使横贯我国东、西部，连接亚欧第二大陆桥成为一条安全快速的铁路大通道。

2000 年 10 月 21 日零时，中国铁路第三次大面积提速在陇海、兰新、京九、浙赣线顺利实施。其中陇海、兰新线提速线路里程达到了3410.8公里。北京西—乌鲁木齐的T69/70次列车全程旅行时间47小时52分，比1997年提速前压缩19小时36分。上海—乌鲁木齐T53/54次列车全程旅行时间比1997年提速前压缩22小时58分。

至此，中国铁路京广、京沪、京哈、京九线四条纵贯南北的大动脉和陇海、兰新线及浙赣线两条横跨东西的大干线全面实现了提速，全国铁路提速线路延展里程接近1万公里，初步形成了覆盖全国主要地区的“四纵两横”提速网络。

为了总结“九五”铁路提速的成功经验，更好地开展“十五”提速工作，2001年7月2日，铁道部召开全路提速工作座谈会，在总结铁路提速工作经验的基础上，制定了《“十五”期间铁路提速规划》。规划明确了“十五”期间铁路提速的目标，提出：通过2001、2003、2005年的3次大规模提速，到“十五”末期，初步建成以北京、上海、广州为中心，连接全国主要城市的全路快速客运网，总里程达16000公里；客运专线旅客列车最高时速达到200公里及以上，繁忙干线旅客列车最高时速普遍达到160公里，部分干线旅客列车最高时速达到120公里及以上；主要干线城市间旅客列车运程在500公里左右的实现“朝发夕归”，1200公里左右的实现“夕发朝至”，2000公里左右的实现“一日到达”。

（4）2001年第四次大面积提速调图

为进一步支持国家西部大开发战略的实施，扩大铁路提速网络，完善运输新产品，依据《“十五”期间铁路提速规划》，铁道部研究决定，于2001年10月21日实施第四次大面积提速调图。这次提速的重点区段为京九线、武昌—成都（汉丹、襄渝、达成）、京广线南段、浙赣线和哈大线。

2001年10月21日零时，中国铁路第四次大面积提速调图开始实施。

这次提速延展里程 4434 公里，还有 1400 多公里的线路允许速度有较大提高。部分重点列车旅行时间进一步压缩，北京—广州 T15/16 次旅行时间压缩了 1 小时 18 分；北京—杭州 T31/32 次旅行时间压缩了 20 分钟；北京—深圳 T107/108 次旅行时间压缩了 5 小时 51 分；武昌—成都 T246/247 次旅行时间压缩了 5 小时 36 分，大连—哈尔滨 T261/T262 次旅行时间压缩了 2 小时 30 分。经过这次提速后，中国铁路提速网络进一步完善，提速范围进一步扩大，铁路提速总里程达到 1300 公里，提速网络覆盖了全国大部分省区市。

（5）2004 年第五次大面积提速调图

2004 年 4 月 18 日零时，中国铁路第五次大面积提速调图开始实施。铁路第五次大提速，推出新型的“点到点”直达特快列车，是铁路运输模式的又一次改革，列车始发一站到达，快速直达，取消了列车中途停站，提高了列车的整体速度，缩短了旅客的行程。首次实行机车直接向客车供电，直达特快列车采用东风 11G、SS9、SS7 新型机车牵引，该型机车可直接向客车供电，列车编组取消了发电车，扩大了运能。

2004 年 4 月 18 日起，北京每天与上海、杭州、南京、苏州、合肥、长沙、武昌、汉口、西安、哈尔滨、长春等 11 个城市间，有 18 对直达特快列车开行。直达特快旅客列车改变了旅客乘车环境。18 对直达特快列车采用合资生产的“庞巴迪”型及新造 25T 型高级旅客列车，编组全部为软卧、硬卧、软座。

这次提速调图，几大干线的部分地段线路基本达到时速 200 公里的要求；提速网络总里程 16500 多公里；全国铁路旅客列车平均旅行速度达到时速 65.7 公里。第五次大提速之后的一个月期间内，全国铁路旅客发送量与 2002 年同比增长 5%；货物发送量与 2003 年同比增幅 6.4%。第五次铁路大提速使货运压力也有所缓解。铁路新图实施后，仅大秦线就将增加煤炭运量达3000万吨，货运能力将提高15%左右，将缓解十分紧张的煤炭运输。

（6）2007年第六次大面积提速调图

2007年4月18日零时，中国铁路第六次大面积提速调图开始实施。在京哈、京沪等既有干线实施的时速200公里的基础上提速，部分有条件区段列车运行速度可达250公里，时速200公里提速线路延展里程一次达到6003公里。当年，CRH1、CRH2、CRH5系列的时速达到250公里的动车组陆续投入运行。

相比前五次提速，此次提速突出体现在推出国际通行的快速列车动车

图20：2007年4月18日，“和谐号”动车组首发运营，宣告中国铁路进入高速时代

组，速度的提升也主要体现在动车组车次。除了少数路线车次之外，一站直达和特快等列车的速度提升不明显，动车组主要在城际交通圈运行。

六次大提速是我国铁路技术创新成果的集中展示。瞄准世界铁路既有线提速最高目标值，立足我国铁路客货共线、提速必须兼顾提高速度密度载重的实际，中车通过原始创新、集成创新、引进消化吸收再创新，取得

了一系列创新成果。在成套技术方面，掌握了既有线时速 200 公里及以上提速设计、施工、制造、试验、运营、管理和维修的成套系统集成技术，初步形成了既有线时速 200 公里及以上提速的技术标准体系，标志着我国铁路既有线提速技术已跨入世界先进行列。

提速促进了铁路科技的全面进步和铁路技术装备水平的整体升级，为运输生产力的发展提供了技术支撑。六次大提速之所以能够取得成功，高水平的科学技术发挥了决定性的作用。总体来看，铁路部门既坚持自主创新，又按照“引进先进技术，联合设计生产，打造中国品牌”的总体要求，打造了时速 200 公里及以上国产动车组制造平台。中车作为轨道装备提供商，通过原始创新、集成创新和引进消化吸收再创新，实现了我国铁路技术水平的历史性跨越。

第四节　打造科技创新特色模式

从“万国机车博物馆”到“中国创造”，亲历 140 多年中国轨道交通装备发展史的中国中车，探索出了中国装备制造业自主创新的特色模式，成为中国铁路装备制造业从“站起来”到“强起来”的缩影，见证了我国装备制造业的百年奋斗史，科技创新结出累累硕果。

一、建立科技管理体系

经过一个多世纪的发展，以中车为基础，中国轨道交通装备制造业初步建设了相对完善的、具有一定国际竞争力的技术创新体系。中车拥有的高速列车系统集成国家工程实验室、动车组和机车牵引与控制国家重点实验室、国家重载快捷铁路货车工程技术研究中心、国家轨道客车系统集成工程技术研究中心等 11 个国家级研发机构和覆盖主机制造企业的 19 家国家级企业技术中心为主体的产品与技术研发体系，奠定了轨道交通装备行业国家技术与产品创新体系的基础，形成了强劲的国际竞争力。9家海外研发中心、50个省部级研发机构、一批专项技术研发中心充分发挥作用，在轨道交通装备核心技术突破、产品技术开发等方面取得了丰硕成果。中车产品技术研发体系基本涵盖了从嵌入式底层软件技术到应用级控制软件技术，从基础技术、行业共性技术到产品关键技术，从系统集成技术到产品工程化实现全技术链，从芯片到板卡，从零件到模块、部件，从系统到整机整车的全产品链，基本形成了能够满足中国轨道交通装备制造行业技术产品发展需要的，包括设计分析、计算仿真、试验验证、检验测试、信息情报、创新管理等技术创新保障能力。

20世纪80年代初，中车公司在五项整顿工作中对技术基础工作进行了全面梳理，建立健全各项技术管理规章制度。1986年后，由综合技术处、机车车辆处归口管理全系统的科技开发和工艺技术工作，进一步建立健全管理制度、管理规则和管理办法，负责组织制定、实施全系统科研计划，包括重大科技项目的立项、管理、检查和科研经费的分配等工作。机车车辆工业科技发展项目包括部级、总公司级、工厂级三类。部项目一般是机车车辆整车产品和重要新型零部件的研制等比较重大的项目，由部科技司汇总下达，中车公司协助进行监督检查；中车公司项目包括总公司产品研制开发、机车车辆运用和造修中的关键技术质量问题的攻关项目；工厂按照企业实际，每年提出各自的科技发展与研究项目。科研经费除按科技项目性质由上级单位下达部分专项科技补助，主要由企业从销售收入中按比例提取。同年，中车公司制定《机车车辆工业科技成果奖励办法》，下发《关于颁布〈机车车辆工业科技成果评审、鉴定和优秀科技成果奖励办法（试行）〉的通知》，对机车车辆工业科技成果评审鉴定的程序、办法、奖励等级、奖励金额等做出规定；颁布《机车车辆工业企业工艺技术管理工作条例》，阐述工艺技术在企业中的重要作用，明确规定总工程师对全厂工艺工作和工艺纪律负责；发布《机车车辆产品质量检查工作规则》，阐述企业产品质量检查工作的作用、原则和体制，明确规定质量检查机构的职责权限，明确质量检查体制，强调厂长主管企业产品质量检查工作，对企业产品质量负全责，建立健全各级各类人员质量责任制和以质量为中心的经济责任制。

20 世纪 90 年代，企业在贯彻 ISO9000 质量管理和质量体系标准过程中，进一步理顺技术管理职能，设置产品设计、工艺技术归口管理部门，强化对新产品新技术的开发研制，实行质量全过程控制，健全完善技术质量保障体系。1991 年 7 月，中车公司下发《科技计划项目管理办法》，规定科技计划立项范围，重点是机车车辆上品种、上质量、上水平、上档次以及多种经营、出口产品的科技攻关项目。1994 年中车公司进行机构调整，由技术质量部、机车技术部、车辆技术部对全系统科技工作进行管理。

1996 年，中车公司为适应科技体制改革的新形势，进一步强化科技管理工作，制定下发《机车车辆工业科技计划管理办法》，提出制定科技计划的指导思想、科技项目的立项依据、立项范围、申报程序，对项目实施、项目更改、科技费用的下达及项目的考核等做出具体规定；制定下发《机车车辆工业科技成果审定办法》，对成果审定的申报条件、申报程序、审定方式、审定程序等做出规定。1997 年 2 月，根据《铁道部部级科技进步奖励办法》，重新制定《机车车辆工业科技成果奖励办法》，对成果的奖励范围、条件、评审标准、申报程序等做出新的规定。1998 年，中车公司撤销技术质量部，成立综合技术部，机车技术部与车辆技术部合并为机车车辆部。根据业务分工，综合技术部对全系统科技工作与质量工作进行宏观管理，编制科技规划与年度科技工作计划；负责加工工艺、理化计量、无损检测、科技信息与标准的归口管理，组织“四新”技术的开发与“四新”

成果的推广应用；负责协调科研工作，归口管理研究所；组织科技成果鉴定，促使成果转化；拟定机车车辆工业质量方针目标，推行全面质量管理及贯彻国际质量标准、考核各厂所质量指标完成情况。机车车辆部主要负责组织机车车辆产品的研究开发，归口管理制造、修理中的技术工作。

二、抢占先进技术高地

1978 年，全国科学大会对铁道部 173 项优秀科技成果给予表彰，其中铁道部工业总局所属各厂所获得国家级科技成果项目奖 26 项。同年，全国铁路科学技术大会授奖科技成果 700 项，其中铁道部工业总局所属各厂所获得铁道部部级科技成果项目奖 31 项。1985 年，国家首次授予全国铁路国家级科技进步奖 38 项，其中中国铁路机车车辆工业总公司所属各厂所获得国家科技进步奖 10 项。1986—2000 年，中国铁路机车车辆工业各厂所面向铁路运输主战场积极开展科技攻关，努力开发新产品，取得了一大批科技成果；在引进国外先进技术、进行消化吸收的国产化过程中，在进行技术改造和新技术、新工艺、新材料、新装备、新产品的研究开发中，攻克一道道难关，取得丰硕的科技进步成果。机车车辆工业的科技成果，绝大部分都已转化为生产力，为铁路运输扩能、重载提速作出了重大的贡献。2001 年，停止原“铁道部部级科学技术进步奖”的评审工作，由中国铁道学会以社会团体名义设立“中国铁道科学技术奖”。至 2015 年，中国铁路机车车辆工业各厂所、公司瞄准国际、国内先进铁路运输装备制造，积极开展科技攻关，努力开发新产品，取得国家科技进步奖、中国铁道学会科学技术奖等一大批科技成果。

下表显示的是中车公司在 1978—1999 年间获得的全国科学大会奖及国家科技进步一等奖情况。

中车公司在 1978—1999 年间的国家级科技成果获奖项目

序号	成果名称	主研单位	获奖时间	获奖级别
1	12240ZL 柴油机	二七厂、大连所等	1978	全国科学大会奖
2	12V175ZL 柴油机球墨铸铁曲轴	戚墅堰所	1978	全国科学大会奖
3	16200ZL 柴油机	戚墅堰厂、大连所等	1978	全国科学大会奖
4	16240ZL 柴油机	大连厂、大连所等	1978	全国科学大会奖
5	45GP1101.802 整体精铸喷嘴环	戚墅堰所	1978	全国科学大会奖
6	45GP80 系列增压器及 45GP1101 高压比增压器	大连所	1978	全国科学大会奖
7	45GP80 系列增压器整铸涡轮	戚墅堰所	1978	全国科学大会奖
8	JGC-1 型校正望远镜	戚墅堰所	1978	全国科学大会奖
9	北京型液力传动内燃机车	二七厂、大连所等	1978	全国科学大会奖
10	采用他励牵引电动机的韶山 2 型电力机车	株洲所	1978	全国科学大会奖
11	东方红 4 型液力传动内燃机车	戚墅堰厂、大连所等	1978	全国科学大会奖
12	东风 4 型电传动内燃机车	大连厂、大连所等	1978	全国科学大会奖
13	高宽效液力变矩器	大连所、二七厂等	1978	全国科学大会奖
14	内燃机车高速柴油机预燃室喷嘴	戚墅堰所	1978	全国科学大会奖
15	韶山 1 型硅整流器电力机车	株洲所	1978	全国科学大会奖
16	“65”清砂旧砂再生机械化流水线	戚墅堰所	1978	全国科学大会奖
17	150 公斤无铁芯工频感应电炉	戚墅堰所	1978	全国科学大会奖
18	240 柴油机单体铸造等离子体喷涂钼基合金涂层活塞环	戚墅堰所	1978	全国科学大会奖
19	500 公斤无铁芯工频感应电炉	戚墅堰所	1978	全国科学大会奖
20	50AT12-II 型单开道岔	戚墅堰所	1978	全国科学大会奖
21	NQAD-500 型全自动钨极氩弧点焊机	株洲所	1978	全国科学大会奖
22	大功率高速柴油机曲轴全纤维镦锻工艺	戚墅堰所	1978	全国科学大会奖

续表

序号	成果名称	主研单位	获奖时间	获奖级别
23	流动粒子电炉	戚墅堰所	1978	全国科学大会奖
24	铝真空无熔剂钎焊新工艺	戚墅堰所	1978	全国科学大会奖
25	用有限元法计算电机磁场	株洲所	1978	全国科学大会奖
26	油罐车内壁防腐工艺及 ZS-1 型自动洗罐器	戚墅堰所	1978	全国科学大会奖
27	电刷镀技术及其推广应用	戚墅堰所、上海有机化学研究所、装甲兵学院	1985	国家科技进步一等奖
28	韶山 4 型 6400 千瓦八轴货运电力机车	株机厂、株洲所	1989	国家科技进步一等奖
29	东风 8 型内燃机车	戚墅堰厂、永济厂、铁科院	1990	国家科技进步一等奖
30	25.5 米双层空调旅客列车	浦镇厂	1992	国家科技进步一等奖
31	准高速旅客列车	戚墅堰厂、四方厂、长春客车厂、永济电机厂、大连所、广州铁路集团公司、株洲所、四方所、铁科院	1997	国家科技进步一等奖
32	东风 11 型内燃机车	戚墅堰厂、大连所、株洲所	1997	国家科技进步一等奖
33	JZ-6 型机车空气真空两用制动机	四方所	1978	全国科学大会奖
34	MX-1 型橡胶缓冲器	四方所	1978	全国科学大会奖
35	红外线轴温探测器	四方所	1978	全国科学大会奖
36	D_{23} 型 235 吨特种平车	四方所	1978	全国科学大会奖
37	D_{30} 型 370 吨双联平车	四方所	1978	全国科学大会奖
38	KF_5-100 型液压自动倾翻车	四方所	1978	全国科学大会奖
39	25 吨机械冷藏车	四方所	1978	全国科学大会奖

20 世纪 90 年代开始，中国改革开放迎来新的篇章，中国的磁浮技术研究扬帆起航。

1995 年，长春客车厂参与了国家科委“八五”重点科技攻关研制载人磁悬浮列车计划，该项目由当时铁道科学研究院牵头。长春客车厂研制出了中国第一台低速磁悬浮转向架，拉开了我国磁浮列车研制的序幕。

2001 年，长春客车厂和西南交通大学联合研制了国内首列中低速磁浮列车——“青城山号”低速磁浮列车，标志着我国的磁浮交通装备开始迈向工程化。该车是常导吸浮式磁浮车列，3 辆编组，最高试验速度 80km/h。“青城山号”低速磁浮列车车体长 11.2 米，宽 2.6 米，内设 28 个座位，定员 60 人，载重 2 吨，运营速度 60km/h，最高试验速度 100km/h。车辆浮起时与轨道间距保持在 8 至 10 毫米。车体采用铝合金板梁结构，自重仅 16 吨，完全满足轻量化要求。车辆采用自主开发的磁悬浮转向架，无噪声、无污染，适用于短途公交化运营。2001 年 8 月 14 日，来自人民日报、新华社、中央电视台等新闻单位的记者云集长春客车厂，争相一睹国内首辆磁浮列车——“青城山号”低速磁浮车的风采。这列磁浮列车属于国家科委和中央企业工委重大科研项目，它的成功下线表明我国已经掌握了磁浮车生产技术，填补了国内空白，使中国轨道客车产品形成了从地下到地面乃至悬浮式的立体发展结构。

图 21：2001 年，我国首列低速磁浮列车下线

第一列磁浮车的技术人员按照设计一代、预研一代、开发一代、生产一代的思路开展工作，大胆启用了计算机三维设计这一当时的新技术，同时实

现了苛刻的轻量化设计要求，解决了车下电气布置紧密、铝合金车体钢结构技术不成熟等困难，继德国、日本之后研制出中国第一辆磁浮列车，令国际同行刮目相看。

第五节　国际市场的开拓与竞争

这一时期，中国广泛参与铁路合作组织、国际铁路联盟、联合国亚洲及太平洋经济社会委员会等国际组织，中车通过政府和民间两种渠道展开铁路科技交流，推动轨道工业的国际合作，融入世界整体发展潮流。改革开放之后，随着政策的激活，各种合资企业纷纷成立，促进了国民经济发展。中车也在国内外成立不少合资企业，促进了我国轨道装备工业的发展和进步。

一、强化国际交流与合作

党的十一届三中全会以后，一度中断的中国铁路与波兰、民主德国、匈牙利、捷克斯洛伐克铁路的双边科技合作关系得以恢复并逐步发展。1983 年 6 月，波兰铁路技术发展研究院院长访华，与铁道部科学研究院签署了备忘录，双方同意就“列车无线通信”和“调度集中与调度监督”两个专题进行共同研究。1985 年 4 月，中波签署了《中华人民共和国铁道部和波兰人民共和国交通部关于建立铁路科技和经济合作的协议》。这个协议把两国铁路的合作关系推到了一个新阶段。

1982 年至 1984 年，日本国铁先后派出 4 批车辆和轨道动力学测试技术专家到中国做指导，并参加了铁道部科学研究院首次进行的车辆和轨道动力学大型综合试验。日方为此提供了价值 4300 万日元的试验设备和器材。

1978 年 10 月，英国铁路总裁坎贝尔率领铁路代表团访华，开始了中英铁路部门之间的正式接触。1979 年 11 月 29 日，中英两国在伦敦签署了《中华人民共和国铁道部和大不列颠及北爱尔兰联合王国运输部铁路科技合作协议书》。这是中国与西欧国家签订的第一个双边铁路合作协议。协议书规定双方合作的方式包括：交换铁路书籍和资料；派遣铁路专家、学者、技术人员和熟练工人，进行专业考察、技术座谈和学习；进行共同研究；提供咨询和其它服务。协议书有效期五年。1985 年 9 月 28 日，丁关根部长与英国运输大臣尼古拉斯·里得利在北京签署了中英铁路科技合作协议书延长协议。从 1980 年至 1985 年，双方的科技交流涉及蒸汽机车改造、轮轨关系、合成闸瓦和高磷闸瓦、编组站减速顶、径向转向架和重载列车对轨道的影响、列车控制与信号、钢轨探伤、重型轨道结构和轨下基础等方面，内容比较广泛。

中国还与联邦德国开展铁路合作。1978 年 5 月，联邦德国铁路理事会主席法斯特率领铁路代表团访华，开始了两国铁路正式交往。1981 年 9 月 29 日，刘建章部长与联邦德国交通部长豪夫，在北京签署了《中华人民共和国铁道部长和德意志联邦共和国交通部长铁路合作协议》。协议规定双方合作的方式包括：交换铁路情报、刊物和资料；派遣铁路工程师、技术人员、管理专家，进行学习、进修、咨询、调查及参加科学会议；进行共同研究。

中法两国也开展了铁路合作。1977 年以前，中法两国铁路之间有少量人员来往和技术交流。1977 年 11 月，法国国营铁路总局长桑蒂率领铁路代表团访华，开始了两国铁路部门的正式交往。1978 年，郭维城部长访问法国。1983 年 9 月 27 日，陈璞如部长与法国运输部长查理·菲泰尔曼在巴黎签署了《中华人民共和国铁道部部长和法兰西共和国运输部部长铁路合作协议》。

从 1980 年起，中美双方也就签订中国铁道部和美国运输部铁路科技合作议定书问题进行过多次接触。

二、成立中外合资企业

合资企业的成立是中车发展市场经济的重要组成部分，是实施“请进来”战略的早期尝试，在提高城市轨道交通装备技术水平、增强企业管理能力、进军国际市场方面走出了一条新路。中车共成立了以下合资企业：

1991 年底，经贵州省政府批准注册，贵阳车辆厂与美国 WRTI 公司合资成立宇宙钢丝绳有限公司，是中国铁路机车车辆工业成立的第一家合资企业。

1992 年 12 月 28 日，石家庄国祥制冷设备有限公司领取营业执照，注册资本 500 万美元，其中：石家庄车辆厂出资 245 万美元，占企业股份 49%；台湾国祥冷冻机械股份有限公司出资 205 万美元，占企业股份 41%；美国 T&T 国际公司出资 50 万美元，占企业股份 10%。1993 年 2 月 7 日，石家庄车辆厂与台湾国祥冷冻机械股份有限公司、美国 T&T 国际公司合资组建国祥公司。1995 年 4 月 25 日，持有 10%股份的美国 T&T 国际公司退出国祥公司。股份重新划分后，石家庄车辆厂占 49%；台湾国祥冷冻机械股份有限公司占 49%；中国铁路机车车辆工业总公司占 2%。公司实行董事会领导下的总经理负责制，董事会由 9 人组成，董事长和总经理分别由石家庄车辆厂和台湾国祥冷冻机械股份有限公司人士担任。公司产品为客车空调、机车空调、地铁及城市轻轨空调 4 大类 124 个品种，产品注册商标为“王牌冷气”。

2000 年 6 月 22 日，由四方所与波兰卡玛克斯机械设备股份公司合资组建的青岛卡玛克斯缓冲装备有限公司成立。公司主要设计、制造、销售和安装弹性胶泥缓冲器、成套缓冲装备及使用波兰卡玛克斯公司技术的机车车辆配件，年生产能力为3600套不同类型的缓冲器。

2000年12月，大同爱碧玺铸造有限公司向美国出口第一批铸钢车轮。2003年2月，铁道部正式批准公司生产25吨轴重HEZB型车轮，至此，公司可生产6种不同型号的铸钢车轮。同年销售车轮19.5万片，实现产值4.1亿元。2005年公司通过扩能改造方案，改造后将形成年产25万片铸钢车轮的能力。同年起，公司向印度、南非出口车轮。2006年，公司研制出HDZD型和HEZD型车轮并通过铁道部生产质量认证。2007年4月1日起，结束HDZC型、HEZB型车轮生产，全部转产D型车轮。2007年实现销售收入8.13亿元，净利润2.35亿元。2008年研制出用于大秦线的HEZD840铸钢车轮，在C80型敞车上使用。2009年又开发出30吨轴重车轮。2010年，交付车轮23.3万片，销售收入6.8亿元，实现利税2.02亿元。

2000年，北京南口斯凯孚铁路轴承有限公司分别通过英国劳氏质量认证公司环境管理体系认证和质量管理体系认证。2001年，公司生产SKF197726轴承近23万套；完成轴承大修8.1万套，轴承一般修1.8套。2005年，公司引进瑞典SKF公司先进的LL油封轴承密封技术，协助中国铁道部与瑞典ABSKF公司达成协议。2006年，公司研制生产了公制圆维轴承单元（TBU）和紧凑型圆锥轴承单元（CTBU）产品系列以及符合美国铁路协会（AAR）要求的英制系列TBU轴承。2009年，公司客车动车轴承检修中心投入使用。2012年，完成CTBU130 · 230 · 160紧凑型圆锥滚子轴承试制，并销往西班牙地铁市场和中国地铁市场；AAR系列铁路轴承产品销往国际市场；353130B轴承通过铁路CRCC认证。2013年，公司完成30吨轴重铁路货车轴承研发。

大连东芝机车电气设备有限公司由大连厂与日本东芝株式会社合资组建，2001年5月双方签署合作意向书，2002年8月28日双方举行合同签字仪式。经营范围为：机车车辆和城际轨道交通车辆用牵引系统、辅助电源装置、监控系统等电器产品的制造、销售、维修保养。年生产能力为100台以上。

2001年9月25日，株洲斯威铁路产品有限公司由株辆厂与美国ABC铁路产品中国投资公司合资组建。美国提供生产线等各类机械动力设备308台，具有年产2万多吨铸钢件的生产能力。2003年，生产合格钢水14529吨；2004年，生产合格钢水22584吨。2007年，公司研制了FMG摇枕、侧架、F型构体、FR型构体、F型钩舌、FMG牵引杆6种新产品并投入批量生产。

2001年，经欧盟批准，加拿大庞巴迪公司对德国ABB公司进行了整体收购。此后，经国家外经贸部批准，中加双方各投资50%成立了合资公司。2002年，外经贸部批复同意公司更名为长春长客—庞巴迪轨道车辆有限公司，批准长春客车厂股权转让给长春轨道客车股份有限公司，戴姆勒公司股权转让给庞巴迪公司。公司经营项目：开发、制造组装地铁车辆、城轨车辆、市郊车辆（动车组）、转向架、铝合金车体、高档客车及相关产品。

2003年，石家庄国祥运输设备有限公司开始筹建，新公司注册资金3000万美元，经营范围为采暖设备、运输设备、电子设备、制冷设备、通风设备等。2006年7月12日，新厂区竣工。同年，公司引进日本三菱公司时速200公里动车组EU651型空调项目技术，研制时速300公里动车组空调设备。

2004年，株洲西门子牵引设备有限公司中标180台交流传动大功率电力机车。2007年8月18日，铁道部与株机公司签署1200台六轴交流传动电力机车购销协议。同年9月30日，STEZ公司进行了股权变更。2009年，公司开始进入地铁车辆逆变器市场。

2003年8月29日，由永济电机厂、日本日立制作所株式会社和日立中国有限公司三方合资组建日立永济电气设备（西安）有限公司成立。公司主要产品有 VVVF 逆变器及装置、辅助逆变器及客车供电装置、列车监控装置和网络控制系统。

2005 年 4 月 4 日，由中国南车、四方股份公司、日本川崎重工业株式会社、日本伊藤忠商事株式会社合资组建的青岛四方川崎车辆技术有限公司成立。主要经营范围：铁路和城市轨道交通车辆开发、设计、技术服务及相关的进出口业务。

2005 年 12 月 20 日，同车公司与 ABB（中国）有限公司（ABB 集团由瑞典的阿西亚公司和瑞士的布朗勃法瑞公司合并而成）签署协议共同组建的大同 ABB 牵引变压器有限公司成立。公司主要制造和销售牵引变压器，企业将得到瑞士 ABB 赛雪龙公司的制造工艺和制造技术许可，包括经过验证的牵引变压器设计结果和生产流程、制造专有技术、工艺流程的设计和改进。

2006 年 4 月 30 日，中国北车批复同意四方所与法国法维莱运输集团公司合资组建的青岛四方法维莱轨道制动有限公司成立。公司经营范围为设计、制造并销售轨道交通制动系统、零部件产品及提供相关服务。生产能力为年生产、销售 20 列 160 套动车组制动系统、大功率交流传动电力机车制动系统。

2006 年 8 月 22 日，由戚墅堰所与日本东洋电机制造株式会社合资组建的常州朗锐东洋传动技术有限公司成立；公司厂房建筑面积 4128 平方米，主要从事城市轨道车辆用齿轮传动系统及其他相关产品的设计开发、生产制造、销售和服务等。

2006 年 6 月 12 日，中国北车批复同意永济厂与法国阿尔斯通交通股份公司投资设立西安阿尔斯通永济电气设备有限公司。产品包括牵引电机、辅助电机和变压器电泵、通风机等。公司按照阿尔斯通公司的有关技术进行生产，年生产能力为动车组电机 150 台、交流传动电力机车电机 240 台、辅助电机和电机泵 1000 台。

2006 年 8 月 23 日，中国北车批复同意南口厂与克诺尔制动系统亚太区（控股）有限公司合资组建克诺尔南口供风设备（北京）有限公司，经营范围为生产 EMU、机车和客车用空气压缩机与空气干燥器产品及提供相关服务，计划生产能力 2007 年达到 1300 台，三年后达到 2400 台。

2006 年 10 月 18 日，由浦镇公司、南京高新技术经济开发总公司、南京市浦口区国有资产投资经营有限公司和新加坡麦达斯控股有限公司合资组建的南京南车浦镇城轨车辆有限责任公司成立，主要业务范围是城轨地铁车辆的研发、制造和销售。2011 年，该公司加强与法国阿尔斯通公司、加拿大庞巴迪公司、德国西门子公司、瑞士 ABB 公司等国际制造商项目合作和技术合作，成功攻克现代轨道交通的系统集成、车体制造、高速客车转向架、制动系统、网络控制系统等核心技术，初步搭建起具有自主知识产权的城轨车辆制造平台。2012 年，该公司又推进 CRH6 型城际动车项目技术平移，初步建立动车组生产标准体系框架，建成城际动车组制造平台；实现低地板项目技术平移，全年完成 56 列 318 辆地铁车辆交付。

2007 年 4 月 13 日，由同车公司与印度斯麦肯公司、大同机车锻造有限责任公司、大同机车设备制修有限责任公司、大同机车实业公司合资组建大同斯麦肯轨道运输设备有限公司。公司经营范围为各种机车、货车、客车轮对，非标准轮对及其他铁路轨道运输设备配件的制造。

2007 年 12 月 24 日，由浦镇公司和恩梯恩（中国）投资有限公司合资组建的南京浦镇恩梯恩铁路轴承有限公司成立。公司经营范围：铁路高速客车车轴用精密轴承及其零部件的开发、生产和销售。

截至 2007 年，青岛阿尔斯通铁路设备有限公司开发生产 200 余种型号的 DISPEN 油压减振器，具备年生产、维修 3 万个油压减振器的能力。

2008 年，完成 CRH5 型动车组、DJ4 型电力机车油压减振器的交付，签订上海、南京地铁项目订单。2009 年，公司及 4 个供应商通过法国铁路公司的供应商资格认证，并获得来自法国铁路公司项目的首个合同。

2008 年 8 月 25 日，由戚墅堰所与日本 KAYABA 工业株式会社合资组建的常州朗锐凯迩减振技术有限公司成立。主要经营范围：机车及车辆用油压减振器、自动高度调整器、差压阀及其他相关产品的设计开发、制造、销售与服务。

中车在境外也成立了诸多合资企业。

2012 年 4 月 23 日，由长江公司与康吉森国际（香港）有限公司合资组建的中国南车长江（澳洲）车辆技术服务有限公司在澳大利亚墨尔本成立。公司主要业务是提供铁路货车产品技术服务以及售后服务，铁路货车配件销售，铁路货车整车产品的交付，货车检修服务业务等。

2012 年 9 月 24 日，株机公司与马来西亚交通部在吉隆坡签署战略投资备忘录，支持株机公司牵头建立南车东盟制造中心。2015 年 7 月 9 日，东盟制造中心建成投产。该中心具备每年新造 100 辆动车组的能力，同时可兼营电力机车和轻轨车辆等全系列轨道交通装备制造能力。该中心 90%的员工来自马来西亚本地。

1998 年 11 月 20 日，四方厂与加拿大庞巴迪公司在北京宣布正式成立青岛四方—庞巴迪—鲍尔铁路运输设备有限公司，合资企业中加双方各占股比 50%，合资经营年限为 50 年。生产 100 辆高档客车和 500 辆客车车体。1999 年 11 月，公司签订第一笔高档客车销售合同，首批 300 辆高档客车从 2000 年开始投入生产。

2004 年，青岛四方庞巴迪铁路运输设备有限公司与铁道部签署 338 辆 25T 型高档客车合同。10 月，与广州铁路（集团）签订 20 列 160 辆时速 200 公里动车组合同。2005 年，与青藏铁路公司签订 173 辆青藏铁路客车合同；与广深铁路股份有限公司签订 20 列 160 辆时速 200 公里 EMU 动车组合同；与美国国际联合列车公司签订 51 辆青藏铁路旅游观光车合同。2006 年 8 月 30 日，第一列和谐号 CRH1 型高速动车组落成。2007 年 9 月 28 日，第一批 20 列 CRH1B 型 16 节大编组座车动车组出厂。同年 10 月 31 日，与铁道部签订 40 列时速 200—250 公里 CRH1B 型 16 节大编组卧铺动车组订单。同年，再获 80 列 CRH1 型高速动车组订单。

1998 年 11 月 2 日，经对外贸易经济合作部批准，由株机厂、株洲所和德国西门子总公司合资成立株洲西门子牵引设备有限公司（简称 STEZ）。总资金为人民币约 3.4 亿元，注册资本 1.29 亿元，其中西门子公司投入 1.1 亿元，占注册资本 51%；株机厂投入 7000 万元，占注册资本 32%；株洲所投入 3700 万元，占注册资本 17%。1998 年 11 月 28 日，公司领取国家工商行政管理局颁发的法人营业执照。在铁道部利用奥地利政府贷款采购的 20 台 DJ1 型双节重联交流传动货运电力机车项目中，后 17 台机车在株洲组装交验，公司负责牵引装置的研发生产。

由四方所与法国阿尔斯通运输股份有限公司合资组建的青岛阿尔斯通铁路设备有限公司于 1999 年 3 月 8 日注册成立，注册资金 500 万元，出资比例为四方所占 49%，阿尔斯通公司占 51%。同年 10 月，公司正式投产。公司专门从事适用于铁路机车车辆的 DISPEN 油压减震器生产、维修及服务。

由南口厂与瑞典斯凯孚公司合资组建的北京南口斯凯孚铁路轴承有限公司，投资 2.5 亿元人民币，1996 年 5 月 20 日开始试运营。1999 年 4 月 15 日，公司正式成立。公司经营范围为：铁路机车车辆用轴承的制造、大修，应用工程和售后服务。

由大同厂与美国 ABC 铁路产品中国投资公司合资兴办的大同爱碧玺铸造有限公司，主要经营铁路货车用铸钢车轮。1998 年 4 月 8 日，公司冶炼出首炉钢水，7月16日举行生产开工仪式，8月通过铁道部产品质量认证。1999年9月，公司获得美国铁路协会AAR质量认证证书，具备AAR联运用车轮生产资格。

三、参与国际市场竞争

这一时期，随着中车产品的丰富和完善，规模化经营的优势凸显，有了走出国门参与国际市场竞争的底气和本钱。随着长客率先走出了国际市场的第一步，中车其他公司也先后大规模出口产品。从中华人民共和国成立一直到1999年，中车向亚非地区以及欧洲、美洲、大洋洲等地区出口各种型号的机车产品，赢得了用户的好评，为中车产品良好声誉的广泛影响打下了厚实的基础。

2001年，株辆厂以合资形式引进美国摆动式转向架技术，并和美国ABC-NACO公司联合，于2002年成功开发了适用于中国铁路的21t轴重的转K4转向架（摆动式）转向架。2003年，我国提出铁路大提速战略，为适应我国25t轴重货车的发展，株辆厂又与美方联合设计，将美国成熟、先进的25t轴重摆动式转向架技术应用于中国25t轴重转向架上，研制出适应于中国铁路的2E轴摆动式转向架（转K5转向架）。2003年7月株辆厂试制出样机，并按照国铁及铁标的有关要求，先后通过了侧架和摇枕的静强度、压吨、疲劳试验，摇动座的静载荷和疲劳试验，弹簧的疲劳试验，侧架、摇枕及弹簧托板的动应力测试，弹簧托板的疲劳试验，并进行了线路动力学试验(试验最高速度达到每小时136公里）和翻车机试验。2003年9月，铁道部运输局会同科教司等部门，在秦皇岛通过了2E轴摆动式转向架的技术审查。2003年9月铁道部以运装货车［2003］326号文批准和下发了该转向架审查意见，并正式将该转向架定型为：转K5转向架。2003年10月，铁道部以运装货车［2003］353号文批复了该转向架的图样和技术条件。

自1952年起，中车就拉开了出口货车的帷幕。

1961年起，四方厂向锡兰（今斯里兰卡）出口铁路客车、货车。至1966年，出口锡兰134辆全钢客车。齐齐哈尔厂出口锡兰976辆货车，大连厂出口锡兰13辆DLH2型罐车。1999年，四方厂通过国际竞标获得向斯里兰卡出口15组动车组项目，这是中国制造的动车组首次进入国际市场。1980年至1981年，南口厂向日本出口223吨哑铃，天津厂向日本出口50吨哑铃。1982年，二七机车厂向日本出口10000个钢轨切片。1984年，天津厂向日本出口20000个电缆卡子。1987年，二七车辆厂向日本出口20个制动梁。1994年，二七车辆厂向日本出口12辆平车。株机厂向日本出口一批电机机壳及轴承支架。1981年，齐齐哈尔厂向印度出口279根车轴。1992年，唐山厂向越南出口20个客车转向架。

1987年，戚墅堰所向新加坡出口一批等离子切割机。1989年，二七车辆厂和长春客车厂向新加坡出口360万平方尺地板块。1990年至1991年，大同厂向新加坡出口5.22万平方尺地板块和一批法兰，戚墅堰所向新加坡出口一批集装箱箱角。

1987年，戚墅堰所向马来西亚出口一批等离子切割机。1990年，戚墅堰所向马来西亚出口一批切割机、电镀刷等设备。1992年，中车公司通过大千公司与马来西亚水泥工业公司（CIMA）签订出口52辆BBC型气卸式无底架散装水泥罐车体合同，由江岸厂负责制造。1993年，江岸厂再次向马来西亚水泥工业公司出口111辆水泥罐车。1995年，唐山厂向马来西亚出口10辆米轨行李车。1997年，江岸厂向马来西亚出口30辆水泥车。

1988年11月，中车公司所属工厂通过国际投标与缅甸签订出口65辆米轨货车的合同。这是中车公司所属工厂组织的第一批以商贸方式整车出口的项目。1992 年，中车公司所属工厂以商贸形式向缅甸联邦出口机客车，由大连厂制造 6 台机车，四方厂制造两个品种 23 辆客车及散件（其中 4 辆整车、19 辆散件）。1994 年，唐山厂向缅甸出口 20 辆米轨客车。同时，四方厂向缅甸出口 30 辆客车散件。齐齐哈尔厂向缅甸出口了 10 辆守车和 12 辆集装箱凹底车。1995 年，大连厂第二批向缅甸出口 6 台 CKD7 型内燃机车，四方厂向缅甸出口 4 台 CKD6 型内燃机车。1996 年，四方厂向缅甸出口 28 辆客车、12 辆客车散件、60 个客车转向架和 40 台制动缓冲装置。齐齐哈尔厂向缅甸出口 10 辆棚车。1997 年，四方厂第二批向缅甸出口 9 台 CKD7 型电力传动内燃机车，齐齐哈尔厂向缅甸出口 2 台 M603 型内燃车，四方厂向缅甸出口客车部件 19 辆份、客车散件 13 辆。1998 年 2 月，大连厂第三批出口缅甸 10 台 CKD7A 型内燃机车。同年，齐齐哈尔厂向缅甸出口 10 辆守棚车和 2 辆内燃吊车。

1989 年，大连厂向泰国出口 4 台机体加工机床。1990 年，唐山厂向泰国出口 178 辆份米轨客车转向架，戚墅堰所向泰国出口一批切割机、电镀刷等设备。1992 年，资阳厂签订了向泰国 TPI 宝麟有限公司出口 2 台 CK5 型液力传动米轨调车内燃机车。这是经过国内外 7 家公司竞争而夺得的首次进入东南亚市场的国产内燃机车，实现了国产内燃机车整车商贸性出口零的突破。同日，眉山厂向泰国 TPI 宝麟有限公司出口 140 辆散装水泥罐车。同年 3 月 16 日，眉山厂向泰国国家铁路公司出口 180 辆米轨油车底架和 132 辆米轨集装箱平车。1993 年 11 月，资阳厂向泰国 SCC 象牌水泥公司出口了 1 台变型的 CKSA 型液力传动内燃机车。1994 年 8 月，资阳厂向泰国出口了 1 台 CKSB 型液力传动内燃机车。同年 8 月 30 日，眉山厂与泰国 TPI 宝麟有限公司签订了出口 152 辆米轨货车合同。1995 年，资阳厂向泰因 TP 宝麟有限公司又出口了 4 台可重联的 CKS 型液力传动内燃机车。至此，资阳厂共向泰国出口 8 台液力传动内燃机车。1996 年至

1997 年，眉山厂再次向泰国出口 200 辆水泥罐车。株辆厂向泰国出口 41 辆米轨集装箱平车。

1992 年，长春客车厂向蒙古国出口 10 辆客车轮对。

1991 年 11 月，孟加拉国铁路利用亚洲开发银行贷款，经国际招标购买 80 辆集装箱平车，二七车辆厂通过中机公司以 263.3 万美元总价中标。

1994 年，中车公司向韩国出口 60 台高速客车转向架，由长春客车厂承制。该合同是韩国韩进公司向中国衡广铁路提供 30 辆时速 200 公里高速客车主合同项下的分包合同，是中车获自营产品进出口权后的第一个自营出口合同。1996 年，齐齐哈尔厂向韩国出口 940 组货车转向架组装部件，长春机车厂向韩国出口 2 台燃油蒸汽机车。1999 年 9 月，石家庄厂向韩国新技术工业有限公司出口 11904 件闸瓦。

1999 年 8 月，成都厂签订向乌兹别克斯坦国家铁路股份有限公司出口 120 万套（件）铁路轨道垫板及相关零件合同，陆续制作交付。

1990 年，戚墅堰所向印度尼西亚出口一批切割机、电镀刷等设备，向约旦出口 10000 块高磷闸瓦。1993 年，四方厂向印度尼西亚出口 4 台柴油发电机组。1998 年，长春客车厂为约旦修理 47 辆车。

1989 年，博茨瓦纳铁路通过国际招标采购 268 辆 1067 毫米轨距的货车，其中运苏打粉有盖漏斗车 143 辆、煤斗车 24 辆、运盐敞车 101 辆。同年 12 月，中车公司组织齐齐哈尔厂和株洲车辆厂参加投标，由齐齐哈尔厂承制两种漏斗车、株洲车辆厂承制敞车（转向架由齐齐哈尔厂协作）。在与南非、西班牙、英国、民主德国、津巴布韦、印度等国家的 12 家厂商的竞争中，中方以总价居最优位而中标。同年 3 月 31 日，博方又追订了 16 辆苏打粉漏斗车。合同总金额达 1300 万美元。

1996 年至 1997 年，中车公司先后与中土公司合作向尼日利亚出口 1067 毫米轨距的机、客、货车，包括 50 台内燃机车、150 辆客车、400

辆货车和 2 台 60 吨铁路起重机。合同总金额 8000 多万美元。内燃机车由大连厂承担，包括 45 台 CKD8A 型和 5 台 CKD6 型机车。客车由四方厂承担，包括硬座车、软座车、软卧车、公务车、邮政行李车、发电车 7 种车型。货车由齐齐哈尔厂承担，包括 100 辆石砟漏斗车、200 辆低边平车和 80 辆棚车。

1999 年，资阳厂中标津巴布韦钢铁厂调车机车招标项目，该项目为 5 台 CK5C 型内燃机车。同年 8 月，株辆厂与津巴布韦签订设计、制造 63 辆铝合金浴盆式敞车合同。2011 年，戚墅堰公司向津巴布韦出口 4 台 SDD6 型电传动内燃机车。同年，浦镇公司向津巴布韦出口 29 辆米轨客车。

1962 年至 1965 年，哈尔滨厂以经济援助方式向阿尔巴尼亚出口 11 辆容积 27 立方米、载重 50 吨的全钢翻斗车，武昌厂向阿尔巴尼亚出口 23 辆 UCH6 型和 UCHI 型 30 吨炼钢厂用平车，两种货车均采用自动车钩及连挂装置两用车钩、空气制动装置。1966 年至 1971 年，长春客车厂以经济援助方式向阿尔巴尼亚出口 22 辆硬座客车；武昌厂向阿尔巴尼亚出口 70 辆货车，品种包括 30 吨平车、30 吨棚车和 30 吨低边车；哈尔滨厂向阿尔巴尼亚出口 26 辆 KF-68 型自翻车；齐齐哈尔厂向阿尔巴尼亚出口 33 辆低开门车和 1 辆大平车。1972 年至 1973 年，四方厂以经济援助方式向阿尔巴尼亚出口 9 台东方红 4 型液力传动内燃机车；长春客车厂向阿尔巴尼亚出口 6 辆 YZ22 型硬座客车和 5 辆 XU22 型行李车；齐齐哈尔厂、哈尔滨厂、株辆厂向阿尔巴尼亚出口货车 107 辆，车种包括自翻车、90 吨凹底平车、低开门煤车、低边车、60 吨全钢敞车等。1974 年至 1977 年，长春客车厂以经济援助方式向阿尔巴尼亚出口 17 辆 YZ22 型硬座客车；齐齐哈尔厂、株洲车辆厂、哈尔滨厂、西安厂向阿尔巴尼亚出口货车 170 辆，车种包括平车、煤车、棚车、50 吨粘油罐车、50 吨轻油罐车、60 吨酸碱罐车等。至1977年，以经济援助方式，中车公司相关工厂共向阿尔巴尼亚出口内燃机车9台、客车50辆、货车441辆。

1980年，戚墅堰厂向法国出口20000个挂钩。1982年，二七机车厂向法国出口22吨直钩。1987年，株辆厂向法国出口756个车轮。1989年，株机厂与法国公司合作，制造2台8K型电力机车。

1986年，戚墅堰厂、唐山厂向苏联出口400台（辆）份车钩。1987年至1989年，戚墅堰厂向苏联出口370台份电力机车车钩。1990年，四方厂、株机厂、株洲所向苏联出口4种20台份电力机车配件，戚墅堰厂向苏联出口30台份电力机车车钩。

1986年至1987年，齐齐哈尔厂向民主德国出口2394件车钩等配件。1988年，齐齐哈尔厂向民主德国出口450辆份机保车车钩。1989年，齐齐哈尔厂向民主德国出口450辆份机保车车钩，大同厂向联邦德国出口一批铸钢铸铁件。

1989年，戚墅堰所向波兰出口8台电刷镀设备。1989年至1990年，中车公司向波兰出口1100个13号车钩。

1990年，大同厂向英国出口一批铸锻件。

1991年，戚墅堰厂向瑞典出口一批集装箱箱角。

1984年，大连厂向美国出口1794个车轮，戚墅堰厂、四方厂出口12套摇枕、构架，资阳厂出口一批锻件，长春客车厂出口40套构架、摇枕，大同厂出口75套转向架组装，二七机车厂出口1500根撬棍。1985年，大同厂向美国出口75台油机组装，资阳厂向美国出口108台份GE锻件，大连厂、大同厂、戚墅堰厂、四方厂向美国出口2528套内燃机车车轮、构架、摇枕。1986年，唐山厂向美国出口1台上游型蒸汽机车，用于旅游项目。1989年5月至8月，唐山厂相继向美国埃赛克斯河谷铁路公司和斯朗克耐尔公司各出口1台上游型蒸汽机车。同年，大同厂选定

8419 号建设型汽机车，重新进行解体检查、加装改造和美化工作后，出口美国艾奥瓦州布恩峡谷铁路公司，还向美国出口一批铸钢、铸铁件。1991 年，唐山厂又向美国出口 1 台上游型蒸汽机车，用于牵引旅游列车。1991 年，大同厂向美国出口带滚角，二七车辆厂向美国出口一批车辆配件。1997 年至 1998 年，戚墅堰厂、齐齐哈尔厂向美国出口 1956 套货车摇、侧架，永济厂向美国出口一批钻井电机机座。1999 年，戚墅堰厂、齐车公司向美国出口货车摇枕、侧架 1830 辆份。

1988 年至 1989 年，沈阳厂向澳大利亚出口 2 个探伤车转向架，大同厂向澳大利亚出口一批铸钢、铸铁件。1990 年，大同厂再次向澳大利亚出口一批铸钢、铸铁件。1999 年，齐齐哈尔铁路车辆集团有限责任公司（简称“齐车集团”）向澳大利亚出口 3 辆 C2 型集装箱平车。

第四章

快速发展的中车

改革开放促进了生产力的大解放，国民经济发展也随之充满了活力。2001 年，中国顺利加入 WTO，成为世贸组织的重要成员。随着国内、国际两个市场的打开，中国经济快速增长，交通运输也日益活跃。在这种历史背景下，铁路运输也迎来了发展的良机，国家稳步推进铁路网发展规划，作为轨道交通装备供应商的中车也迎来了崭新的发展时期。

第一节　建立推行现代企业制度

随着社会主义市场经济的发展，原有的机车车辆工业管理体制已不适应需要。1993 年，《中共中央关于建立社会主义市场经济体制若干问题的决定》指出：建立适应市场经济要求的现代企业制度，是发展社会化大生产和市场经济的必然要求，是我国国有企业改革的方向。这是市场经济对中国企业提出的新挑战和新机遇。

1996 年 1 月 14 日，铁道部下发《关于中国铁路机车车辆工业总公司改组为控股公司实施方案的批复》，决定将机车车辆工业总公司改组为控股公司。2000 年，中车公司与铁道部脱钩，实行政企分开的公司治理模式。

一、中国南车、中国北车成立

从 1994 年开始，国有企业改革进入转换经营机制、建立现代企业制度的阶段。党的十五大进一步明确了国有企业改革方向，提出力争到20世纪末大多数国有大中型骨干企业初步建立现代企业制度，经营状况明显改善。此后，以建立现代企业制度为重点的改革攻坚全面展开，《中共中央关于国有企业改革和发展若干重大问题的决定》确定了到2010年国有企业改革和发展的目标。提出建立现代企业制度是改革开放不断深化的必然要求，是为了适应现代社会化大生产发展的需求，积极开发和应用先进的技术成果，建立集中统一的管理体制，占据社会生产的主导地位。现代企业制度的建立和完善，对于一个企业的长足发展具有根本性的意义。在建立现代企业制度的过程中，中国通过一系列的改革措施，如扩大企业自主权、推行承包制、股份制等，逐步推进国有企业改革，以适应社会主义市场经济体制的要求。这些改革措施旨在促进企业经营机制的转换，提高企业的经营效率和经营效果，从而推动社会主义市场经济体制的建立和完善。

早在1993年初，铁道部就要求机车车辆工业率先走向市场。1994年1月，铁道部又提出："建立现代企业制度要进行国有资产授权经营试点，有条件的总公司可改组为控股公司，先在工业总公司试点。"铁道部还制定了《铁道部关于加快机车车辆工业改革的意见》等重要战略，要求机车车辆工业加快改革步伐，转换经营机制，快步走向市场，建立现代企业制度。

1994年全路领导干部会议之后，中车公司经过反复酝酿，提出了机车车辆工业改革的基本框架，又经过广泛收集资料、分专题研究论证，出台了《中国铁路机车车辆工业总公司改组为控股公司总体方案（草案）》。中车公司"九五"主要奋斗目标中进一步明确提出：到2000年，中车公司完成改组为控股公司的各项工作，并按实施方案规范运作，实现健康、稳定、全面发展；大多数厂所基本建立起"产权清晰、权责明确、政企分开、管理科学”的现代企业制度。

1994年初，齐齐哈尔厂被列为铁道部现代企业制度试点单位。中车也选择贵阳厂和永济厂的一个分厂进行现代企业制度试点。试点内容包括：在搞好资产经营责任制的基础上，逐步实现投资主体多元化和建立符合现代企业制度的领导体制。在抓好试点工作的同时，中车公司还采用不同模式，逐步组建以大型骨干企业为核心的二级企业集团公司，推进资产重组。此后，结合贯彻《中华人民共和国全民所有制工业企业法》《全民所有制工业企业转换经营机制条例》，落实《铁路企业转换经营机制实施办法》，机车车辆工业加快了企业改革、转换经营机制的步伐。经过几年的改革，使机车车辆工业企业逐步向着自主经营、自负盈亏、自我发展、自我约束的经济实体转化，开始建立包括产权管理机制、计划管理机制、价格机制、投资机制等在内的新的管理体制和运行机制，中车公司向建立现代企业制度的方向前进了一大步。

1996年5月，铁道部批准中车公司改组为以经营国有资产为主、兼有部分生产经营和行业管理职能的控股公司。1998年11月、12月，齐齐哈尔铁路车辆（集团）有限责任公司和由中车与北京铁工经贸公司联合出资（分别占90%和10%的股份）组建的南方铁路机车（集团）有限责任公司相继正式挂牌成立。1998年9月，按照铁道部《关于五大公司结构性调整的实施意见》，中车公司与铁道部所属工程、建筑、物资、通号五大公司，初步实现与铁路运输系统的结构性分离。铁道部对中车公司的生产经营不再进行直接管理，中车公司所属企业与运输企业以及所属企业之间是市场交易关系，按经济合同办事，中车公司真正成为独立法人实体和市场竞争主体。1999年，中车公司制定下发《关于积极稳妥地推进建立现代企业制度的指导意见》《关于进一步推进企业分离后勤、分立辅助改革的指导意见》两份文件，具体部署并加快推进各厂所精干主业、分立辅助、剥离后勤及厂办小企业改制等工作。1999 年 5 月 11 日，由贵阳车辆厂主营性经营资产重组的南方汇通股份有限公司成立，6 月 16 日，“南方汇通”股票作为中国铁路工业第一股在深交所上市。

2000 年 9 月 28 日，根据国务院批准的铁政法［2000］38 号文件《关于铁路非运输企业政企分开方案的请示》精神，中车公司与铁道部脱钩，改组为中国南方机车车辆工业集团公司（以下简称“中国南车”）和中国北方机车车辆工业集团公司（以下简称“中国北车”），移交中央企业工委管理。12 月 15 日，根据国务院对铁道部、国家经贸委关于铁路非运输企业政企分开方案的批复，中车公司与铁道部实施政企分开，机车车辆等铁路市场对中车公司开放，中车公司参与铁路建设将通过招投标的方式进行。中车公司作为市场主体，参与铁路工业及科研项目，原则上应进行招投标。铁路机车、货车的采购招标工作，由铁道部统一组织。

图 22：2000 年，中国机车车辆工业总公司从铁道部脱钩，重组成立中国北车集团、中国南车集团

中国南、北车组建后，按照《国有大中型企业建立现代企业制度和加强管理的基本规范》要求，两大集团公司迅速建立规范的法人治理结构，依照《公司法》明确股东会、董事会、监事会和经理层的职责，形成集团

公司内部各负其责、协调运转、有效制衡的治理机制。同时，按照企业改制、建立现代企业制度的工作安排，加快推进所属各厂所改制、建立现代企业制度的工作。对优势企业实施公司制改造，其中中国南车论证、批复了株机厂、四方厂改制为股份有限责任公司的方案，中国北车发起设立长客、大连、永济三个股份有限公司，对此三家企业实施股份制改造。

中国南车和中国北车成立后，中国铁路机车车辆工业总公司依法注销。2001 年 1 月，中国南车和中国北车正式运行，南、北车领导班子和领导人员由中央企业工委管理，资产管理及有关的财务关系由财政部负责。

2002 年 7 月 18 日，在国家工商行政管理总局完成登记注册后，中国南车、中国北车在北京举行揭牌仪式。2003 年，中国南车提出了设立株洲电机公司的方案和重组株洲电机厂方案，并完成了株洲所对株洲电机厂的重组工作。中国南、北车还分别制定《关于主辅分离改制分流工作的指导意见》或《实施意见》，并向国资委、劳动和社会保障部、财政部上报了集团公司主辅分离、改制分流《总体方案》和《第一批改制分流企业改制方案》。2003 年 4 月，国务院国有资产监督管理委员会（简称国资委）成立后，中国南车、中国北车由国资委管理。

2004 年起，中国南车、中国北车相继完成了部分所属企业的改制、申请 H 股上市、业务整合、产品结构调整等工作。截至 2024 年底，中国南车正式启动和批复企业改制分流实施方案 144 家（包括重组注销的单位），有 88 家企业挂牌经营。按照《国务院办公厅关于第二批中央企业分离办社会职能工作有关问题的通知》（国办发［2005］4 号）文件要求，全面启动集团公司分离企业办社会职能工作，中国北车以调整和优化产权结构为重点，对具备条件的企业积极实施股份制改造，并明确所属企业主体改制基本方向。在搞好主辅分离、辅业改制的基础上，实施主体企业整体改制，原则上不再搞分立式改制。

二、中国南车、中国北车齐头并进

中国南、北车时期，两大集团公司分别制定营销战略，积极投入市场竞争。中国南车的营销战略是搞好市场策划，增加市场份额，明确多元经营思路，加快多元经营发展。通过5年时间的努力，中国南车非机车车辆产品销售收入达到总收入的三分之一，成为一个多元经营的企业集团，并成立城轨地铁部，让更多的企业进入城轨车辆领域市场。中国北车的营销战略是加强市场营销组织工作，建立完善统一的市场信息网络和销售服务网络，大力发展多元经营，尽快形成新的经济增长点和支柱产业，积极拓展国际市场。2005年，中国南车实现销售收入215.3亿元，比2000年翻了一番，“十五”期间，销售收入年均增长14.9%。中国北车实现销售收入195.02亿元，比2000年增长69%，其中海外市场项目签约和出口创汇均创历史最好水平。中国南、北车营业收入均比“十一五”翻了一番，是2000年的6倍多。

2008年10月17日，在中国南车“优化资源配置，提升核心竞争力”的总体战略指引下，由南车洛阳机车有限公司、南车襄樊机车有限公司、南车襄樊牵引电机有限公司合并重组为南车洛阳机车有限公司。整合后的南车洛阳机车有限公司按照“形成轨道交通装备维修服务、工程机械修造、配件制造三大产业布局，成为国内轨道交通装备规模最大、能力最强的维修服务企业和工程机械产品的主要供应商”的业务定位进行发展。

2010年，中国南车按照“外部融资、内部整合、并购重组、产融结合”的工作方针，实施股权管理和资本运营，开展股票融资、股权投资、资源整合、体系建设工作。年末，中国南车A+H总市值突破900亿元人民币。2011年，初步建立集团公司、股份公司、子公司三个层次的资本运营体系，形成中国南车集团投资管理公司、南车创业投资公司等若干资本运营平台。

2012年，中国南车加快产业战略布局，推进杭州、宁波、昆明、广州、江门、合肥、成都、石家庄等产业基地建设，完成了3个境内项目并购，促进新产业发展。按照“轨道交通、专有技术延伸产业和资本运营”三位一体的战略目标，积极开展股权融资与投资、股权结构调整与优化、资本市场研究等方面工作，完成股份公司增发并有效利用募集资金两次补充流动资金。

2010年，中国北车采取股权收购、协议转让、追加投资、战略合作等方式，进一步优化资源配置、调整产业结构、拓展经营领域。根据战略发展需要，中国北车出资450万美元，在香港独资设立“北车（香港）有限公司”。向天津装备公司增资37亿元用于发展大功率电力机车相关业务，向济南装备公司增资5.39亿元用于发展战略性新兴产业，以募集资金形式向2家所属企业增资3600万元用于整体信息化子项目。中国北车还分别向永济电机公司、齐齐哈尔装备公司、兰州机车公司、北车物流公司、大连公司出资成立合资公司。全年所属企业完成股权投资5.78亿元，进一步加强了资本运营管理的制度建设，推进资本运营决策科学化和规范化。

2011年，中国南车、中国北车分别制定了“十二五”发展战略。中国南车的市场营销战略是创新市场营销模式，完善营销管理体系，抢占市场制高点；创新服务模式，构建系统服务平台；加强协同作战，争取城轨地铁市场新签合同总金额占60%以上；努力拓展风电设备、电动汽车、新材料、工程机械等专有技术延伸产品市场，全力开拓海外市场，开拓新的市场领域；在重点市场建立本土化的市场开拓、售后服务团队，加大后期服务力度。中国北车的市场营销战略是从路内向路外拓展，在巩固扩大轨道交通装备优势的基础上，快速向工程装备、通用机电装备等相关领域拓展，并力争在相关领域的战略性新兴产业上有大的突破；从国内向国外拓展，加快实施国际化战略，不断推进北车国际化和国际化北车的建设步伐；从制造到创造拓展，掌握核心技术，提升系统集成能力，在整个价值链中处于主动和控制地位；从产品到服务拓展，从以产品为中心向以服务为中心拓展，努力打造成为全球领先的方案解决供应商。

第二节　把握新机遇步入快车道

2000 年与铁道部脱钩、实现政企分开之后，中车才真正摆脱了计划经济的影响，开始在市场经济的大潮中迅速成长。随着市场化投融资政策在高速公路发展领域的实施，我国高速公路取得了突飞猛进的发展成就。于是，作为交通运输重要手段的铁路在 21 世纪就提上了议事日程，《中长期铁路网规划》的出台及修订无疑给中车带来了新的发展机遇，中车也就此步入了发展的快车道。

一、《中长期铁路网规划》对中车的影响

2004 年 1 月 7 日，国务院常务会议讨论并原则通过了规划，明确了我国铁路网中长期建设目标，描绘了铁路网至 2020 年的宏伟蓝图，充分体现了党中央、国务院对铁路发展的高度重视。规划的批准和实施，标志着我国铁路新一轮大规模建设的展开。这对作为轨道交通装备提供商的中车来说，机遇与挑战并存。

（一）高速铁路发展的总体规划

为了实现保持经济持续较快增长的目标，政府提出继续保持政策的稳定性和连续性，坚持扩大内需的方针，实施积极的财政政策和稳健的货币

政策，同时牢牢把握城乡协调、东西互动、内外交流、上下结合、远近兼顾、松紧适度的原则。加快铁路网建设，既是继续实施西部大开发战略、促进区域经济协调发展的需要，也是拉动内需、带动国民经济快速健康发展的需要。

为适应全面建设小康社会的要求，当好国民经济发展的先行者，铁道部党组在认真学习党的十六大精神、深入调查研究的基础上，提出了实施铁路跨越式发展的战略，以加快解决我国铁路存在的主要矛盾，为全面建设小康社会提供可靠的运力支持，使铁路适应走新型工业化道路的要求。2003 年 6 月 28 日，铁道部召开铁路跨越式发展研讨会，系统地提出了铁路跨越式发展的总体思路、重点任务和工作措施。铁路跨越式发展，主要是指运输能力的快速扩充和技术装备水平的快速提高；同时以这两个重点为主线，推动其他各方面工作的加快发展，早日实现中国铁路的现代化。

“八五”以来，在党中央、国务院的正确领导下，我国铁路建设速度加快，路网规模扩大，能力持续提高。尤其是经过“九五”和“十五”头两年的建设，我国铁路无论是规模还是质量都有了很大改善。截至 2002 年底，全国铁路营业里程达到 7.2 万公里，位居亚洲第一位，世界第三位。其中，复线里程为 2.4 万公里，电气化里程为 1.8 万公里，提速线路里程达到 1.3 万公里。但是，从总体来看，铁路运输能力依然不足，不能适应国民经济和社会发展的需要。具体表现在：主要干线能力紧张，部分地区进出通道不畅，季节性运输紧张问题突出；京沪、京广、京哈、京九、陇海、浙赣六大铁路干线能力基本饱和，大部分区段能力利用率已达 100%；运输质量尚待提高，旅客买票难、乘车难的局面没有根本改善，货物运输速度慢，到达时间难以确定；路网规模总量与我国人口、国土面积和经济发展水平不相称，特别是西部地区路网单薄，不适应实施西部大开发战略和区域经济协调发展的需要。

改革开放以来，铁路虽然也有了很大发展，但增长速度稍显缓慢，同时在服务质量上也有一定差距，导致铁路在全社会客货运输总量中所占比重逐年下降。加快铁路网建设，提升服务水平，是铁路寻求自身发展，在与公路、民航等运输方式的竞争中立于不败之地的关键所在。

（二）《中长期铁路网规划》的特点

根据规划内容，到 2020 年，全国铁路营业里程将达到 10 万公里，较之 2002 年的 7.2 万公里增长 38.89%，将实现铁路营业里程的跨越式发展。同时，铁路将在前五次大规模提速调图的基础上进一步大提速，并兴建“四纵四横”快速客运专线，形成快速客运网络，主要繁忙干线实现客货分线，行车速度将进一步提高。高速、准高速铁路的建成投用，将实现铁路旅行速度的飞越。

改善路网分布，使东中西布局合理。截至 2002 年底，全国铁路营业里程 7.2 万公里，每万平方公里国土面积路网密度约为 75 公里。但是西部与东中部无论是在铁路里程还是路网密度都有较大差距：西部地区约 2.6 万公里，路网密度约为 38 公里 / 万平方公里；东中部地区约 4.6 万公里，路网密度约为 169 公里 / 万平方公里。《中长期铁路网规划》将进一步完善我国铁路网布局，建设西部开发性新线，扩大西部路网规模，形成西部铁路网骨架，路网规模达到 4 万公里，路网密度达到 58 公里 / 万平方公里。铁路东西部差距将进一步缩小。

“四纵四横”是 2004 年国务院审议通过的《中长期铁路网规划（2008 年调整）》中对客运专线的规划，该规划的目标是让高铁贯穿三大城市群，形成快速客运系统，客车速度目标值达到每小时 200 公里以上（宜万铁路时速 160 公里），建设快速客运专线 1.6 万公里以上。截至 2015 年“十二五”规划结束时，我国的“四纵四横”网路已经基本建成。具体来说，“四纵”为京沪高速铁路、京港高速铁路、京哈高速铁路、杭福深客运专线（东南沿海客运专线）；“四横”为徐兰客运专线（含徐连客运专线）、沪昆高速铁路、青太客运专线、沪汉蓉高速铁路。“四纵四横”客运专线内包含的线路未必一定是“客运专线”等级，部分为I级铁路，而为“客运专线”等级的线路则并非全部包括在“四纵四横”网络内。

2004年实施《中长期铁路网规划》、铁路大规模建设以来，作为建成的第一条高速客运专线，京津城际铁路贯彻科学发展观，践行“以人为本，服务运输，系统优化，强本简末，着眼发展”的铁路建设新理念。该线路最高运行时速350公里，最小行车间隔3分钟，全程运行时间30分钟以内。运输组织模式除运行时速350公里CRH3“和谐号”动车组、运行时速300公里CRH2-300“和谐号”动车组外，还有运行时速200公里CRH“和谐号”动车组。

二、科技部、铁道部行动计划对中车的影响

2008年2月26日，铁道部、科技部签署《中国高速列车自主创新联合行动计划合作协议》。该行动计划重点实现四个目标：一是突破关键技术，研制新一代时速350公里及以上高速列车，为京沪高速铁路提供强有力的装备保障。二是建立并完善具有自主知识产权、国际竞争力强的时速350公里及以上中国高速铁路技术体系，加快实现引领世界高速铁路技术发展的目标。三是发挥两部联合优势，构建中国特色的高速列车技术创新链和产学研联盟。四是打造中国高速列车产业链和产业群，带动并提升我国制造相关重大装备的能力。该行动计划的实施，体现了科技部和铁道部贯彻党中央、国务院建设创新型国家战略决策，落实《国家中长期科学和技术发展规划纲要》，坚持走中国特色铁路科技创新道路，实现高速铁路核心技术体系自主创新，支撑《中长期铁路网规划》全面实现的共识和决心。

该行动计划“旨在尽快建立和完善具有自主知识产权、时速350公里及以上、国际竞争力强的中国高速列车技术体系的支持措施”。为此提出了该行动计划的原则，第一个原则就是“坚持自主创新”，规定“在巩固发展既有引进消化吸收再创新成果的基础上，进一步加大自主创新力度，形成适合中国国情、路情的具有自主知识产权的时速350公里及以上高速列车技术体系”。其他的原则包括：“坚持支撑国家重大战略需求”“坚持产学研用相结合”“坚持动员和集成全国优势科研及产业资源”“坚持培育与形成自主知识产权体系”。从这些表述看，以自主创新原则建设京沪高铁已成为决策层的既定方针。

铁路部门认真贯彻中央关于建设创新型国家的战略决策，按照“先进、成熟、经济、适用、可靠”的技术方针，大力推进原始创新、集成创新和引进消化吸收再创新，取得了一大批技术创新成果。既有线提速技术、高原铁路建设和运营技术、重载运输技术、通信信号和列车控制技术等达到或接近世界先进水平。按照“引进先进技术、联合设计生产、打造中国品牌”的总体要求，成功引进并完全掌握了具有世界先进水平的时速200公里及以上高速动车组技术，并实现了国产化批量生产。在此基础上，通过再创新，又成功设计制造了时速300—350公里国产高速动车组，成为世界上少数几个掌握高速列车设计制造技术的国家之一。

中国高速列车自主创新联合行动计划，是科技部和铁道部为了全面贯彻落实党的十七大精神和科学发展观、深入实施建设创新型国家战略共同作出的重要决策，是科技部将铁路技术创新纳入国家科技创新总体布局给予支持的又一重大举措。

两部联合行动计划实际上代表了中央决策层对原来由铁道部主导的高铁技术发展的重大决策。该计划支持下的CRH380系列开发是中国高铁技术发展的一个转折点和里程碑，扭转了中国高铁技术发展的方向。它堵死了继续依靠引进来升级换代高速列车技术的大门，否则时速 350 公里的京沪高铁就需要继续从外国企业购买升级版的车型。这个变化使中国铁路装备工业的技术能力基础再次发挥主要作用。在此期间，中车研发试制出了新一代电机、网络控制系统“中国芯”、绝缘栅双极型晶体管“中国脑”、车体加宽 0.4 米并改造等产品。

三、中国南车、中国北车成功上市

2007 年 4 月，中国南车集团公司正式启动重组改制上市工作。中国南车股份有限公司所属单位有：长江车辆有限公司、株洲电力机车有限公司、资阳机车有限公司、戚墅堰机车有限公司、四方机车车辆股份有限公司、四方车辆有限公司、南京浦镇车辆有限公司、眉山车辆有限公司、成都机车车辆有限公司、洛阳机车有限公司、襄樊机车有限公司、北京二七车辆有限公司、石家庄车辆有限公司、株洲电力机车研究所有限公司、戚墅堰机车车辆工艺研究所有限公司、新力博交通装备投资租赁有限公司。中国南车集团公司所属单位有：南方汇通股份有限公司、湖南铁道职业技术学院、常州铁道高等职业技术学校、北京铁工经贸有限公司、株洲电力机车厂、资阳机车厂、戚墅堰机车车辆厂、南京浦镇车辆厂、株洲车辆厂、眉山车辆厂、武昌车辆厂、铜陵车辆厂、成都机车车辆厂、洛阳机车厂、襄樊机车厂、北京二七车辆厂、石家庄车辆厂、武汉江岸车辆厂、贵阳车辆厂、青岛四方车辆资产管理有限公司。同年 8 月，中国北车集团公司改制上市工作正式运行。中国北车股份有限公司所属单位有：齐齐哈尔轨道交通装备有限责任公司、哈尔滨轨道交通装备有限责任公司、长春轨道客车装备有限责任公司、长春轨道客车股份有限公司、大连机车车辆有限公司、唐山轨道交通装备有限责任公司、唐山轨道客车有限责任公司、天津机车轨道交通装备有限责任公司、北京二七轨道交通装备有限责任公司、北京南口轨道交通机械有限责任公司、大同电力机车有限责任公司、太原轨道交通装备有限责任公司、永济新时速电机电器有限责任公司、济南轨道交通装备有限责任公司、兰州金牛轨道交通装备有限责任公司、大连机车研究所有限公司、青岛四方车辆研究所有限公司。中国北车集团公司所属单位有：齐齐哈尔铁路车辆（集团）有限责任公司、哈尔滨车辆有限责任公司、牡丹江机车车辆厂、长春客车厂、沈阳机车车辆有限责任公司、大连大力轨道交通装备有限公司、唐山机车车辆厂、天津机车车辆机械厂、北京二七机车厂有限责任公司、北京南口机车车辆机械厂、太原机车车辆厂、永济电机厂、济南机车车辆厂、西安车辆厂、兰州机车厂、中车进出口有限责任公司、北京物流发展有限责任公司。

图 23：2008 年，中国南车股份有限公司在上海证券交易所、香港联交所上市

中国南车股份有限公司、中国北车股份有限公司挂牌上市后，按照股份制公司的要求和经营发展的需要，2009 年起，继续对行政管理经营机构和所属企业进行调整。中国南车股份有限公司将战略规划部更名为战略和发展部，综合管理部更名为运营管理部，审计部更名为审计和风险部，信息中心更名为信息技术部，撤销机关工作部，新设城轨事业部、新产业事业部、外事管理办公室（与总裁办公室合署办公）。所属企业将株洲电

机公司从株机公司分离出来，重组为株洲电机有限公司；成立中国（香港）有限公司、广州电力机车有限公司、南车财务有限公司、中国南车集团投资管理公司；南方汇通股份有限公司归属中国南车股份有限公司，湖南铁道职业技术学院移交湖南省人民政府管理。中国北车股份有限公司成立资本运营部、科技管理部（研究院）、质量管理部，将信息中心改为信息管理部，总部服务中心改为行政管理部；撤销工程机械事业部，成立新产品事业部、城轨车辆事业部。所属企业对唐山客车公司与唐山装备公司重组，齐齐哈尔装备公司与哈尔滨装备公司、长客股份公司与长客集团整合重组，完成对沈阳公司回购，兰州金牛轨道交通装备有限责任公司改称兰州机车有限公司。至 2012 年末，中国南车股份有限公司行政经营管理部门设有 13 个部室 6 个事业部，中国北车股份有限公司行政经营管理部门设有 16 个部室 8 个事业部。

图 24：2009 年，中国北车股份有限公司在上海证券交易所正式挂牌上市

第三节　先进技术助力高铁发展

一般来说，引进、消化、吸收、再创新是增强国家创新能力的重要手

段，是发展中国家提升自主创新能力的重要途径。2006年召开的全国科技大会提出：在引进技术基础上的消化、吸收、再创新也是创新，要把对引进技术的消化、吸收、再创新，作为增强国家创新能力的重要方面。中国高铁技术的发展演进就是这个政策的真实体现，也代表了中车对国家使命的认真践行和忠诚担当。

一、引进世界先进技术

我国轨道交通装备制造业开放式技术创新是指轨道交通装备制造业在技术创新的过程中，通过与高校、政府、科研单位等机构的全方位动态合作，将来自阿尔斯通、庞巴迪、西门子、川崎重工等企业的先进技术和管理经验和来自中介机构、用户、供应商、政府、金融机构、高校和科研机构的创新资源与中国轨道交通装备制造业内部的资源优势进行互补性补充，实现高速列车技术、重载列车技术、自动化控制技术等方面的突破，最终通过知识的杠杆作用，实现产业创新能力提升进而增强国家创新能力的过程。应该说，21世纪以来，我国始终重视在轨道交通装备制造业领域的技术创新与研发，并且也取得了诸多成就。在这背后，离不开国家重视与政策支持，也离不开相关科研院所的建设和相关企业对于技术研发的投入。

轨道交通装备制造业相关政策也如雨后春笋般陆续出台，为我国新时期铁路运输事业的发展提供了强大的政策性引导与支持。

从1999年开始，国家针对轨道交通装备制造业快速发展的状况，在不同时期制定了培育和发展政策。1999年，在《关于城市轨道交通设备国产化的实施意见》中，国家就提出了全部轨道车辆和机电设备的平均国产化率不低于70%的要求。其后，《国务院办公厅关于加强城市快速轨道交通建设管理的通知》《国家中长期科技发展规划纲要（2006—2020年）》

《关于加快振兴装备制造业的若干意见》等政策都对轨道交通装备制造技术水平提出了要求。

“十一五”以来，国家政策引导轨道交通装备制造业坚持采用“先进、成熟、经济、适用、可靠”的技术方针，立足国产化，引进先进技术，打造中国品牌。“十二五”以来，国家倡导继续发展开放式合作，提高创新能力，建立综合交通运输体系，批量进入国际市场。

1999—2012 年国家针对轨道交通装备制造业的政策

年份	政策	相关内容
1999 年	《关于城市轨道交通设备国产化的实施意见》	轨道车辆和机电设备平均国产化率要确保不低于 70%。城市轨道交通设备国产化工作重点是轨道车辆和信号系统。
2003 年	《国务院办公厅关于加强城市快速轨道交通建设管理的通知》	积极采用国产设备，不断提高城轨交通项目设备的国产化比例，对国产化率达不到 70%的项目不予审批。
2006 年	《国家中长期科学和技术发展规划纲要（2006—2020 年）》	把交通运输业列为重点发展领域，并把高速轨道交通系统、高效运输技术装备列入了优先支持事项。
2006 年	《关于加快振兴装备制造业的若干意见》	针对铁路运输装备技术引进确定了“引进先进技术、联合设计生产、打造中国品牌”的原则。通过引进消化吸收先进技术和技术创新相结合，掌握核心技术。
2006 年	《铁路“十一五”规划》	坚持采用“先进、成熟、经济、适用、可靠”的技术方针，立足国产化，引进先进技术，打造中国品牌，加强对引进技术的消化吸收和再创新，增强技术创新能力，加快推进技术装备现代化。
2008 年	《中长期铁路网规划(2008 年调整)》	到 2020 年全国铁路营业里程达到 12 万公里以上，复线率和电化率分别达到 50%和 60%以上，主要技术装备达到或接近国际先进水平。

续表

年份	政策	相关内容
2010年	《关于加快培育和发展战略性新兴产业的决定》	加快培育和发展包括高端装备制造在内的七个战略性新兴产业，力争2015年战略性新兴产业增加值占国内生产总值的比重达到8%左右，2020年达到15%左右。
2010年	《关于鼓励技术引进消化吸收再创新的指导意见》	引进技术、项目和关键技术装备的科技含量要明显提高，企业承接国际技术转移项目能力明显增强，重大装备和重点产品的消化吸收再创新工作取得突破，对于引进的技术或装备有明确的消化吸收再创新计划。
2011年	《国民经济和社会发展第十二个五年规划纲要》	按照适度超前原则，统筹各种运输方式发展，基本建成国家快速铁路网和高速公路网，初步形成网络设施配套衔接、技术装备先进适用，运输服务安全高效的综合交通运输体系。
2012年	《轨道交通装备产业——“十二五”发展规划》	2015年行业发展目标：产业年销售产值超过4，000亿元，产品满足我国轨道交通建设需要；行业研发投入占产品销售收入比重达5%以上，产品达到国际先进水平，并批量进入国际市场。

这些政策对中国轨道交通装备制造业开放式技术创新的影响体现在以下几个方面：首先，国家对轨道交通装备制造业通过政策给予经济支持，推进产业优化升级，加强了政策影响力；其次，国家政策提倡轨道交通装备制造业进行内外部合作，有利于引导形成一批集研发设计制造于一体、竞争力强的企业，充分利用开放式环境，开辟技术创新路径，提高产业国际竞争力；最后，国家政策营造激励技术创新的环境，激励轨道交通装备制造业通过提高装备制造工艺，提升开放式技术创新能力，推动企业成为技术创新的主体，为努力建设创新型国家提供了重要依据，最终促进经济平稳较快发展。

（一）高铁技术的引进消化吸收再创新

2003年11月26日，铁道部与中国南车、中国北车共同组成铁路机车车辆装备现代化领导小组。在领导小组通过的《加快铁路机车车辆装备现代化实施纲要》中提出，通过引进 200km/h 及以上动车组成套技术，满足快速客运的需求，建立中国 200km/h 及以上动车组生产体系。2004 年，国务院提出了“引进先进技术、联合设计生产、打造中国品牌”的基本方针，确立了引进技术、通过消化吸收再创新实现国产化的项目运作模式，国家发改委批复了动车组技术引进和国产化实施方案。同年，铁道部下发招标书，青岛四方—庞巴迪—鲍尔公司与瑞典庞巴迪公司、四方股份公司与日本川崎重工、长客股份公司与法国阿尔斯通公司组成的联合体参与该项目的投标工作。2005 年，唐车公司联合德国西门子公司签订 60 列时速 300 公里动车组技术引进项目合同。2006 年 7 月至 8 月，青岛四方—庞巴迪—鲍尔公司与瑞典庞巴迪公司研制的和谐号 CRH1 型动车组、四方股份公司与日本川崎重工研制的和谐号 CRH2 型动车组先后落成并投入批量生产；2007 年 3 月，长客股份公司与法国阿尔斯通公司研制的和谐号 CRH5 型动车组落成投入批量生产。3 种动车组最高时速 200—250 公里，均在 2007 年 4 月 18 日全国铁路第六次大提速投入运营。青岛四方—庞巴迪公司研制了 CRH1B 型 16 节车大编组座车动车组和 CRH1E 型 16 节车大编组卧铺动车组。按照与铁道部签订的合同要求，各制造企业在生产和谐号动车组过程中，消化吸收先进技术，逐步实现国产化，同时进行自主创新，打造中国品牌。

2007 年 3 月 30 日，首列国产化 200km/h 动车组（CRH5）在长客股份公司下线，被命名为“和谐号”的这列国产化动车组是当时国内最先进的高速动车组，作为 4 月 18 日开始施行的中国铁路第六次大提速的主力车型投入运营。“和谐号”的下线，标志着我国高速动车组的国产化取得了重要突破，也是实现我国铁路装备制造业现代化、跻身国际一流水平目标的一个重要里程碑。CRH5 型动车组是由长客股份公司和法国阿尔斯通公司合作，倾力打造的中国 200km/h 动车组品牌。该动车组为全新设计的动力分散型电动车组，该车从车体、转向架等主要部件到整车的组装制造都是由长客股份公司自行完成的，后续车辆的国产化率最高将达到 70%，最高运营速度 200km/h，最高试验速度 250km/h，设计寿命可达 30 年。

2008 年 4 月 11 日，国产化首列时速 350 公里 CRH3 动车组在唐车公司下线。时任中央政治局常委、国务院总理温家宝在批示中指出：具有完全自主知识产权和世界先进技术的国产 350 公里动车组下线，标志着我国铁路技术装备水平取得重大突破。2008 年 6 月 24 日，唐车公司制造的首列国产时速 350 公里 CRH3 动车组在京津城际铁路的运行试验中最高时速达 394.3 公里。2008 年 6 月，四方股份公司研制了 CRH2B 型时速 200—250 公里 16 辆车长大编组的动车组，采用轻量化铝合金车体、高速转向

图 25：2008 年 4 月 11 日，我国首列国产时速 350 公里 CRH3 型“和谐号”高速动车组在唐车公司下线

架、高速受电弓、集成一体化的光纤网络控制系统以及交流传动等先进技术，全列车定员为1230人，在北京至青岛间运行。同年7月，浦镇公司、戚墅堰公司联合研制了“和谐号”内燃动车组，北京奥运会期间在北京至延庆区间运行。12月，四方股份公司研制的CRH2E型长大编组卧铺动车组在京沪、京杭间投入运营。2009年12月9日，唐车公司生产的CRH3动车组在武广铁路客运专线成功完成两列重联1068.6公里长距离高速试运行，创造了时速394.2公里的世界铁路重联运营最高时速。2009年12月，四方公司研制的CRH2C型（CRH2-300型）时速350公里动车组在武汉至广州客运专线投入运营。

在铁道部统一组织和指导下，2010年8月，四方股份公司研制出CRH380A型高速动车组，设计时速380公里；同年9月，唐车公司研制出CRH380BL型高速动车组，设计时速380公里。2010年12月3日，CRH380A型动车组在京沪高铁试运时创下486.1公里的最高时速。2011年1月9日，CRH380BL型高速动车组在徐州东站至蚌埠南站之间的京沪高铁先导段试运时最高时速达487.3公里。1月13日，该动车组上线运营并投入春运，运营时速350公里。同年4月，唐车公司自主创新研制的高速综合检测列车出厂，最高检测时速达到400公里，实现了中国铁路装备重大技术创新，被誉为“中国高铁保护神”。2011年6月30日，由长客股份公司研制的CRH380BL动车组作为京沪线开通的首发G1次列车正式投入运营。还是在2011年，长客股份公司与唐车公司联合研制生产了CRH380CL型长编组高速动车组。同年12月23日，四方股份公司研制生产的更高速度试验列车投入运营。2012年，按照产学研用相结合的创新模式，由四方股份公司技术总负责，联合科研院所和浦镇公司、株洲所、株洲电机公司、戚墅堰所，研制生产出首列CRH6型动车组；2013年，研制生产出首列CRH6F型城际动车组。至2013年，中国铁路机车车辆工业企业累计制造出 1308 组 10464 辆“和谐号”动车组并投入运营。2014 年 1 月，四方股份公司 CRH380AM 高速综合检测动车组在实验室滚动试验台上创造 605km/h 的国内实验室最高速度。

图 26：由四方股份公司研制的 CRH380A 型高速动车组在京沪高铁运行

二、高原、高寒车辆驰骋祖国大地

我国幅员辽阔，气候复杂多样，地势高低不同，地形类型多样，从高温多雨的海南到冰天雪地的东北，从河网密布的东部沿海到风沙漫卷的西部戈壁，能够制造出适合各种气候和环境的机车车辆就成了中车人的使命和担当。如今，能够适应不同气候环境、不同地质条件的中车产品驰骋在祖国大地上，这就是中车交出的优异答卷。

（一）中车产品服务青藏线

青藏线，是一条连接青海省西宁市至西藏自治区拉萨市的国铁Ⅰ级铁路，是中国21世纪四大工程之一，是通往西藏腹地的第一条铁路，也是世界上海拔最高、线路最长的高原铁路。

2002年4月23日至24日，铁道部科技司在北京召开青藏线机车技术方案审查会。5月8日，戚墅堰厂与铁道部科技司签订了青藏线高原内燃机车的研制及线路试验科技合同。11月15日，首台青藏机车“雪域神舟号”竣工出厂，12月7日，2台内燃机车出厂，到青藏线西宁至格尔木段进行运用考核。青藏铁路通车后，这两台东风8B型内燃机车在青藏铁路公司投入运营，全部担当格尔木至拉萨间货运列车牵引任务。

图27：戚墅堰公司研制的“雪域神舟”号机车运行在青藏铁路

2005年，四方股份公司获得青藏铁路高原客车订单。在世界上没有任何经验可资借鉴的情况下，四方股份公司依托原始创新成功攻克了多项世界性技术难题。2005年6月，四方股份公司组织近百名科研人员跟随研制出的青藏高原试验列车，进入青藏铁路进行设计前的验证试验。经过全体设计人员的艰苦努力，通过大量的技术与结构创新，青藏高原铁路客车设计实现了制氧系统的世界首创，实现了污水污物的零排放，防雷、防风、防紫外线等安全性能均达到设计要求，企业的技术创新与产品设计水平再次迈上新的台阶。

2005 年，四方所承担了青藏列车全套电气技术设备与供氧方案的研制任务。为战胜高海拔、大温差和强风沙等困难，经科技攻关，提出了弥散式、集中式两种供氧方式，以及列车电气系统整体方案，解决了世界最高海拔地区电气和供氧的世界性难题，于 2008 年获国家科学技术进步奖特等奖。数据显示，2012 年青藏铁路完成旅客发送 683 万人次，同比增运 21.6 万人次；完成货物发送 4022 万吨，同比增长 222 万吨。客货运输量实现新的突破。管内近 50%的线路实现了由单线向双线电气化转变、由内燃机车向电力机车转变、由普速向提速转变的目标。

（二）高寒动车组投入运营

2012 年 12 月 1 日，长客股份公司为世界首条 350km/h 高寒高铁——哈尔滨至大连客运专线研制的 CRH380BG 型高寒动车组正式投入运营。哈大高铁沿线冬季温度达零下 40 度，地区温差 20 度以上。如何让高速列车在大雪、高寒工况下安全可靠运营是世界性难题。例如 2009 年 12 月，由于温差原因，“欧洲之星”列车在英吉利海峡隧道内产生大量冷凝水，导致电气元件短路，最终全线停运 3 天。2009 年 9 月，长客股份公司承担了研制 300km/h 速度等级高寒动车组研发任务，突破了高寒高速动车组转向架和设备舱防冰雪技术难题，解决了车体抗冻、防寒及降噪等瓶颈，研发了高寒动车组网络控制系统，保证高速列车在零下 40 度环境下安全舒适运行。该车是当时世界上在零下 40 度高寒地区运营速度最高的动车组，它的成功研制填补了世界 300km/h 以上速度等级高寒动车组的空白。

图 28：长客股份公司研制的 CRH380BG 型高寒动车组

三、产业园区和基地建设

进入 21 世纪以后，随着经营规模的扩大以及经营范围的拓展，中车先后建立了一系列的产业园区和产业化基地，很好地支撑了中车的发展潜力。

戚墅堰所三大产业化基地。2006 年，戚墅堰所常州市新北区高速铁路关键零部件产业化生产基地一期项目正式开工；2008 年 4 月 23 日，戚墅堰所武进高新区产业化基地建设项目全面启动；4 月 28 日，常州高新区产业化基地二期工程开工。武进高新区基地规划用地 7.4 万平方米，常州高新区产业化基地二期工程总建筑面积 3 万平方米。截至 2009 年，累计完成投资 10.6 亿元，新增科研生产厂房 27.3 万平方米。2010 年，戚墅堰区产业化基地一期工程竣工，新增建筑面积 17 万平方米，实现整体搬迁并投产。截至2012年，戚墅堰所三大产业化基地全面建成。

浦镇城轨车辆生产基地。2006年，浦镇厂为调整产业结构、提升城轨车辆制造能力，联合新加坡麦达斯控股有限公司、新力博交通装备投资发展有限公司、南京高新技术经济开发总公司、南京市浦口国有资产投资经营有限公司，共同投资40763万元，在南京高新技术开发区泰山园新建城轨车辆生产基地。同年9月19日，举行南京浦镇城轨车辆有限责任公司城轨车辆基地建设工程开工仪式。10月18日，南京浦镇城轨车辆有限责任公司正式注册成立。2007年，完成投资1.9亿元，其中一期工程项目完成1.5亿元，不锈钢生产线项目完成0.4亿元。2008年10月18日，浦镇公司举行建厂100周年庆典纪念大会暨城轨制造基地落成剪彩仪式。

齐车公司大连研发组装基地。2006年末，齐车公司开始筹备在大连旅顺经济开发区实施铁路货车研发中心和组装基地建设。该项目占地面积15.32万平方米，投资总额为2.43亿元，包括研发中心、组装基地以及与大连机车车辆公司实施铁路货车业务资产重组三部分内容。截至2007年末，管理方案设计和组织机构方案已经完成，组装基地人员配置基本齐备，进行产品试制和批量生产前的准备。2008年3月10日，大连齐车轨道交通装备有限责任公司注册成立。3月28日，大连基地项目一期工程历经11个月的建设正式投产，首批生产任务为制造50辆出口坦赞铁路高边敞车。全年新造货车1317辆，超计划317辆，各交验工序一次交验率指标均为92%以上。

长客高速动车组制造基地。2007年8月20日，中国北车与长春市人民政府签署战略合作备忘录，提出依托长客股份公司打造长春轨道交通装备制造产业。11月15日，长春轨道交通装备制造产业园揭牌暨高速列车工程试验中心奠基仪式隆重举行。12月18日，长客股份公司与长春市绿园区人民政府正式签署建设“高速列车工程试验中心”的协议。2008年初，长客股份公司着手实施开辟更大规模的用于高速动车组制造基地的建设项目。2010 年 5 月 27 日，长客股份公司举行高速车制造基地一期工程竣工暨首辆新一代高速列车“和谐号”380 下线仪式，标志着该公司高速动车组研发制造和试验检测基地正式落成。高速动车组制造基地一期工程达到年产 576 辆（月产 3 列、年产 36 列 16 辆编组）高速动车组的能力，产值达 100 亿元以上。

四方股份产业化制造基地。2009 年，四方股份公司按照“总体规划，分步实施，把握节奏，效益最大”的原则，实施产业化制造基地整体规划和建设。新厂区占地面积 800 亩，主要用于城轨地铁产品制造、高速动车组检修、高档客车制造及碳钢车体产品制造、机械加工业务。形成年产高速动车组 150—200 列、城轨地铁 600 辆、高速客车 300 辆，高速动车组不锈钢车体 480 辆的能力，同时兼顾动车组检修 120 列。2011 年，完成 09—11 技改扩能项目。高速动车组生产能力由 150 列 / 年扩大到 180 列 / 年，并且具备年检修动车组 150 列的生产能力，城轨地铁生产能力由 650 辆 / 年扩大到 800 辆 / 年。

戚墅堰公司内燃机车产业化基地。2009 年中国南车下达该项目可研批复并开工实施，于 2010 年全部建设完成。项目完成总建筑面积 74802 平方米，新增及改造工艺设备 197 台（套），完成项目总投资近 29945.79 万元。该项目全面提升了戚墅堰公司内燃机车的生产制造能力和装备技术水平。项目建成后，公司形成了年新造内燃机车 200 台、修理机车 400 台的生产能力。

太原铁路装备工业园。2009 年 10 月 27 日，太原装备公司与太原市人民政府签署《太原轨道交通装备公司退城搬迁入园建厂协议书》。10 月 28 日，搬迁入园建厂工程在新厂区举行奠基仪式，工程正式开工。12 月 15 日，太原市政府组织完成新厂区两批次共计 648 亩土地的摘牌。新厂区建设总体项目包括太原铁路货车造修基地和韶山系列与新型和谐系列大功率电力机车检修基地及铁路工程机械作业车制造基地。2011年，可行性研究分析报告得到批复，一期建设用地1697亩。

济南风电产业园。2009年1月10日，中国北车与济南市人民政府签署战略合作框架协议，在济南建立风电装备制造基地，规划建设用地1815亩。按照协议，投资30亿元，用3—5年时间，形成年产500套1.5—5兆瓦风力发电机组、1000套桨叶的生产能力。2009年9月4日，风电产业园奠基，2010年4月16日，首台1.5兆瓦风机下线。

石家庄产业园。2010年，石家庄公司结合公司搬迁建设和战略发展要求，完成新厂区总体布局规划设计。2011年，石家庄公司与石家庄市人民政府、河北省人民政府签署战略合作框架协议，公司整体搬迁暨中国石家庄产业园项目被列入河北省重点项目。6月21日，中国石家庄产业园开工奠基仪式在石家庄装备制造基地举行。7月17日，石家庄公司与石家庄市装备制造基地（栾城）签订《中国石家庄车辆有限公司入驻石家庄市装备制造基地栾城县协议书》。2012年，石家庄公司全面启动新厂区货车板块工程建设。

北京轨道交通产业园。2011年，中国北车与北京市人民政府签署《战略合作框架协议》，在北京市房山区建立中国北京轨道交通产业园。产业园总规划占地面积约3353亩，其中一期工程项目用地1888亩。一期工程项目设计规模为年生产高端轨道客车300辆、中低速磁悬浮车300辆、大型养路机械150标准节、大功率交流传动机车200台的综合能力。产业园项目建成后，具备年新造轨道客车300辆、中低速磁悬浮车300辆、城际列车300辆、大型养路机械300标准节、大功率交流传动机车250台、高端轨道交通装备及风电传动装备3000套的综合生产能力和新材料、新能源汽车部件制造加工能力，产业园项目总投资约65亿元。

贵阳新产业基地。2011 年 12 月 17 日，中国南车贵阳新产业基地在贵阳国家高新技术产业开发区沙子哨生态工业园奠基。2013 年，完成贵州汇通申发钢结构有限公司久长基地一期工程建设，并于 6 月完成搬迁投入生产。共建成标准化厂房 11 栋，建筑面积 65000 平方米，存料棚 4000 平方米，库房等辅助设施 3000 平方米，露天料场、道路等 30000 平方米。

洛阳和谐型电力机车检修基地。2012 年，洛阳公司启动实施和谐型电力机车检修基地建设项目。按照“紧盯市场动态，把握投资节奏”的谨慎性原则，自 2012 年起，洛阳公司分四个阶段推进项目建设，结合和谐型电力机车检修修程调整变化等原因，2019 年，洛阳公司对项目初步设计进行调整，上报《关于调整洛阳公司和谐型电力机车检修基地建设项目初步设计的请示》（株机规划〔2019〕150 号），并于 2020 年 1 月获得批复。基地的建成将形成和谐型电力机车 C6 修批量检修能力。

兰州产业园。2012 年 12 月 10 日，兰州机车公司与甘肃省人民政府签署《战略合作协议》。在甘肃建设兰州产业园打造城轨车辆组装制造、维护保养和搭建西北地区最大的机车、客车、轨道货车生产平台，开展有轨电车研制等新兴业务。产业园利用兰州市出城入园政策，对现厂区工业遗存建筑进行高品位改造开发，打造兰州文化创意产业园。产业园先后与中车集团所属多个子企业及西班牙巴亚得力公司达成初步合作意向，拓展地铁车辆、货车、有轨电车、小风电等业务。

在全力发展产业园区、产业基地建设的同时，产业整合与升级也在有条不紊地推进。

2005 年 11 月 9 日，国务院审议通过《促进产业结构调整暂行规定》。为顺应国家产业发展政策和产业结构调整的需要，适应中国铁路跨越式发展的战略需要，优化资源配置，提高货车企业的国际竞争力，中国南车实施了中南、华东五厂货车行业整合。2005 年底，货车产业整合筹备工作组正式成立，货车产业整合工作全面启动。

2006 年 2 月 10 日，铁道部与中国南车发布《关于南车集团货车制造企业整合问题的意见》。2006 年 8 月 16 日，中国南车分别与武汉市人民政府、武汉市土地整理储备中心、武汉市江夏区人民政府就武汉货车公司项目建设举行签约仪式，标志着我国最大铁路货车制造整合项目在湖北省武汉市正式启动。2006 年 8 月 30 日至 9 月 1 日，中国南车召开中南、华东地区货车产业整合工作会议，宣布重组成立中国南车集团长江车辆有限公司，公布了相关的人事任免，长江车辆有限公司正式组建和运作。根据《关于重组成立中国南车集团武汉车辆有限公司的决定》，中国南车决定成立武汉车辆有限公司（暂定名，后工商注册为“长江车辆有限公司”），对戚墅堰机车车辆厂货车修造业务和株洲车辆厂、武汉江岸车辆厂、武昌车辆厂、铜陵车辆厂进行整合，以整车生产集约化、重要配件专业化、一般配件市场化、后勤辅助社会化为原则，尽可能利用现有资源，兼顾人员安置，以公司整体效益最大化为目标，实行集中研发、统一营销、统一采购、统一核算，把长江公司建设成为“一流的货车研发基地、一流的货车生产基地、一流的产品出口基地”。10 月，长江公司以《公司总部及研发中心建设项目》《武昌车辆厂铁道车辆新造建设项目》《武汉江岸车辆厂铁道车辆修理建设项目》3 个项目在湖北省发改委立项备案。11 月，中国南车下发《关于对中国南车集团长江车辆有限公司产业整合总体规划的批复》。12 月，公司以江岸厂和武昌厂搬迁改造为契机，以江岸、武昌两厂现址土地腾退补偿资金，投资 18.3 亿元在武汉市江夏区购地 1500 余亩新建长江公司武汉生产基地。

2007 年 11 月 12 日，长江车辆有限公司正式运营。公司按照建设“三个一流”的战略目标和整合规划，完成了中南、华东五厂货车产业整合。通过产业整合和结构调整，建立了性能先进、配套齐全的工艺装备体系，形成了规模化生产和专业化协作的格局。在产品技术研发方面，公司所拥有的产品设计型号数量达到66个，制造许可证数量达到135个，维修产品许可证数量达到19类，均居国内第一。自主研发的重载货车、转向架、货车脱轨自动制动装置等技术均处于国内前列，产品的先进性和广泛性为公司参与市场竞争提供了核心支撑。工艺制造能力方面，建成后的武汉基地初步具备货车新造6500辆/年、货车修理6000辆/年以及出口配件40000吨/年的生产能力，基本实现了长江公司整合建设的预期目标。整合后的长江公司采取总分型的公司制结构和集中管控型的模式，为开展集约化经营，实行销售、采购、物流、资金和人力资源的集中管控提供了保证，也为公司推广先进的管理方法，实现运营效率的提高和经济效益的最大化提供了条件。

四方所在21世纪加快了产业建设的升级，2004年建立第一个生产基地；2006年开建产业园一期，2011年产业园一、二期全面建成投入使用。四方所（中车制动）总部拥有具有国内先进技术的减振空气弹簧制造平台、钩缓装置数字化制造平台以及国内先进水平的电子制造平台。在青岛、重庆、天津、济南、成都、海西、南京、株洲、常州等地拥有20余家全资、控股、参股企业，建有20余万平方米生产厂房，具备完备的生产制造体系，拥有包括国家级智能制造示范项目、省级示范智能车间在内的多条智能化生产线。

第四节　全面进入城轨车辆领域

步入21世纪，中车公司与铁道部脱钩分立为中国南车、中国北车两大集团，完全参与市场经济竞争。随着国内城市轨道交通产业的快速发展，更多的机车车辆工业企业进入城轨车辆领域参与竞争，形成了地铁车辆生产百花齐放的局面。

一、城轨地铁全面开花

在城市轨道交通装备的发展长河中，中车长春轨道客车股份有限公司（以下简称“长客股份公司”）始终在提高地铁产品的设计制造水平，通过自主创新和技术引进，不断推动“中国创造”与“长客品牌”的升级。1999年，原国家计委出台了《关于城市轨道交通设备国产化的实施意见》，确定长客股份公司为地铁国产化依托企业，长客股份公司就此驶上了城市轨道交通设备发展的快车道。首列全铝合金城轨客车诞生，填补了国内铝合金城轨车辆研制的空白；首列不锈钢城轨客车的诞生，标志着我国城轨客车实现了由碳钢车体向不锈钢车体的成功跨越；首列跨座式单轨车的诞生，标志着我国成为世界上继日本之后少数几个拥有此种大型车辆制造技术的国家；为北京地铁5号线生产的首列不锈钢免涂装地铁车，是我国第一个批量设计、生产的轻量化不锈钢免涂装地铁客车项目，标志着我国的不锈钢车体制造技术达到了世界一流水平；北京国际机场线直线电机车辆的运营，首次实现了国内城轨车辆全自动无人驾驶运营；首列A型铝合金地铁客车的诞生，填补了国产化高端城轨车研制的空白……这一系列的纪录，使中车完成了我国地铁车辆制造技术的跨越，既是从原始低档车辆向现代高档车辆的跨越，也是整车技术和关键技术的双重跨越。从原始的北京地铁到先进的磁悬浮客车，中车用40年时间走过了发达国家100余年的研制和开发历程。很多国外专家将其视为一个奇迹。

2001年，长客股份公司签订广州地铁2号线156辆车辆、深圳地铁1号线114辆车辆合同，这是中国实行地铁国产化政策后国内的首批城市轨道车辆项目。同年6月，中国南车成立城轨地铁部，8月召开集团公司城轨地铁工作会议，要求株机厂、四方厂、浦镇厂、株洲所、戚墅堰所根据市场需求和自身特点，尽快做好本单位城轨地铁工作的发展规划，形成设计、研发、试验、生产的综合能力，使集团公司尽快形成400辆地铁车辆总成和500台套电气传动装备的制造能力。年底，株机厂中标上海明珠线二期168辆车辆项目，浦镇厂中标南京地铁120辆车辆项目，株洲所中标香港地铁496台辅助变流器项目，中国地铁城轨市场初步形成新的生产格局。

2002年7月15日，大连厂研制出首列城市快速轨道交通车辆。同年起，长客股份公司先后签订武汉轨道交通1号线、北京地铁5号线、上海地铁1号线增购、广州地铁1号和2号线增购、天津地铁1号线等项目604辆车辆合同。株机厂与德国西门子公司合作，签订上海地铁明珠线2期168辆车、广州地铁3号线120辆车辆合同。四方股份公司签订北京地铁八通线96辆车辆、广州地铁4号和5号线10列直线电线车辆合同。浦镇厂与法国阿尔斯通公司合作，分4个阶段实施上海地铁明珠线168辆车辆项目后，签订上海地铁1号线续购128辆车辆合同。各项合同陆续实施。

2003年1月15日，长客股份公司为北京13号线研制的首列城铁电动客车下线。考虑到北京对环保及噪声的要求，该车增加了消音装置，噪音将降低7—8分贝，这是中国首次在城铁中增加该装置。7月14日，长客股份公司为天津滨海公司研制的首列不锈钢城轨客车下线。11月18日，长客股份公司为武汉研制的首列全铝合金城市轨道车辆投入运营，这是中国研制的首列B型全铝合金城轨客车，该车首次配备了无人驾驶系统，地面控制中心能够指挥客车在无人驾驶的情况下正常行驶。

2004年11月18日，长客股份公司为重庆市轨道交通总公司生产的首列国产跨座式单轨车下线，该车是长客股份公司作为总承包商与日本日立公司联合开发的。同年12月18日，株机厂为上海轨道交通明珠线2期工程生产的首列车下线。该项目共28组168辆车辆，其中4组由西门子公司奥地利维也纳工厂制造，其余24组由株机厂独立生产完成。该车为世界上先进的A型宽体地铁车辆，最高运行时速80公里。

2003年2月18日，四方股份公司与北京地铁总公司签订96辆北京八通线城轨车辆供货合同，并实现当年签订合同、当年首批车辆竣工下线并投入运营的奇迹。

2004年8月，四方股份公司与广州地铁总公司签订了为广州地铁4号、5号线提供75列300辆直线电机地铁车辆的项目合同，4号线一期工程配属30列120辆，5号线一期工程配属45列180辆，列车为4辆编组，全动车配置，使我国成为世界上继加拿大、日本之后第三个掌握此项技术的国家。2005年11月27日，我国首列直线电机地铁车辆在四方股份公司竣工下线，掀开了我国地铁车辆技术崭新的一页，标志着我国地铁车辆的研制水平达到了国际先进水平。2005年至2006年，株机公司签订了上海地铁1号线72辆车；四方股份公司签订了北京地铁1号、4号线336辆车；浦镇厂签订了上海地铁2号线首批96辆车供货合同；长客股份公司签订北京地铁10号线、北京城轨、北京机场线、北京地铁2号线、深圳地铁1号线等项目1185辆车；大连公司签订沈阳地铁1号线36辆车供货合同。2005年，株机公司联合德国西门子公司，按照欧洲及相关国际标准为广州地铁3号线生产的首列车辆投入运营。该车结构时速135公里，最大运行时速120公里，是中国当时设计时速最快的地铁列车。2006年，长客股份公司开始批量生产70%低地板轻轨车。该车用于长春轻轨二期工程，采用2动1拖3辆编组。

2007年起，随着国内城市轨道交通的快速发展，对地铁和城轨车辆的需求也大幅增加。株机公司连续获得深圳地铁1号线续建、广州地铁2号和8号线、上海地铁11号线3个项目684辆车合同，研制出国内首节具有自主知识产权的全焊接鼓形铝合金地铁车辆车体；四方股份公司签订北京地铁八通线增购84辆车、成都地铁1号线17组102辆车、沈阳地铁2号线138辆车共324辆车合同，地铁城轨合同总数已达1038辆；浦镇厂完成100%低地板动、拖车转向架技术设计，签订上海地铁10号线41列246辆车、南京地铁2号线24列144辆车合同；株洲所城轨车辆牵引系统研发取得重大突破，实现了国产化，并成功中标，得到市场认可。中国南车全年签订1584辆地铁城轨车辆合同，合同总金额120.33亿元，合同签约占当年国内市场63.09%。同年，长客股份公司签订北京2号、5号、10号、13号线，天津滨海线、重庆单轨线，深圳2号、3号线地铁城轨车辆合同，同时签订出口泰国地铁车辆合同。同年9月7日，长客股份公司为北京机场线生产的首列直线电机自动无人驾驶城轨客车投入运营，该车为全程自动控制无人驾驶。2008年7月3日，长客股份公司与唐车公司联合为北京奥运会地铁13号线生产的新型地铁列车下线。10月17日，长客股份公司为中国东北地区首个地铁交通工程沈阳地铁1号线生产的地铁客车投入运营。

2008年，中国南车组织所属企业参加8个城市的城轨车辆项目投标，中国北车组织所属企业参加10个城市的城轨车辆项目投标。中国南车中标956辆，中国北车中标1104辆。同年，株机公司研制出首列具有自主知识产权的A型地铁车辆。

2009年，中国南车签订1438辆城轨地铁车辆合同，其中株机公司获2个项目198辆车、四方股份公司获4个项目696辆车、浦镇公司获5个项目544辆车订单。中国南车首次签订向印度孟买出口地铁车辆合同，长客股份公司签订11个项目1506辆地铁城轨车辆合同。

2010年，国内12个城市对城轨车辆进行招标，共18个整车招、议标项目，包括14个整车标项目和4个议标项目，车辆总数2798辆，合同总金额188.73亿元。中国南车先后获得9个整车招标项目和2个整车议标项目共计1636辆车，占58.5%，其中株机公司获得9个项目1248辆车，四方股份公司获2个项目388辆车。长客股份公司签订8个项目896辆车合同，大连公司签订西安地铁1号线一期项目150辆B型不锈钢车辆合同，唐车公司获得国家发改委准予的地铁、城轨车投标、研发、生产资质。2010年12月6日，长客股份公司举行第1000辆城铁车暨港铁项目首列车下线仪式，成为中国第一个城铁车年产超过1000辆的企业，在为北京地铁15号线生产的城铁车辆中，首次采用国产化网络控制系统。

2011年，中国南车所属企业获得国内城铁车9个项目1333辆车订单，中国北车所属企业获得9个项目1290辆车订单。株机公司研制出国内首台商用新型绿色交通中低速磁悬浮列车“追风号”。该车采用直线电机驱动，最高运行时速100公里，每列车最大载客量约600人。城轨产业发展也带动了相关配套产业的发展，株洲所的牵引系统、制动系统，南京海泰公司、戚墅堰所的机械传动系统，石家庄国祥公司的空调系统，株洲电机公司的电机，四方股份公司的不锈钢零部件等都是城轨产业的延伸。城轨产业还带动了地方相关产业的兴起，株机公司广州城轨基地首列城轨车辆落成，杭州南车城市轨道交通车辆有限公司成立，宁波城轨基地奠基。长客股份公司签订了向哈尔滨市轨道交通1号线一、二期工程提供地铁车辆合同。该车首次采用6辆车为一个单元的独立通讯系统结构，网络控制系统集列车监视、诊断和控制功能于一体，可在零下38℃低温条件下持续运行。11月8日，重庆长客轨道公司制造的首列地铁车成功下线。

2012年，中国南车国内城铁签订了12个整车项目1165辆车的合同；中国北车签订6个整车项目860辆车合同。株机公司研制出首列储能式电力牵引车辆原型车，该项目是全球首创无接触网运行的“绿色环保”“环境友好”型交通模式，填补了国内外超级电容储能在轨道交通领域应用的空白。长客股份公司城轨地铁车辆年产量达到1468辆。中国北车（泉州）

轨道装备有限责任公司生产的首列地铁列车落成，年内已具备年产 300 辆城轨地铁车辆的能力。重庆长客公司研制生产的 6 辆车编组的单轨地铁车辆投入运行。

二、产品服务走向世界

作为我国城市轨道交通装备龙头企业，中车大力开拓轨道交通装备制造领域的海外市场，历经代理出口、自营出口、跨国经营三个阶段，产品已经出口至世界多个国家和地区。

2001 年 5 月 12 日，时任国务院总理朱镕基出访巴基斯坦期间签订了一系列经济技术协定，其中有长客股份公司 175 辆地铁车辆招标合作协议，合同金额为 1.03 亿美元。2002 年 8 月 13 日满载着中巴人民友谊的新型铁路客车在巴正式投入运营。典礼结束后，被命名为“喀喇昆仑快车”的客车，在拉合尔至卡拉齐两大城市间一千多千米的铁路线上运营。

2007 年，长客股份公司与泰国曼谷轨道交通有限公司签订 48 辆地铁车辆采购合同。2010 年 12 月 5 日，在泰国全民同庆泰国国王普密蓬·阿杜德 83 岁生日之际，由长客股份公司制造的曼谷西陇（BTSSilom）线项目首列地铁车正式载客运营。车辆以其安全可靠的性能、世界一流的科技含量和优美的外观赢得了泰国各界人士的高度评价和赞赏，为双方深入合作奠定了坚实的基础。2011 年 10 月，双方又签订了 20 辆增购车的采购合同。在互信、互利的合作框架下，双方友谊和合作不断深化。2007 年以来，长客股份公司已累计为泰国提供 164 辆城市轨道车辆和 115 辆铁路客车，因车辆运营稳定、舒适，在泰国市民中享有良好的声誉。

2008 年，长客股份公司派遣商务团队来到了“桑巴王国”巴西，对巴西里约热内卢（以下简称“里约”）的市场进行跟踪和调研。同年 11 月，长客股份公司收到巴西里约城际电动车组的招标文件，同时参与投标的还有法国阿尔斯通、西班牙 CAF、韩国 ROTEM 等行业著名的国际公司。经过激烈的竞争，长客股份公司以第一名的成绩胜出，获得了 120 列城际电动车组的项目采购合同，这是中国制造的轨道客车首次出口南美地区。2012 年 3 月 20 日，首列电动车组在里约正式上线运营，巴西民众用热情的桑巴舞欢迎来自东方的“中国龙”。巴西世界杯期间，长客股份公司为巴西里约提供的电动车组和地铁列车共计发车 1484 列次、总运营里程约 652075 千米，累计发送乘客 1100 万人次，以稳定的性能、舒适的体验赢得世界各国游客、球迷的赞誉。奥运会结束后，巴西里约地铁项目经理亲笔写下了一封感谢信，盛赞中国制造的地铁列车具有优秀的牵引和制动，以及人性化的内装设施，满足了奥运会的运营需求。此外他在感谢信中还特别提到了由长客股份公司提供的售后保障团队，“现场保障团队包括设计、工艺、质量、生产、售后服务和其他专业人士，他们在奥运会期间表现出了高度职业化以及严谨的工作态度。奥运会不仅表现出里约人的热情和包容，也展现了中国制造业的力量。考虑到全世界的奥运粉丝已经表达了他们的认可，4 号线可以被认为是一条国际运输线！”

2009 年 4 月 3 日，长客股份公司与中国铁道建设（香港）有限公司在香港签订了沙特麦加朝觐线地铁车辆供货合同，项目包括 17 组共 204 辆 A 型高档地铁车，于 2010 年 11 月朝觐月期间在伊斯兰教第一圣地——麦加投入使用。时任国家主席胡锦涛在应沙特国王阿卜杜拉之邀访问沙特期间，出席并见证了中铁建与沙特城乡事务部就此项目总承包合同的签字仪式，这是自 2008 年 6 月中沙两国政府签署《关于加强基础设施建设领域合作协定》之后两国政府间的首个合作项目，具有重大的政治与经济意义。沙特麦加地铁服务于每年伊历十二月份的朝觐活动，届时 300 多万名来自世界各地的穆斯林赶赴麦加进行朝觐。早些年，沙特每年朝觐中都会发生踩踏伤人事故，为此，长客股份公司为沙特量身定制了朝觐专列——

“沙漠绿洲”。麦加地铁也登上沙特的国家邮票，成为中国制造投向伊斯兰世界的一张闪亮名片。

2006 年 12 月 3 日，长客股份公司获得澳大利亚不锈钢双层客车项目车辆分包合同，签约车辆 626 辆，这标志着我国的机车车辆首次进入发达国家。与国际企业合作，通过联合设计、提供技术、产品服务等方式进入市场，是长客股份公司出口模式的创新尝试。与澳大利亚 EDI 公司合作，联合设计不锈钢双层动车组，并提供产品制造服务，为中车创造了进入发达国家市场的难得机会。

2001 年加入世贸组织后，中国以更加开放的姿态走向世界，株机公司乘着加快开放的东风，与世界融合。2009 年，与新加坡在双源制地铁工程车方面展开合作，揭开了与东盟国家合作的序幕。

2009 年，株机公司与土耳其伊兹密尔市政府签订 10 列轻轨合同；2012 年，再签订土耳其安卡拉不锈钢地铁合同，获 108 列地铁车辆订单。这是中国高端轻轨、地铁产品首次出口欧洲。2010 年，株机公司获得印度古尔冈 5 列地铁项目合同。2011 年株机公司签订埃塞俄比亚机车动车组组装厂建厂项目后，与埃塞俄比亚国家铁路公司又签订 35 台电力机车合同。

除了卖产品，株机公司也开始将维保服务等业务向外输出。株机公司提出的维保商业模式在中国轨道交通装备行业中属于首创，其发端于马来西亚市场。2010 年，株机公司获得马来西亚 38 列城际动车组订单，价值 40 亿元。比一般国际交付周期快了六个月，株机公司的诚意与实力让马方赞不绝口，于是决定追加 10 列车的订单，这款列车还被当地人亲切地称为“马来虎”，登上了马来西亚国家邮票。2011 年 8 月，中国首个城际动车组“4S 店”——由株机公司投资的吉隆坡维保有限公司诞生，专注于列车的维护保养。“4S 店”的落地，使当地的轨道交通运营商用车的后顾之忧随之得到了解决，依托株机公司强大的技术和采购物流平台，吉隆坡维保公司已经提供了十余年全天候维保服务，各项关键绩效指标均远优于合同要求。

在土耳其、南非、马来西亚，株机公司均已建立了生产基地，本地化生产的首列车辆也都已经下线。在当地投资建设轨道交通装备研制基地，不仅有作为主机企业的株机目前，，也有配套提供零部件的多家配套企业。这种方式取得了很大的成功，为尚无轨道交通基础工业而希望快速提升轨道交通装备水平的国家和地区带来了契机，也为双方的合作共赢提供了基础。

第五节　机车车辆行业发展加快

2000—2012年间，中车在机车制造、客车制造、货车制造以及车辆修理等领域都取得了长足的进展，为国民经济建设提供了优质的轨道装备产品，赢得了广泛的赞誉。

一、机车制造

这一时期，中车在机车制造领域取得了长足进展，相关子公司根据自身发展定位，在内燃机车、电力机车等产品上瞄准行业发展前沿，打造核心竞争力，推出一系列优质产品。

（一）内燃机车的制造

2000年6月28日，大连厂与德国西门子公司合作研制出首台东风4DAC型交流传动内燃机车。中国南车、中国北车成立后，两大集团所属企业继续按照重载高速的需要进行内燃机车研制生产。2001年6月15日，铁道部科教司召开6000马力交流传动货运内燃机车技术设计评审会。8

月 31 日，戚墅堰厂完成施工图设计。该型机车定为东风 8CJ 型，起始号为 0001 号。2002 年 5 月，戚墅堰厂研制出东风 8CJ 型内燃机车。

2003 年，大连厂开始小批量生产东风 4D 型径向转向架货运内燃机车。2005 年 9 月 1 日，大连公司与美国 EMD 公司合作，正式与铁道部签署大功率交流传动内燃机车采购和技术引进项目合同。随后戚墅堰厂与美国 GE 公司合作，与铁道部签订 6000 马力大功率交流传动内燃机车采购和技术引进合同。大功率机车中外合作合同规定，国外公司转让全部技术，中车接收机车所有设计文件；外方负责中方人员技术培训；机车国产化率达到 70%以上。2008 年 7 月 2 日，首台和谐 N3 型大功率交流传动内燃机车在大连机车公司下线。11 月 25 日，首台和谐 N5 型大功率交流传动内燃机车在戚墅堰公司下线。2009 年，和谐 N3 型、和谐 N5 型内燃机车先后投入批量生产。通过引进消化吸收再创新，中国机车车辆工业企业掌握了内燃机车的 9 项核心技术、10 项主要配套技术。

图 29：大连公司研制的和谐 N3 型大功率交流传动内燃机车

图 30：戚墅堰公司研制的和谐 N5 型大功率交流传动内燃机车奔驰在大兴安岭

2000 年 10 月 13 日，戚墅堰厂研制了装用三轴径向转向架的东风 8B 型 7001 号内燃机车。2001 年，资阳厂与株洲所联合，研制完成东风 8BI 型“西部之光号”交—直—交电传动内燃机车，该机车曾被列为国家重大技术装备创新研制项目。为了实现专运内燃机车的更新换代，2001 年 5 月铁道部给戚墅堰厂下达在东风 11 型准高速客运内燃机车的基础上，研制东风 11Z 型专运内燃机车的任务，并于 2002 年 4 月 1 日成功下线。2003 年 6 月，戚墅堰厂根据铁道部要求研制东风 11G 型内燃机车。同年 12 月在铁道部科学研究院完成各项性能试验，所有项目的测试结果都达到了设计任务书的有关要求，后在北京至杭州、西安、长沙、南昌间进行了牵引试验和向列车供电试验。在 2004 年铁路第五次大提速中，铁道部共开行了 19 对城际直达快速旅客列车，东风 11G 型机车担当了其中北京至合肥、扬州、苏州、杭州及上海至北京、天津的 11 对直达列车的牵引任务。

2000 年 6 月，大连厂在东风 10D 型调车内燃机车基础上，研制出东风5D型调车内燃机车。期间，四方厂对东风5型机车进行了全面的技术升级，研制出东风5（改）型内燃机车。东风5（改）型内燃机车是中国铁路主型调车内燃机车。2001年10月16日，北京二七机车厂为哈尔滨铁路局研制的首台东风7C型宽轨口岸调车内燃机车成功下线。2002年10月，首台交流传动的东风7J型调车内燃机车在北京二七机车厂成功下线。该车是二七机车厂与株洲所、永济厂、戚墅堰、北方交大等单位合作研制的。四方股份公司在东风5（改）型调车内燃机车基础上，按照通用化、系列化、标准化的原则，开发研制新型大功率调车内燃机车，2002年12月完成首台东风7G型样车研制。东风21型内燃机车是专门用于昆明铁路局米轨线路的客、货运输，并兼作调车作业，以便替代即将报废的第一代东方红21型液力传动内燃机车。2002年12月四方股份公司完成2台样车试制，配属昆明铁路局开远机务段，在昆河线米轨线路上进行运用考核。为缩短万吨重载列车调车作业时间，提高铁路货场运用效率，戚墅堰厂针对大秦线线路条件和牵引要求，以及重载列车调车和小运转作业的特点，在东风8B型机车基础上采取改进措施。2004年10月28日，首台大功率内燃调车机车东风8B型机车正式运行。2004年，北京二七机车厂按铁道部要求，开始研制东风7G型调车内燃机车，该机车与四方股份公司研制的东风7G型机车为同型号。同年，二七机车厂接到铁道部研制3台青藏铁路调车内燃机车的通知，确定车型为东风7G型，以适用于海拔2200—4600米编组站和工矿企业编组及调车作业。2006年，资阳公司在东风8BJ型交流传动内燃机车的基础上，又研制了东风8DJ型大功率交流传动内燃机车。2007年，大连公司以东风10D型调车机车施工图纸为基础，重新设计了东风10DDA型模块化调车内燃机车。

进入21世纪，中国南、北车继续组织所属企业进行工矿和地方铁路内燃机车的研制生产。

（二）电力机车的制造

瞄准铁道部大力发展电力机车的形势变化，2000 年，大连厂试制了韶山 4 型电力机车，资阳厂试制了韶山 3 型 4000 系列电力机车，2001 年均转入批量生产。中国电力机车生产企业由 2 个增至 4 个。

为满足铁路提速需要，2001 年 6 月，中国北车成立由大同厂、大连厂和大连电力牵引研发中心组成的联合设计组，共同开发研制韶山 7E 型交直流传动客运电力机车。同年 8 月完成施工设计，12 月 30 日 0001 号机车在大同厂竣工。2002 年，大连厂研制的首台韶山 7E 型电力机车下线出厂。在铁路第五次大提速中，韶山 7E 型电力机车担当了北京西—武昌、北京西—西安、兰州—郑州的区间牵引任务。青藏铁路正式开通后，韶山 7E 型电力机车担当了进藏列车电气化区段牵引任务。2002 年，根据用户要求，株机公司从韶山 9 型 044 号机车开始，开发出一种新型的独立通风韶山 9（改）型电力机车，其主要技术指标达到国内领先水平，为后来研制大功率客运电力机车打下了良好的技术基础。

2002 年 8 月 16 日，铁道部运输局装备部在北京召开韶山 3B 型双机重联机车方案研讨会后，确定韶山 3B 型双机固定重联机车由株机厂牵头，大同厂、资阳厂、大连厂按统一的电气原理图、设备布置总图及部件接口进行设计制造。2002 年底，由株机厂、资阳厂、株洲所联合设计，在资阳厂完成首台韶山 3B 型电力机车试制。2003 年 6 月 7 日，由同车公司试制成功 2 台韶山 3B 型固定重联电力机车。

2003 年，铁道部召开铁路跨越式发展研讨会，提出以客运高速、快速和货运快捷、重载为重点，使中国铁路机车车辆技术达到国际先进水平。按照“引进先进技术、联合设计生产、打造中国品牌”的总体要求，通过引进，掌握时速 200 公里及以上机车车辆生产的核心技术和关键技术。11 月 26 日，铁道部与中国南、北车集团公司共同组成铁路机车车辆装备现代化领导小组。11 月 27 日，领导小组会议在北京召开。会议通过了《加强铁路机车车辆装备现代化实施纲要》，成立了铁路机车车辆装备现代化领导小组办公室，由铁道部科学技术司负责办公室的具体工作。《实施纲要》明确实现铁路装备技术现代化的发展目标是：通过进一步扩大对外开放，促进民族工业的发展，推动中国机车车辆工业的振兴。瞄准国际先进水平，通过引进技术与自主创新相结合，推动中国机车车辆工业逐步实现"掌握世界一流的技术，生产世界一流的产品，建成世界一流的生产基地"的目标。引进先进的大功率交流传动电力机车技术，以大秦线开行 2 万吨列车为重点，形成最高速度 120km/h、牵引 5000 吨的货运重载电力机车系列。2004 年 4 月 1 日，国务院专题研究铁路机车车辆装备有关问题，印发《研究铁路机车车辆装备有关问题的会议纪要》，提出了"引进先进技术、联合设计生产、打造中国品牌"的基本方针，确立了引进技术、通过消化吸收再创新实现国产化的项目运作模式。6 月 23 日，铁道部下发《大功率交流传动电力机车采购和技术引进项目》招标书，株机厂与德国西门子公司、同车公司与法国阿尔斯通公司、大连公司与日本东芝公司组成的联合体参与该项目的投标工作。10 月 10 日，铁道部正式授标，大功率交流传动电力机车技术引进与国产化项目全面启动。铁道部规定，国外企业只能作为国内企业的合作方，并通过国内企业参与竞争，这样就确立了国内机车车辆企业的主体地位。铁道部将转让核心技术、分步实施国产化等，作为国外企业进入中国机车车辆市场的前提，写进了采购文件并建立制约关系，促进国外企业全面落实技术转让合同。

2006 年 11 月 8 日，首台和谐 Dl 型交流传动电力机车在株洲电力机车有限公司下线，转入批量生产。12 月 8 日，和谐 D3 型国产化大功率交流传动电力机车在大连公司正式下线，转入批量生产。2007 年 5 月 18 日，首台和谐 D2 型交流传动电力机车在同车公司正式下线，转入批量生产。

图 31：2006 年 11 月，株机公司研制的和谐 1 型大功率交流传动电力机车下线

图 32：2006 年 12 月，大连公司研制的和谐 3 型大功率交流传动货运电力机车批量交付

和谐 D3 型电力机车是铁路第六次大提速的货运主型机车。

铁道部在《铁路“十一五”规划》中提出，坚持采用“先进、成熟、经济、适用、可靠”的技术方针，按照“标准化、系统化、模块化、信息化”的要求，立足国产化，引进先进技术，联合设计生产，打造中国品牌，加强对引进技术的消化吸收和再创新，增强自主创新能力，加快推进技术装备现代化。大力发展电力牵引，电力机车承担运输工作量的比重达到 80%以上。配套发展适应时速 200 公里的内电机车，发展轴重 25 吨重载货运机车。

在铁道部的支持下，大连、大同、株洲机车制造企业在与国外企业搭起的轴功率为 1200 千瓦六轴和八轴大功率交流传动电力机车技术平台的基础上，通过技术提升和总体设计优化，开始自主设计制造六轴 9600 千瓦大功率交流传动电力机车，进一步搭建起轴功率 1600 千瓦、总功率 9600 千瓦的世界先进的六轴大功率交流传动电力机车技术平台。2007 年 2 月 11 日，大连公司与铁道部签署了 500 台大功率交流传动 9600 千瓦六轴货运电力机车购销合同。3 月 12 日，同车公司与铁道部签署了 500 台大功率交流传动 9600 千瓦六轴货运电力机车购销合同。8 月 18 日，株机公司与铁道部签署了 500 台大功率交流传动 9600 千瓦六轴货运电力机车购销合同。2008 年 12 月 29 日，大连公司研制的和谐 D3B 型 9600 千瓦电力机车成功下线，转入批量生产。2009 年 1 月 16 日，株机公司研制的和谐 D1B 型 9600 千瓦电力机车成功下线，转入批量生产。2009 年 4 月 30 日，株机公司研制成功并批量生产和谐 D1C 型大功率交流传动六轴 7200 千瓦货运电力机车。2010 年 5 月 23 日，和谐 D2B 型、和谐 D2C 型电力机车在同车公司下线并转入批量生产。7 月，大连公司研制成功和谐 D3C 型大功率交流传动六轴 7200 千瓦客运电力机车并转入批量生产。2012 年，深度国产化和谐 2 型电力机车下线并投入批量生产，技术实现完全自主化。2020年，技术提升和谐2型电力机车下线，满足铁路货运装备互联互通和重载适应性新要求。大同公司建立起和谐2型系列机车设计、制造平台，产品形成系列化。至此，中国铁路机车车辆工业在技术引进技术合作的平台上制造了第一批和谐型电力机车后，3家制造企业经过消化吸收再创新，已全部转为生产B型C型大功率电力机车，中国铁路新装备的电力机车已由直流传动改为交流传动，电力机车产量已超过内燃机车产量，中国机车车辆工业生产进入以电力机车为主的新时期。

二、客车制造

图33：2012年，同车公司研制的和谐2型电力机车批量生产

满足广大人民群众的出行需求，提供舒适安全的出行体验，这是中车客车制造的宗旨和使命。这一时期，中车在常用客车制造、特种客车制造、动车组制造领域，无论是在科技研发能力，还是在产品提供上，都取

得了令人瞩目的成就。

（一）常用客车制造

1988 年，长春客车厂、唐山厂、浦镇厂联合在铁道部向世界招标购买车辆的过程中第一次与具有世界一流造车水平的日本、瑞典等国的客车制造商短兵相接、同台竞技，抓住这次发展企业、锻炼队伍的难得机会，以满足标书技术要求和价格上的优势取得了其中 168 辆招标车的资格。168 辆招标车之所以能够顺利完成，离不开各厂对外引进吸收先进技术，对内结合实际、自主创新。1989 年 10 月 26 日，长春客车厂与英国车辆制造企业联合设计的三辆 25 型客车样车正式交接，在这三辆车的设计制造过程中，长春客车厂摸索、积累了大量经验，短时间内提高了客车制造水平，为后续产品顺利升级打下了坚实基础。这次中英合作也是长春客车厂引进、吸收、消化世界先进技术，实现国际新型铁路客车国产化的开端。

1993 年 10 月 8 日，长春客车厂大批量生产的最后一批 22 型普通客车下线，长春客车厂就此召开新闻发布会，宣布近四十年来为国家生产了一万五千多辆的 22 型铁路客车正式退出历史舞台，以“168”为基本车型的中低档各类软硬席换型客车、双层客车、公务车、特种车和准高速客车等 20 多个客车新品种的 25 型客车新家族闪亮登场。

2000 年，铁道部发布了第四版《铁路主要技术政策》，提出要发展自重轻、性能好、满足不同层次旅客需要和不同运用条件的空调客车、快速客车、双层客车、高级旅游车等新型客车，逐步形成系列。

2004 年，铁道部按照系列化、模块化要求，对 25 型客车重新统一技术条件和图纸，铁道部按新的技术条件进行招标采购。2005 年至 2006 年，四方股份公司研制生产了 25T 型青藏高原客车。2007 年，唐车公司为铁路客运第六次提速研制生产了一批 25T 型客车，构造时速 200 公里，运营时速160公里。

2011年春运期间，唐车公司研制生产的550辆25G型耐寒客车陆续在昆明、哈尔滨、西安、沈阳、太原等铁路局及青藏铁路公司投入运营。2012年，四方股份公司研制生产的50辆新型高档铁路客车在广州至香港九龙的铁路线上投入运营。同年，四方股份公司研制生产了用于北京—乌兰巴托—莫斯科的K3/K4次新型国际联运客车，采用准轨和宽轨2种轨距转向架，实现了中国、蒙古国和俄罗斯3个国家不同轨距线路上的运行。

（二）特种客车制造

2001年至2002年，四方厂承担铁道部科研项目，研制了时速200公里双层综合试验车，用于机客货车牵引、制动、机车、车辆动力学、空气动力学、弓网关系6项性能试验。长客股份公司研制了时速200公里安全综合检测车；唐山厂研制了米轨铁路不锈钢轨道检测车；浦镇厂研制了SDJ25K型双层轨道检测车和KD25G型发电车。2005年，唐山厂设计制造了特种电务试验车。2007年3月，浦镇厂研制了WX25T型轨道检查车，分南方车和北方车。同年，唐车公司研制了25T型电务试验车。

2010年，唐车公司研制生产了新的医疗卫生用手术急救列车和伤员运输列车。2011年，中车根据铁道部和科技部签署的《中国高速列车自主创新联合行动计划》以及“863”计划重点铁路科研项目“最高试验时速400公里高速检测车列车关键技术研究与装备研究”，采取产、学、研用相结合的模式，研制生产了CRH380B-002型高速检测列车。同年2月22日，四方股份公司研制生产的CRH400A高速综合检测车交付使用。1952年至2013年，中国铁路机车车辆工业企业共研制生产特种客车100多种。

三、货车制造

经过六七十年的发展探索，中车已经建立了完整的货车研究、设计和制造系统，货车制造业规模由小到大、品种由少到多、技术水平和制造质量由低到高，基本能够满足铁路运输的需要。

（一）通用货车制造

2000年8月11日，铁道部公布第四版《铁路主要技术政策》，提出要发展自重轻、强度高、耐腐蚀的新型通用货车，发展运行速度120km/h的快运货车，开发应用轴重25吨低动力作用的大型四轴货车。2001年至2003年，中国南、北车所属企业在C64型敞车、P64型棚车基础上，分别研制生产了C64T型、C64K型、C76型、C76H型敞车和P64GK型、P64AK型、P64H型、P64K型棚车等货车。2003年至2005年，由齐车公司主导，株辆厂、眉山厂、北京二七车辆厂以及北方创业公司参与，研制了C70、C70H型通用敞车；齐车公司为神华集团研制了C70A型、C70AH型运煤敞车；齐车公司主导，株辆厂、北京二七车辆厂和北方创业公司参与，研制了C80、C80H型铝合金运煤敞车；齐车公司主导、株辆厂参与，研制了C80B、C80BH型不锈钢运煤敞车；株辆厂主导、齐车公司参与，研制了C80A、C80AH型全钢运煤敞车；眉山厂试制了C80C、C80CH型副构架转向架全钢运煤敞车；株辆厂研制了载重100吨三支点矿料、钢材运输车；齐车公司研制了载重100吨矿料、钢材运输车。C70、C70H型敞车载重70吨，轴重23吨，单车载重量比C64型敞车提高16.7%。C70A、C70AH型敞车在C70、C70H型基础上进行了改进，可适应神华集团现有线路、桥梁、隧道、站线长度、自动化装车设备、黄骅港现有码头翻车机的要求，节约了改造费用。

2005年起，由齐车公司主导研制生产了P70、P70H型通用棚车，眉山厂研制了70吨级两侧侧墙均可全活动、全侧开棚车。P70、P70H型棚车载重70吨，轴重23吨，容积145立方米，商业运营时速120公里。期间，北京二七车辆厂主导研制了NX70、NX70H型共用平车和X2K（H）型双层集装箱平车、X6K型集装箱平车。齐车公司研制了X4K型集70箱平车。2006年1月，铁道部决定停止生产60吨货车，新造货车全部采用70吨级新型货车，同时对既有货车进行提速改造。2007年，齐车公司研制生产了KM70A型底开门运煤敞车，该车载重69吨，商业运行时速120公里。2008年，眉山公司设计制造了SQ6型运输汽车专用平车。

2009年，长江公司完成80吨级通用敞车、不锈钢矿石敞车研制。二七公司研制的NX70A型共用平车实现了当年完成设计试验，当年批量生产并成功转让；开展载重70吨级集装箱用平车、载重80吨共用车、焊接用平车研制。眉山公司完成80吨级通用棚车、通用敞车、95吨级运煤敞车设计及后2个车型的样机试制；自主研发的滑动项专用棚车通过部级技术审查，定型为P70B型棚车；完成C64A型焦炭敞车改造设计、改造，并通过部级技术审查，定型为C64AT型。济南装备公司研制的C70C型焦炭运输专用敞车通过铁道部专家组的生产质量认证。2011年，长江公司、眉山公司、二七公司、石家庄公司和南方汇通公司、济南公司通过C70E型通用敞车生产质量认证。2012年5月，齐齐哈尔装备公司研制的C70型通用敞车被列入国家火炬计划，这是该公司继"十一五"期间"载重80吨级运煤敞车"之后，又一主型产品在"十二五"期间被列入国家火炬计划项目。沈阳公司生产的360辆C80B型敞车投入国内西煤东运。

（二）专用货车制造

2000年8月铁道部公布的第四版《铁路主要技术政策》中，对专用货车发展与通用货车一样，提出要发展自重轻、强度高、耐腐蚀的新型专用货车。2001年，武昌厂研制了时速160公里特种机械冷藏车和时速120

公里快速机械冷藏车。西安厂研制了采用无底架结构的GY100S型液化气体罐车。太原厂研制了K18A（S）型煤炭漏斗车和K13NB型熟料漏斗车。2002年至2004年，太原厂研制了K13NK型石砟漏斗车，K13BH型石灰石漏斗车，K14型、K14K型漏斗车，K18AK型、K18Al-型煤炭漏斗车。西安厂研制了G70K型、G70T型罐车，G17BK型、G17BT型粘油罐车，G75K型、G75H型轻油罐车，GL60K型、GLB型、GLBK型沥青罐车。眉山厂、株辆厂、齐车公司研制了L18型粮食漏斗车，武昌厂研制了J5SQ型家畜车等一批专用车辆。

2005年，由西安厂主导研制了GQ70-GQ70H型轻油罐车、GN70、GN70H型粘油罐车。江岸厂和北方创业公司研制了GF70型氧化铝粉罐车。同年，由太原厂主导研制了K270、K270H型石砟漏斗车，太原厂与齐车公司联合研制了KM70、KM70H型煤炭漏斗车。齐车公司研制了70吨级粮食漏斗车。2006年，70型罐车和漏斗车先后投入批量生产，实现了罐车和漏斗车等专用货车载重由60吨向70吨、时速由80—100公里向120公里的升级。

2006年至2008年，西安厂（公司）研制了GS70型浓硫酸罐车、GJ70型液碱罐车、GHA70型醇类罐车、GH70A型乙二醇罐车、GH70B型冰醋酸罐车、GQ70A型苯类罐车、GL70型沥青罐车、70吨级食用油罐车、70吨级浓硝酸罐车、70吨级煤焦油罐车、70吨级三氯乙烯罐车。太原厂（公司）研制了70吨级增设侧门的煤炭漏斗车、70吨级铁矿石漏斗车、70吨级石灰石漏斗车、70吨级不锈钢石砟漏斗车、70吨级散装水泥罐车。眉山厂（公司）研制了GHB70型黄磷罐车、GQ70型苯类罐车，完善了70吨级专用货车的种类。2009年，长江公司研制了30吨轴重煤炭漏斗车，该公司武汉分部取得GHA70型、GQ70型、GN70型罐车，L70型粮食漏斗车的生产资质。眉山公司完成GHA70型醇类罐车、NX70A型共用平车技术引进，试制了GHA70型罐车、L70型粮食漏斗车样车并通过部级生产质量认证。西安装备公司研制的23吨轴重液化石油气、液氨、低压液化气和70吨级食用油4种罐车通过铁道部技术审查，实现了压力罐车由60吨级到70吨级的技术升级。

2010年，齐齐哈尔装备公司主导研发的轴重26.5—30吨大轴重货车和160—200公里／小时快捷货车被列入国家《重大技术装备自主创新指导目录》，还自主研发生产了50辆L70型粮食漏斗车。2011年，长江公司常州分公司研制的GQ70型轻油罐车、KM70型煤炭漏斗车、KZ70型石砟漏斗车通过生产质量认证。太原装备公司和长江公司共同提出的80吨级石砟漏斗车、矿物漏斗车设计方案、工艺及设计管理通过了铁道部技术审查。2012年，长江公司常州分公司试制了U80H型水泥罐车，武汉分部试制出L70型粮食漏斗车、U70型水泥罐车、GY48型罐车、G70K型罐车、TP9A型特种棚车、TP1O型特种棚车。石家庄公司试制了GQ70型、GJ70型、GS70型3种罐车，各种产品均通过中铁铁路产品认证中心（CRCC）认证。中车还组织所属企业完成载重100吨级专用货车的设计和样车试制。太原装备公司研制出KM80型煤炭漏斗车和K280型石砟漏斗车，这两种车型在底门机构传动、驱动及控制、车体轻量化等重载技术方面取得突破。中国铁路机车车辆工业企业研制生产的货车由70吨级向80吨级发展。

（三）特种货车制造

2001年起，中国南、北车所属企业继续按照重载提速和多品种的需求，组织特种货车的研制生产。2001年至2002年，戚墅堰厂研制了运输黄磷用罐式集装箱平车。兰州厂研制NS631-2001型63吨铁路起重机。齐车公司研制了T7型检衡车。2003年，齐车公司和哈尔滨厂合作，设计制造了320吨凹底平车。太原厂设计制造了TY1型熄焦车。2004年，株辆厂设计制造了 D15 型凹底平车；戚墅堰厂研制了 200 吨专用平车；齐车公司研制了 D32 型 350 吨落下孔车。2005 年，沈阳公司研制了第三代 T11BK 型长钢轨车组。

2006 年，株辆厂研制了 D32A 型 320 吨凹底平车；齐车公司设计制造了 450 吨特大型落下孔车；太原厂设计制造了 TY5B 型四轴机械传动接触网作业车。2007 年，齐车公司设计制造了 DQ35 型钳夹车、NS1003 型 100 吨伸缩臂式铁路起重机；哈尔滨轨道公司研制了 DA21 型 210 吨提速凹底平车。2009 年，齐齐哈尔装备公司设计制造了 370 吨凹底平车；二七装备公司与瑞士 SPEN0 公司合作，研制出 GMC96 型钢轨打磨列车，步入大型养路机械市场。

2010 年 11 月 14 日，齐齐哈尔装备公司研制的 DQ45 型载重 450 吨钳夹式特种货车首次投入运营，该车成为亚洲载重量最大、功能最多、性能最先进的钳夹式货车。二七装备公司为大型机械养路领域研制出首列国产化 LZC-800 型路基处理车。2011 年，长江公司武汉分部、二七公司、石家庄公司取得 D26B 型长大货物车、X1K 型集装箱专用平车等特种货车的生产质量认证。2012 年，组织所属企业完成快运集装箱平车的研制，试验台最高时速达到 220 公里。

四、车辆修理

经过几十年的发展，我国的铁路机车车辆工业建立起了修理、制造、配件专业生产体系。中车的车辆修理事业经过多次重大调整，逐步建立起了比较完整的机车车辆修理生产体系，促进了机车车辆修理能力的增长，不断提高机车的修理质量和技术水平。

（一）机车修理

2000 年，中国铁路蒸汽机车拥有量为 602 台，占机车总台数（14634

台）的 4.1%，承担的运量不到铁路总运量的 1%。全年修理蒸汽机车 88 台，型号仅保留前进型、建设型、上游型 3 种，修理企业仅保留牡丹江厂、长机厂、洛阳厂 3 家。2005 年 7 月 6 日，牡丹江厂检修的最后一台“上游型” 1650 号机车出厂，结束了中国铁路机车车辆工业修理蒸汽机车的历史。1949 年至 2005 年，共修理蒸汽机车 110467 台。

2001 年，中国南车修理内燃机车的企业先后有戚墅堰厂、成都厂、洛阳厂、襄樊厂、资阳厂、四方公司；中国北车修理内燃机车的企业先后有沈阳厂、唐山厂、大连厂、二七机车厂、兰州厂。这些企业修理的车型有东风型、东方红型、北京型。各企业合理调整工艺布局，研制互换部件，强化质量管理，满足用户要求，提高经济效益。2003 年，北京二七厂停修北京型机车。至此，中国机车车辆工业企业检修内燃机车车型全部转为东风型。根据铁道部对机车修理规程的改革，2004 年 1 月 1 日起，率先对东风 4D、东风 11 型内燃机车实施轻大修，其他各型内燃机车相继实施轻大修。洛阳厂以柴油机和高速轮对为研发重点，努力打造机车大部件修造基地。成都厂自筹资金 1522 万元，对电器车间、解体车间、机车车间和电机整备涂装等场地进行整治，调整机车大盖、屏柜等 47 项配件检修行程分工。襄樊厂编制并实施东风 4C 型内燃机车电气系统规范化改造和工艺提升方案，完成机车司机室标准化改造。兰州厂完成东风 5 型机车柴油机半刚性联轴节、东风 4B 型机车主机油泵换板座、东风 4C 型机车气缸套、东风 8B 型机车柴油机大波纹管新制。

中国南、北车集团公司先后实施股份制改制后，继续组织所属企业做好内燃机车修理工作。洛阳公司建立轮对示范区、柴油机示范线、机车总装示范线，在东风 8B 型机车检修、转向架总成中实施工序化检修和标准化作业。戚墅堰公司加强精益生产技术推广应用，修车产量和质量都得到提高。成都公司全面推进精益生产，先后建成 9 条精益生产示范线。随着中国铁路牵引电力机车逐年增加，2008年起，中国铁路机车车辆工业企业修理内燃机车数量逐年减少。

2001年，根据市场需求对修理电力机车布局进行调整。在太原厂基础上，株机厂、成都厂、洛阳厂先后开展电力机车修理工作。2004年，铁道部颁发《韶山8型电力机车轻大修规程（试行稿）》，改革电力机车修理规程。成都厂、洛阳厂、太原厂、兰州厂先后获得韶山型电力机车轻大修资质，适时开展轻大修工作。

电力机车检修企业也进行了一定的调整。中国南车检修电力机车的企业先后有成都公司、洛阳公司、株机公司、戚墅堰公司；中国北车检修电力机车的企业先后有太原公司、兰州公司、同车公司、大连公司。成都公司新建轮对检修线，完成韶山7E型机车轻大修、韶山7C型机车大修。洛阳公司开展韶山4B型、韶山6B型机车大修和韶山7E型大修。太原公司完成首台韶山3C型固定重联电力机车大修改造，并批量生产韶山6B型等4种电力机车。

2010年，铁道部确定对和谐型电力机车实行二年检，在“以可靠性为中心的维修”理论指导下及计划预防修的基础上，将全寿命周期成本分析研究和可靠性研究成果应用于维修实践，逐步实施基本修加状态修。洛阳公司、成都公司、株机公司、同车公司、大连公司、太原公司先后获得和谐型电力机车二年检资质并启动实施。

（二）货车修理

中国南、北集团成立后，从事货车修理的有齐车公司、哈尔滨厂、二七车辆厂、石家庄厂、武昌厂、江岸厂、西安厂、贵阳厂、铜陵厂、沈阳厂、太原厂、戚墅堰厂。2002年10月10日，铁道部重新制定印发《铁路货车厂修规程》，提出新的厂修技术要求和质量标准。2006年起，在铁道部统一组织下，对既有货车进行提速改造。至2008年12月30日，全国国有铁路 285434 辆既有货车全部换装齐车公司研制的转 K2 型转向架，完成货车时速 120 公里提速改造。

随着新造铁路货车实现了由 60 吨级载重向 70 吨级、80 吨级载重的升级换代，2011 年，铁道部重新制定了《铁路货车厂修规程》。按新《规程》要求，各修理企业建立健全以总工程师为首的技术责任制，坚持质量第一的原则，建立健全质量管理体系，全面落实质量责任制，加强质量检查和工序质量控制，贯彻以装备保工艺、以工艺保质量、以质量保安全的指导思想，体现铁路货车检修组装模块化、检查测量自动化、过程管理信息化、生产组织集约化的思路，实现管理规范、工艺科学、装备先进、质量可靠、安全稳定的目标。各铁路货车厂修单位编制完善的工艺文件和作业指导书，不断完善厂修基础工艺线，逐步实现工装设备和检测器具的智能化、光电化、机械化，推广零部件检修的标准化、通用化、模块化。1949 年至 2012 年，中国铁路机车车辆工业企业共修理各型货车 2330188 辆。

（三）客车修理

中车公司分立为中国南车、中国北车后，继续组织所属企业按照铁道部的通知精神做好客车修理工作。2001 年 9 月 28 日，铁道部印发《25K 型客车检修规程》；2002 年 10 月 14 日，铁道部印发《关于加强提速客车检修的三十条规定》；2005 年 8 月 31 日，铁道部公布《铁路客车检修规程》等检修规程部分条文的补充和更正内容；2006 年 7 月 25 日，铁道部制定《25T 型客车检修规程（A1、A2、A3 级修程）》；2007 年 5 月 8 日，铁道部制定《铁路客车轮对和滚动轴承轴箱组装及检修规则》；2008 年 12 月 22 日，铁道部公布《CRH 系列动车组一级检修作业办法》。

1949 年至 2012 年，共淘汰报废客车 12115 辆，并将原有 3000 多辆棚车改造的代用客车恢复为棚车；厂修（含 1965 年前的大、中修）客车约 16 万辆，其中中国铁路机车车辆工业企业修理 150185 辆。

第 五 章

党建引领的中车

新中国成立后，迅速建立了党领导国营（国有）企业的管理制度，主要体现在党对企业领导地位的确立上。与此同时，各铁路工厂也迅速建立了党组织、工会组织和共青团组织，成为企业生产的重要骨干力量。几十年来，中车党群机构的设置和运行在企业发展过程中一直发挥着重要作用，尤其是改革开放以来，各公司党委坚持以马克思列宁主义、毛泽东思想、邓小平理论、“三个代表”重要思想和科学发展观为指导，把握改革、发展、稳定大局，围绕企业中心任务，把发挥党的政治优势同运用市场机制结合起来，以领导班子建设、党风廉政建设和思想政治工作为重点，以创先争优活动、保持共产党员先进性教育活动为载体，加强企业党的建设、精神文明建设和企业文化建设，发挥党委的政治核心作用、党支部的战斗堡垒作用和党员先锋模范作用，各级工会和共青团组织坚持“融入中心、服务大局”的指导思想，发挥自身优势，组织职工群众和团员青年，开展各种形式的群众性经济技术创新、青年创新创效、岗位创优和劳动竞赛等主题实践活动，激发职工群众和团员青年的积极性、创造性和工作热情。

第一节　中华人民共和国成立初期的中车党建

中车的铁路工厂大部分都是从战火硝烟中一路走来，当时的党组织工作都是秘密开展，以革命斗争为主。1949 年中华人民共和国成立前后，为确保党对工厂的领导，在工厂建立和发展党组织成为建党的重中之重。

中车的工厂一直有着红色基因的深厚底蕴，一些已经解放的铁路工厂先后公开党组织和发展党员工作，迅速扩大党组织。公开党组织的铁路工厂有哈尔滨厂(1948 年 10 月)、牡丹江厂(1948 年 11 月)、皇姑屯厂(1948 年 12 月)、大连厂（1949 年 4 月)、浦镇厂（1949 年 6 月)、济南厂（1949 年 10 月)、唐山厂(1949 年 11 月)、长辛店厂(1949 年 11 月)、南口厂(1949 年 11 月)、四方厂(1950 年 5 月)、戚墅堰厂(1950 年 7 月)、太原厂(1950 年 7 月）等。自此，中车系统的党建工作逐步走向机制化。

新中国成立后，党员数量较多的工厂，经所在地方党委批准，先后成立党委或党的工作委员会，一些党员人数较少的铁路工厂则成立党总支部委员会。各厂党组织均隶属所在地的党委领导，也有的归属所在地铁路局领导。成立党委的单位先后设立办公室、组织科、宣传科等工作机构。

关于党组织的任务，1950 年 1 月 17 日至 22 日，铁道部政治部在北京召开的全路第一次政治工作会议上提出，生产单位的党支部应以保证生产为中心任务。政治工作者必须深入现场，深入群众，并加强业务学习。1951 年 2 月 9 日，中共中央发出《关于加强铁道政治部工作的指示》，指出管理局政治部和管理局所属分局政治处，既受上级政治机关的领导，也受经中央指定的所在地中央局、中央分局和省委、市委的领导。铁路系统自上而下的政治工作机构建立后，管理局及其所属分局的党委立即取消，另成立党组，受所在地的党委领导。

新中国成立初期，根据中共中央《关于成立中央及各级党的纪律检查委员会的决定》精神，已成立党委的各铁路工厂先后成立党的纪律检查委员会，归属同级党委领导。

1952 年 12 月，铁道部决定将 20 个原属各铁路管理局领导的铁路机车车辆工厂改为铁道部直属，各厂党的组织由铁道部政治部直接领导，并接受地方党委的领导。1954年1月7日，中共中央印发通知，同意铁道部政治部关于将铁道部部属工厂党的领导关系划归地方党委的意见，铁道部所属工厂的党组织完全划归当地党委领导。

1956年9月，中国共产党第八次全国代表大会提出，在企业中“建立以党为核心的集体领导和个人负责相结合的领导制度。凡是重大的问题都应当经过集体讨论和共同决定，凡是日常的工作都应当由专人分工负责”。党的八大后，各工厂党的纪律检查委员会改为党的监察委员会。1957年2月6日，中共中央批准铁道系统加强企业党委的组织建设，实行党委领导下的企业首长负责制，由企业上级的党组织和当地地方党委对企业党组织进行双重领导。同年2月20日至3月18日，中共铁道部党组召开全路各局（公司、院）党委（党组）书记会议，决定肃清一长制的不良影响，建立与健全各级铁路企业党委，加强党对企业的领导；依靠工人阶级，贯彻执行群众路线，改进企业的民主管理制度，把现有的职工代表会议改为职工代表大会，并适当扩大它的权力。各工厂相继召开党员代表大会和职工代表大会，建立了党委领导下的厂长负责制和党委领导下的职工代表大会制。

第二节　社会主义建设时期的中车党建

1956—1978年是我国国有企业党的领导制度的发展阶段。党的八大的召开，标志着社会主义建设时期的来临，中国共产党的全面执政地位得到了进一步巩固。中国共产党在国营企业中初步建立了“政企合一”的领导体制。

1958年7月，铁道部制造局和修理局合并成立工厂总局后，所属工厂党委由铁道部党组和地方党委实行双重领导。1959年，各工厂党委工作机构设有办公室、组织部、宣传部、文教部、监察委员会、报社和党校，新成立的4个研究所成立党支部，由附属工厂的党委领导。1960年，各厂党委成立科委和武装部。

1961年1月26日，中共中央批转铁道部党组的《关于在铁路系统建立政治工作部门和改进管理体制的报告》指出："在党的思想政治工作和组织工作方面，铁道部党委和政治部同中央局、省（市）、自治区党委对铁路总局、铁路局、工程局、设计院、铁道部直属工厂党委和政治部实行双重领导，以铁道部党委和政治部为主。""除党的思想政治工作和组织工作以外，不再实行铁道部和地方双重领导。""铁路系统的生产指挥、物资资金分配、设备调拨、干部安排和职工调动等方面，完全由铁道部负责处理。"2月1日，铁道部政治部发出第一号指示，要求各部直属工厂及所属单位，立即建立政治工作部门。同月，各厂成立政治部，实行政治委员制，政治委员由党委书记兼任，车间和部分员工较多的科室设立政治指（教）导员，由党（总）支部书记兼任。党委组织部、宣传部、办公室改为政治部组织部、宣传部、办公室，党委下设监察委员会、党校和报社，武装部归属党委领导。1962年11月1日，铁道部印发《关于试行机车车辆（机械）工业机构和职责范围（草案）的通知》，提出：机车车辆（机械）工厂贯彻执行党委领导下的厂长负责制。在工厂党委的领导下，行政工作的指挥由厂长负责。工厂行政工作的重大问题，必须由工厂党委讨论，作出决定以后由厂长负责组织执行。1964年，各厂政治部工作机构增设干部部。"文化大革命"开始后，各厂党组织逐渐陷入瘫痪状态。1967—1968年，各厂先后成立由军代表、领导干部、群众组织代表组成的革命委员会，实行"一元化"领导。1969年起，按照中央的统一部署，各厂开展整党建党工作，基层单位恢复党支部。至1971年，各厂先后召开党员代表大会，选举产生了新的党委。各厂党委由所在地的省市党委领导。1972年12月1日，交通部成立政治部，同年，各厂均成立政治部，作为党委的办事机构，政治部下设办公室、组织科、宣传科、保卫科，人民武装部隶属党委领导。“文化大革命”期间，实行党政合一的领导体制，党委实行一元化领导。

第三节　改革开放过程中的中车党建

1978 年改革开放政策的推行对国民经济发展产生了极大的促进作用，随着社会主义有条件的商品经济理念的提出，国有企业党组织必须立足时代发展，创新党的权力实现方式以适应商品经济的发展。

一、改革基层领导体制

1978 年 1 月，铁道部决定将工业局改为工业总局，由职能部门改为职权单位。同年 3 月 15 日，铁道部政治部印发《关于建立中共铁道部基建总局、工业总局、物资管理局委员会和政治部的通知》，经部党组决定，建立中共铁道部工业总局委员会和政治部，政治部下设办公室、组织部、宣传部、干部部。工业总局党委受铁道部党组委托，负责领导所属单位党的思想政治工作。3 月 27 日，中共铁道部党组发出《关于实行党委领导下的局（院、厂、校）长分工负责制的通知》，规定各单位由党委对行政业务进行集体领导，行政领导干部正职和副职按各自的分工直接对党委负责。各工厂先后恢复了党委领导下的厂长负责制和党委领导下的职工代表大会制。

1978 年 10 月，工业总局各单位按铁道部党组文件精神，先后恢复党的纪律检查委员会。1979 年 12 月 20 日，经铁道部党组研究决定，撤销工业总局政治部，设立党委办公室。此后，各工厂相继撤销政治部，政治部办公室、组织部、宣传部改为党委办公室、组织部、宣传部，政治部、干部部划归党委组织部，取消各基层单位正副指导员职务。1980 年 11 月，根据铁道部党组《关于铁路党的各级纪律检查机构和编制定员的要求》，工业总局党委决定并报部党组批准，成立纪律检查委员会。

1981 年 7 月，根据铁道部党组文件要求，铁道部工业总局党委下设组织部、干部部、宣传部和办公室办事机构。1982 年 10 月，铁道部决定将中国铁路技术装备总公司改称中国铁路机车车辆工业总公司后，工业总局党委改为分党组。1984 年，根据铁道部政治部要求，工业总局和所属单位再次成立政治部。同年 11 月 28 日，铁道部下发《关于大连等四个工厂实行厂长负责制配套改革的批复》，在齐齐哈尔厂、戚墅堰厂、大连厂、株机厂实行厂长（经理）负责制试点。批复意见指出，实行厂长负责制后，党委的任务是加强对职工的思想政治工作，保证和监督党的路线、方针、政策和国家法律、法规的执行，加强党的建设。1986 年 1 月 15 日，铁道部党组宣布组成机车车辆工业总公司领导班子，任命了总公司党委和政治部主要负责人。4 月 1 日，铁道部、铁道部政治部批复工业总公司机构设置，党群部门设政治部、纪律检查委员会、工会工委、共青团工委、机关党总支。政治部内设办公室、组织部、干部部、宣传部、审干办公室；纪律检查委员会内设办公室、经济检查处（打击经济犯罪办公室）、检查审理处。同年，中车公司决定在牡丹江、哈尔滨、西安、贵阳、柳州、成都、太原、石家庄等 8 个厂实行厂长负责制。

1986 年 9 月，根据中共中央颁发新的《中国共产党全民所有制工业企业基层组织工作条例》，铁道部提出党委要把主要精力放在加强党的建设和保证厂所方针目标的实现上。1987 年，中车公司所属 34 个工厂和 4 个研究所全部实行厂（所）长负责制。

1988 年 9 月，中车公司党委提出实行党政分开和政工体制改革的实施意见。中车公司党委办事机构设组织部、宣传部、干部部和办公室（其中宣传部、干部部都是一个机构两块牌子，同时对中车公司党政负责），纪委设办公室。10月24日，工业总公司党委公布机车车辆工业政工体制改革方案，明确党委的主要职能是保证监督；工厂党委工作机构保留组、宣、办格局，党务干部的比例控制在0.8%以内；主要生产车间配备专职党支部书记；建立党政都要对做好思想政治工作负责的新体制，并决定在4个研究所和长春机车厂进行试点之后全面展开。11月18日，中共铁道部党组印发的《关于铁路企事业单位政工体制改革的意见》指出：现行铁路政工体制是在党实行一元化领导、企业实行党委领导下的厂长负责制的条件下，结合铁路“高大半”的特点，学习解放军的经验，建立健全起来的。随着经济体制改革的逐步深入，随着党政职能分开和厂长负责制的全面实行，政工体制需要进行改革。要从思想上明确，厂长是企业的法定代理人，在企业中处于中心地位，对企业负全面责任，企事业单位的党组织行使保证监督职能。职工思想政治工作应由厂长负责规划和组织实施，机构纳入行政序列。铁道部党组对部属单位继续实行同地方党委双重领导以部为主的体制。12月24日，工业总公司党委发出《关于撤销工厂政治部的通知》，自1989年1月1日起，撤销工厂政治部，凡兼任政治部主任的职务自行免除。1989年8月，根据《中共中央关于加强改进企业思想政治工作的通知》和《关于铁道部机车车辆工业总公司改名为中国铁路机车车辆工业总公司的通知》精神，中车公司实行总经理负责制，党委在中车公司起政治核心作用。同年10月17—19日，铁道部在北京召开全国铁路政治工作会议，要求确立企业党组织的政治核心地位，加强党对思想政治工作的领导；按照干部“四化”方针和德才兼备的原则，搞好各级领导班子建设；切实搞好基层党支部建设，充分发挥党员的先锋模范作用；加强职工政治思想教育，培养“四有”新人。1991年11月，中车公司党委转发了铁道部党组下发的《铁路企业党委工作暂行规定》，明确了企业党委的职权和任务，包括坚持社会主义方向，坚持党管干部的原则；领导思想政治工作和精神文明建设；领导职代会和工会、共青团组织；加强党的自身建设等内容。1992年2月，中车公司党委设立老干部部，负责指导协调工业系统各厂所老干部工作。

二、工会建设与民主管理的实行

1979年，中车各工厂进行工会组织整顿，对老会员重新登记，换发新的会员证，发展新会员，对400人以上的主要生产车间配备专职工会干部。1984年起，各单位工会开展建设“职工之家”活动。1987年5月6日，机车车辆工业总公司设立“中国铁路工会机车车辆工业总公司工作委员会”（以下简称“中车公司工会”），作为铁道部的派出机构。中车公司工会受铁道部和中车公司党委双重领导，并受铁道部委托对中车公司所属各厂所工会实行统一领导。中车工会的主要任务和职责是：宣传、贯彻党的路线、方针、政策和新时期工会工作方针；在中车公司党委领导下，根据铁道部的决议、决定和工作部署，结合中车公司的实际，组织贯彻实施并指导、组织所属企业工会开展工作；协调下级工会的内外关系，解决所属企业工会统一性的问题，为基层服务；进行调查研究和理论政策研究，总结推广典型经验，指导基层工会工作并定期向铁道部报告工作；协助中车公司党委管理所属企业工会主要领导干部，与中车公司有关单位和部门协商推荐所属企业工会主要领导人选。所属企业工会选举结果，铁道部委托中车公司工会审批，由铁道部行文。1989年10月，中车公司工会设置办公室，并陆续设有专人分工负责宣传教育、组织建设、职工民主管理、群众生产、劳动保护、生活保险、女职工、工会财务、工会企事业等工作。

1980年，机车车辆工业各工厂陆续恢复党委领导下的职工代表大会制。1981年7月，中共中央下发《国营工业企业职工代表大会暂行条例》，规定职工代表大会是企业的权力机构。各单位在召开职工代表大会时，制订本单位的职工代表大会实施细则。铁道部机车车辆工业总公司成立后，加强制度建设，推进职工代表大会制度的实施。

1986 年 9 月，中共中央、国务院下发《全民所有制工业企业厂长工作条例》后，中车公司工会工委及各厂所工会普遍制定和完善了厂所《职工代表大会实施细则》《车间（处室）职工代表会议（职工大会）工作细则》《班组民主管理会工作细则》以及《职工代表大会专门工作委员会制度》《职工代表团（组）长联席会议制度》《民主评议领导干部办法》等规章制度。中车公司各厂所在坚持三级民主管理过程中，结合实际，探索和创造了许多切实可行的民主参与、民主监督形式，建立了厂长接待日、民主对话会、民主质询会、厂长信箱、主席信箱、职工代表巡视检查、职代会信息反馈卡、职工代表接待值班等制度。至 1987 年底，39 个厂所全部建立健全了职工代表大会制度。1988 年起，部分厂坚持开展“双保”合同活动，即由工会代表职工与厂长签订“双保”合同，职代会作出相应决议，号召全体职工为实现工厂方针目标而奋斗，保证双保合同的兑现。各厂所坚持把改革方案、管理规定、晋升工资方案、开除违纪职工、安全措施、奖惩办法、分房方案、集体福利事项等，经过职代会、专题职代会或经职代会授权的代表组长联席会议审议通过或决定后实施。

1993—1995 年，中车公司 39 个厂所职代会按时开会率保持 100%。为了提高职工代表参政议政水平，各厂所重视对职工代表的培训，1993—1995 年末，全系统共举办职工代表培训班 172 期，18719 人次参加学习，将两级职工代表普遍轮训一遍。

1998 年，在各项改革配套全面推进的过程中，各级工会组织贯彻党的“依靠”方针，积极做好源头参与和全过程参与，14 个厂所制定了全心全意依靠职工办企业实施细则。1999 年，29 个厂所制定了全心全意依靠职工办企业实施细则，32个厂所开展民主评议领导干部活动，37个厂所坚持业务招待费使用情况报告制度。

成立中车公司厂务公开领导小组，制定《中车公司厂务公开实施意见》。

中国南、北车集团成立后，2001年2月5日，中国南车成立厂务公开工作领导小组，制定《关于深化厂务公开工作的意见》，推动厂务公开向纵深发展。中国南、北车集团公司分别于2001年3月27—28日、3月27—29日召开工会第一次代表大会，选举产生第一届工会委员会。南车集团工会下设办公室；北车集团工会下设办公室和群工部。2005年，中国南车集团公司工会增设权益保障部。

2004—2005年，中国南车各级工会组织拓宽工作领域，推动厂务公开工作深入到企业经营管理领域、纳入企业的科学管理体制之中，实现厂务公开制度化、规范化。按照全国厂务公开协调小组关于借鉴ISO9000标准建立厂务公开民主管理质量体系试点工作意见和领导批示，抓好试点工作，配合企业推进主辅分离、辅业改制工作，建立和完善员工董事、员工监事制度，规范辅业改制民主程序，维护员工群众的切身利益。

2006年，中国南车下发《职代会民主评议领导干部实施办法》《集团公司厂务公开控制程序（试行）》，规范职代会民主评议领导人员工作，强化厂务公开，实行程序化管理。各单位在主辅分离、辅业改制工作中，坚持与企业改制同步设置职工董事、职工监事，按照规范法人治理结构的要求，明确并落实职代会职权，发挥民主管理在现代企业制度中的作用。中国北车厂所一级单位全部推行了厂务公开制度，二级单位厂务公开比例达到94.6%，三级单位班务公开比例达到72.8%。各级工会组织坚持全过程参与，指导改制企业完善规范民主程序，全系统有62个改制单位建立职代会或职工大会制度。

2007年，中国南车职工民主管理在推进厂务公开的“真实、有效、持久”上下功夫，加强厂务公开工作的规范化、制度化建设。中国北车在集团公司层面建立和完善职工代表大会制度，首次召开中国北车集团公司职工代表大会，审议了整体改制上市方案，投票表决通过了职工安置总体方案。

2008年，中国南车各单位工会修订和完善《厂务公开控制程序》，进一步推进厂务公开民主管理规范化、制度化建设。全面开展员工代表民主评议子公司两级领导班子工作。适应中国南车上市要求，组织员工代表讨论和审议企业改制方案，制定《中国南车股份有限公司职工代表大会实施办法（试行）》。

2009年，中国南车落实以职代会为基本形式的企业民主管理制度，健全和完善股份公司职工代表大会相关制度和办法，不断规范完善厂务公开，深入推进三级公开网络。各级工会组织切实履行厂务公开第一协调人的职责。中国北车起草《中国北车职工董事、职工监事工作和管理制度(草案)》，明确职工董事、职工监事任职条件、产生程序和工作职责。

2010年，中国南车坚持企业生产经营，特别是有关企业改革的重大决定和涉及员工切身利益的重大事项提交职代会审议。贯彻《劳动合同法》和《劳动合同法实施条例》，建立健全企业工会劳动法律监督制度、劳动保护监督检查制度、劳动争议预警和调处制度。中国北车制定《中国北车股份公司关于职工董事、职工监事工作管理办法》，规范子公司职工董事、职工监事的工作管理制度，完善子公司法人治理结构，保障职工民主决策、民主管理、民主监督的权利。

2011—2012年，中国南车召开职代会，签订首轮《中国南车集体合同》，建立与完善稳定企业劳动关系、维护员工合法权益、促进企业和谐发展的重要机制。中国北车召开第三次职代会，选举产生第二届职工董事、职工监事；推进工资集体协商，与行政联合下发《集体合同工资专项协议》，对工资专项协议的签订、履行、变更和年度工资增长幅度提出规范性要求，有8个单位签订工资专项协议。

中国南车深入推进企业职代会制度建设、厂务公开、班务公开等工作，深化职工代表提案活动，推进班务公开，保障员工的知情权、参与权和监督权。中国北车召开第四次职工代表大会，依法合规选举了新任职工董事。所属企业职代会建制率、召开率、集体合同（含女职工专项合同）续签率、民主评议领导干部率、工资平等协商率全部达到100%。

三、重视青年思想政治教育

中华人民共和国成立前后，中车各工厂先后成立中国新民主主义青年团（1957年改称中国共产主义青年团）组织，在团员青年中开展拥护中国共产党、拥护社会主义的拥党教育和抗美援朝爱国主义教育。“一五”期间，中车各级团组织向团员青年进行党在过渡时期的总路线和努力学习文化知识、向科学进军的教育。

1979年起，中车各级团组织在团员青年中开展“立志改革，进行新的长征，向四个现代化进军”的主题教育。1981年起，进行了“五讲四美三热爱”争做文明青年教育活动。1983—1986年，对1966年以后进厂的青年职工分期分批脱产进行政治轮训，学习“三史”（中共党史、中国革命史、工厂厂史）、科学社会主义和法治常识。

1987年，根据铁道部团委和中车公司党委的部署要求，在团员青年中开展“坚持四项基本原则，反对资产阶级自由化”主题思想教育活动，学习社会主义民主法治建设的理论和有关规章制度。转发株辆厂团委《开展对话互补活动，深入进行两个基本点教育》的经验材料，引导团员青年正确了解社会，积极参与企业改革。1988年，做好社会主义初级阶段理论的学习和改革的宣传教育，同时加强形势政策教育、主人翁思想教育和艰苦奋斗教育，发动团员青年为打好工业“翻身仗”建功立业。开展“继承五四光荣传统、弘扬爱国主义精神”主题教育，引导团员青年树立正确的理想、信念和人生观、价值观。1989年，开展“一个中心，两个基本点”教育、形势任务教育和法治、纪律教育，组织团员青年学习邓小平同志在接见军以上干部时的讲话和江泽民同志在国庆40周年大会上的讲话，引导团员青年提高政治觉悟，维护稳定大局。1990—1992年，围绕促进社会稳定与倡导文明新风两个主题，组织团员青年开展“双基”教育和道德教育，从基本国情教育入手，开展知识竞赛、演讲比赛、参观历史遗址遗迹等活动，引导青年全面了解掌握国情、路情、厂情，增强责任感、使命感。从党的基本路线教育入手，组织开展形势报告、算账对比、恳谈对话、座谈讨论、谈心家访等活动，引导青年澄清模糊认识，坚定理想信念，增强改革信心。从学先进、树典型入手，开展“共青团奉献日”活动，组织团员青年参加“学雷锋、树新风、送温暖”等公益性服务活动，有14.2万人次参加，做好事21万件次。从加强青年文化建设入手，开展“除‘六害’、读好书、唱好歌、看好片、做好事”活动。

第四节　社会主义市场经济体制下的中车党建

1992年党的十四大明确提出建立社会主义市场经济体制，十四届三中全会通过的《中共中央关于建立社会主义市场经济体制若干问题的决议》提出，要在国有企业中建立现代企业制度，国营企业开始被称为“国有企业”。此后，党对国企的领导转向经济与政治治理并重，推出“双向进入、交叉任职”体制。随着现代企业制度建立，国企党建探索适应机制，政治核心地位明确，并不断得到加强。

一、中车党组织建设不断加强

1995年3月，根据中共中央《关于加强党的建设几个重大问题的决定》和铁道部党组的实施意见，中车党委提出加强和改进机车车辆工业党的建设问题的若干意见，明确了党委参与重大问题决策的范围、形式和程序。企业的重大问题主要有：企业的经营方针、发展战略、长远规划和年度计划，多元经营较大的投资项目，改革方案，机构设置，重要规章制度，工资调整和奖金分配方案，中层干部的任免和奖惩，职工生活福利中的重要问题，需提请职代会审议决定、董事会审议决定的重大问题等涉及方针政策性的大事和全局性问题。企业重大问题决策前，原则上应经党委会或由党委成员和行政领导参加的党委扩大会议充分酝酿讨论，或由党委主要领导参加厂所长（经理）办公会研究。厂所中层干部的任免，按照《铁路领导干部选拔任免工作暂行规定》的要求和程序进行。生产经营和改革的进展情况，各项重大决策和计划实施过程中发生的关键问题与重要情况，涉及全厂性的重要活动，职工中倾向性的思想动态和突发事件等需要党政领导了解的重要情况，相互间要及时通报，以便协调一致开展工作。

截至2000年，中车党委工作机构设有办公室、组织部、宣传部、干部部，纪委设有办公室、检查审理室，其中干部部与人事部为一个机构两块牌子，纪委与监察室合署办公。中车党委下属37个厂所党委。中车分立为中国南车集团公司和中国北车集团公司后，南北车集团公司均设立党委，工作机构仍保留原有办公室、组织部、宣传部、干部部、纪委办公室、检查审理室的格局。中国北车集团公司党委宣传部与企业文化部、党委干部部与人事部均为一个机构两块牌子，纪委与监察部合署办公。南北车集团公司均设立董事会，党委书记任董事长，专职党委副书记任董事。中国南车集团公司下属21个厂所党委和总部机关党委，中国北车集团公司下属 20 个厂所党委和总部机关党委。集团公司党委隶属中央企业工委领导。

2003 年 3 月，国务院成立国有资产监督管理委员会（以下简称“国资委”）后，集团公司党委隶属国资委党委领导。在建立现代企业制度进程中，所属工厂先后进行公司制改造，党委工作机构有的企业保留组宣办格局，有的企业仅设党委工作部。2004 年 11 月 7—8 日，中共中国南车集团公司第一次代表大会在北京召开。大会选举产生了中共中国南车集团公司第一届委员会和纪律检查委员会。同年 12 月 8—9 日，中共中国北车集团公司第一次代表大会在北京召开。大会选举产生了中共北车集团公司第一届委员会和纪律检查委员会。2005 年 4 月，中国南车集团公司总部机构改革，党委办公室与办公室、党委宣传部与企业文化部、党委干部部与人力资源部为一个机构两块牌子，纪委与监察部合署办公。2006 年，中国北车集团公司总部机构改革，党委办公室与办公室、党委宣传部与企业文化部为一个机构两块牌子，党委组织部、党委干部部与人事部为一个机构，纪委与监察部合署办公。

2007 年 12 月 27 日，中国南车股份有限公司在北京创立，按照党章及中央、国资委有关规定，2008 年 1 月成立中国南车股份有限公司党委和纪委，并对股份公司所属各企业党委、纪委进行更名，理顺党组织的隶属关系。2008 年 7 月 17 日，中国北车股份有限公司正式成立，设立股份公司党委和纪委。中国南北车股份公司党委和中国南北车集团公司党委为一套工作机构。中国南北车实行股份制改造后，勇于创新，建立健全适应现代企业制度的党建工作机制，进一步明晰现代企业制度条件下党委会、常委会、董事会、经理层的职责定位，探索企业党组织准确定位、明确职责、发挥作用的方式方法。探索建立将党管干部原则与董事会选聘经营管理者原则、经营管理者依法行使用人权原则相结合的有效途径，建立完善适应现代企业制度的党组织工作体制和运行机制。坚持民主集中制，探索建立企业党内决策责任制。尊重党员主体地位，保障党员民主权利。加强基层党组织建设，做到“三同时”：新建经济组织的同时建立党组织，调整经营管理组织的同时调整党组织的设置，配备经营管理人员的同时配备党务工作人员。强化职责，建立健全党建工作的责任机制。研究制定“一岗双责”等适应新形势的党建运行机制，使企业党建工作得以充分保障、充分发挥、充分体现。围绕企业改革和生产经营的中心工作，不断创新党内主题实践活动的内容、形式和主体。

2008 年 12 月 8—9 日，中共中国北车集团公司第二次代表大会在北京召开。大会选举产生了中共中国北车集团第二届委员会和纪律检查委员会。同年 12 月 24—25 日，中共中国南车集团公司（暨中国南车股份有限公司）第二次代表大会在北京召开。大会选举产生了中国南车第二届党的委员会和纪律检查委员会。中国南车、中国北车党委贯彻落实中组部、国务院国资委党委《关于中央企业在现代企业制度下充分发挥政治核心作用的意见》，把党组织的政治核心作用贯穿于企业决策、执行、监督全过程，把党建工作贯穿于生产经营全过程，在参与重大问题决策的内容、途径、方法上形成了较为完善的制度和规定。按照“标本兼治，注重长效”原则，扎实推进建章立制工作，以制度机制保证党的建设。

二、宣传思想工作凝心聚力

1994 年 4 月，中车在广西北海市召开宣传工作会议，全面分析机车车辆工业面临的形势，提出加强宣传工作的指导思想、目标、任务和要求。同年 9 月，中车党委下发关于贯彻执行中共中央《爱国主义教育实施纲要》的通知。各厂所党委按照通知要求，结合实际制定了本单位贯彻执行纲要的规划和具体措施，推动爱国主义教育活动广泛深入地开展。1995

年6月，在全路首批15个爱国主义教育基地命名、授牌仪式上，大连厂厂史陈列馆、大同厂蒸汽机车博物馆、长辛店二七纪念馆、江岸厂二七教育基地被命名为全路首批爱国主义教育基地，江岸厂、二七机车厂、大连厂在会上介绍了开展爱国主义教育活动的经验。

至1995年底，机车车辆工业系统有眉山厂、齐齐哈尔厂、戚墅堰厂、长机厂、西安厂、大连厂、资阳厂7个工厂获“全国思想政治工作优秀企业”称号，眉山、长客两厂的政研会获“全国优秀思想政治工作研究会”称号，株辆厂政研会获“全国职工思想政治工作研究会工作奖”，长机厂党委书记孟德喜、株辆厂党委书记李松海、齐齐哈尔厂党委书记马春发、贵阳厂党委书记王兆君、戚墅堰厂党委书记刘祥康、资阳厂党委书记符宝昌、株机厂党委书记孟传庆7人被授予“全国优秀思想政治工作者”称号。

1996年，重点开展学习邯钢经验、落实资产经营责任制的改革宣传，全系统共编写形势任务教育宣传材料987篇，组织职工进行形势任务大讨论622次。1997年，以香港回归祖国为契机，在全系统开展了以“迎回归、爱祖国、爱厂所、作贡献”为主题的爱国主义教育；围绕机、客车产品结构调整升级，开展了改革和生产经营宣传；通过选、树、宣传职业道德标兵，推动职业道德教育深入开展。

1998年，以铁道部编写的《铁路职工改革形势教育讲座》为基础，开展解放思想、转变观念教育活动。

1999年5月，中车在广州厂召开宣传思想工作会议，强调面对市场经济和高新技术快速发展的新形势，必须改进、创新和加强宣传思想工作，更好地为企业的改革与发展服务。生产经营宣传要从企业内部扩展到市场和用户，直接为企业产品开发和营销工作服务。要坚持日常思想工作与企业管理相结合，靠强有力的思想政治工作，把广大干部职工的积极性充分调动起来。中车公司分立重组后，中国南、北车党委坚持把贯彻党的路线方针政策、强化思想政治教育、宣传落实改革发展任务作为重点内容，不断推进宣传思想工作内容、形式、方法、手段和机制的创新。2001年，中国南、北车围绕庆祝建党80周年，开展多种形式和内容的宣传教育活动，在对员工进行党的宗旨、性质和任务等基本知识教育的同时，以歌颂党的丰功伟绩和党建工作成果为主要内容，组织开展“我身边的共产党员”征文活动。

2002年，中国南车为宣传集团公司工作会议精神，开设迎来新的思想解放、为客户创造价值、加强企业管理、构筑核心竞争力、关键在人才、加强作风建设等6个专题，就如何领会和贯彻好工作会议精神进行深入宣传。中国北车围绕市场开展形势任务教育，激发员工的责任感，增强员工的自信心，调动员工的积极性，同时积极跟踪改革全过程加强宣传教育，促进职工观念转变。2003—2004年，中国南车重点开展“与时俱进、创新发展”思想大解放、观念大转变学习教育活动，运用《中国南车》报开展宣传思想工作，先后组织关于“贯彻工作会议和经营管理座谈会精神”“推进主辅分离”“与时俱进、创新发展学习教育活动”等专题报道50多组。开展“勇于改革、促进发展、维护稳定”教育活动，以增强员工危机意识、主辅分离辅业改制、与国际先进水平接轨、全面完成资产经营责任目标等为重点组织专栏专题报道，引导员工树立与市场经济相适应的思想意识。中国北车在持续开展转变观念专题大讨论的同时，主要围绕如何适应铁路跨越式发展战略，开展宣传思想工作，并结合主辅分离、辅业改制和三项制度改革开展专题宣传。南口厂党委“实现四个纳入，做好后续帮教工作”的经验，在国资委党委防范和处理邪教问题工作会议上进行了交流。

2005年，中国南车把保持共产党员先进性教育活动作为形势任务教育的重点内容列入专项宣传，向国资委等推荐先进性教育活动好的经验和做法，全年编发教育活动简报57期，被国资委保持共产党员先进性教育活动办公室和国资委网站采用52期。中国北车制定并实施保持共产党员先进性教育活动专题宣传计划，编发先进性教育活动简报75期，被国资委保持共产党员先进性教育活动简报、网站分别采用7期、36期。

2006—2007年，中国南车围绕企业热点难点问题，先后对重大产业结构调整工作、南车集团高峰论坛、科技工作、人才工作等进行专题宣传。就企业改制后宣传思想工作的目标任务、工作侧重点、阵地建设、队伍建设、如何更好地发挥作用等问题进行调研，提出针对性意见和建议，促进思想政治工作机制的建设。中国北车下发通知，所属单位开展社会主义荣辱观教育活动与和谐企业创建工作。下发《关于加强宣传思想工作的指导意见》，提出加强宣传思想工作的方向和重点。针对谋划整体改制上市过程中可能出现的矛盾和思想波动，编发改革宣传提纲，统一思想，推动改革顺利实施。

2008年，中国南车结合企业整体上市、建立现代企业制度、改革改制、产业结构调整和重组整合等一系列重大改革措施的出台，及时掌握和了解员工的思想动态，做好政策的宣传解释工作。组织开展“凝聚力”主题教育活动，宣传“新南车、新发展”，树立“南车”意识、大局意识、发展意识、忧患意识和共同理想信念。中国北车针对企业改革发展面临的主要问题，积极开展形势任务教育。结合改制上市和企业发展，指导所属企业以质量和安全为主题，开展“我的行为讲规范”“质量与命运”“六个讲清楚”等一系列教育活动。2009年，中国南车围绕深入学习实践科学发展观活动，建立学习实践活动网站，编辑专题简报22期，加强思想教育和宣传引导。下发《关于进一步加强产品质量宣传教育的通知》，开展专题宣传教育活动，增强员工质量意识和市场意识。中国北车针对企业改革发展面临的主要问题，开展形势任务教育，并组织“年度理论热点面对面”“六个为什么”和社会主义法治理念学习活动，宣传中国北车重要会议精神和中国北车被评为全国国有企业典型的事迹，弘扬北车精神，激发员工士气。

2011—2012 年，中国南车围绕庆祝中国共产党成立 90 周年开展宣传思想工作，在《中国南车》报开辟“喜迎建党 90 周年”专栏，宣传党史上的英烈人物和中国南车先进人物事迹，组织中国南车“十二五”战略宣传工作。中国北车强化员工理论学习和动态形势任务教育，每季度编发形势任务教育提纲，系统介绍公司区域战略拓展、公司内控体系建设、高速动车、风力发电、海外事业发展等专题，让员工了解企业发展的成就、面临的形势和承担的责任。中国南、北车均组织学习中央、国资委、铁道部等重要会议精神，了解中国轨道交通“十二五”规划等与企业相关的产业发展趋势。

三、精神文明建设常抓不懈

中华人民共和国成立后，中车各工厂的精神文明建设重点放在对广大干部职工进行爱国主义教育和思想道德教育。20 世纪 60 年代中期，广泛开展向雷锋、铁人王进喜等英模人物学习活动。党的十一届三中全会后，从 1981 年 3 月起，中车各单位响应中华全国总工会、共青团中央、全国妇联等 9 个单位的倡议和贯彻中央宣传部等 5 个部门的通知，广泛开展了“五讲”“四美”“三热爱”活动。1982 年 3 月，开展第一个“全民文明礼貌月”活动，6 月开展“人民铁路为人民”活动。在 1984 年各厂开展的第三个“全民文明礼貌月”活动中，提出以“两个文明”一起抓、建设精神文明、清除精神污染为指针，以实现厂风根本好转和培养“四有”（有理想、有道德、有文化、有纪律）新人为目标，以创文明工厂、建文明单位、争当文明职工为基本内容，开展“三优”（优质服务、优良秩序、优美环境）等活动，同年，各厂先后制定了本单位的厂风建设规定。1985年，中车制定了评选“文明车间、文明科室、文明班组、文明个人”的条件，创建文明单位活动同“双先”竞赛活动实现有机结合。

铁道部机车车辆工业总公司成立后，把精神文明建设和企业文化建设作为企业的根本任务，放在突出位置。1986年，在全系统开展了“五讲四美三热爱”创建文明单位活动，各厂所制订了建设文明单位的规划，加强阵地建设。1987年中共中央下发《关于社会主义精神文明建设指导方针的决议》后，总公司党委把精神文明建设放在重要日程上，做到常抓不懈，精神文明建设逐步向深入发展。同年起，各厂开展了“四职”（职业责任、职业道德、职业纪律、职业技能）教育和“三爱”（爱工厂、爱岗位、爱产品）活动，确定了企业精神。在精神文明建设中，中车及所属各厂所坚持以培育企业精神为核心，以强化“以人为本”的管理为基础，以倡导良好的职业道德和厂风为重点，以树立良好的企业形象为目标，大力加强企业文化建设，广泛开展精神文明建设活动，收到了明显成效。“顾全大局，团结勤奋，开拓进取，优质高效，争创一流”的企业精神和“精心修造，优质服务”的职业道德，逐步深入人心，形成风气。一大批厂所在精神文明建设和企业文化建设中获得全国、全路和省市荣誉称号。许多工厂多年坚持开展“月评十件好事”“季评十佳人物”“年评十大明星”活动，在企业内部形成积极、健康、向上的良好风气。企业文化和精神文明建设广泛、深入、持久地开展，有力地推动了机车车辆工业的改革和发展。

中车分立重组后，中国南、北车党委把精神文明建设和企业文化建设放在突出位置，坚持以推进“企业精神”建设为基础，以品牌建设为重点，以增强企业核心竞争力为目的，将精神文明建设与企业文化建设结合起来持续推动。

2001 年，中国南车确定了“诚信、敬业、创新、超越”的企业精神和“求新、求快、求实、求优”的企业作风，加大导入 CIS（品牌管理体系）的力度，努力塑造企业形象。中国北车成立企业文化部，组织企业精神和职业道德建设方案的讨论征集工作，确定了“诚信为本、创新为魂”的企业精神、“尽职尽责、尽善尽美”的职业道德和“为用户着想、让用户满意”的营销理念。

2002—2003 年，中国南车制定《“十五”企业文化建设发展规划》，提出企业文化建设具体目标并作出全面部署。广泛宣传已确立的企业精神和企业作风，促进精神文明建设健康发展。协调各单位规范新闻媒体落款、广告宣传标识，统一对外报道口径，全力推动中国南车集团企业文化的整合。以推进建设学习型企业为重点，开展“加强企业文化建设，增强企业核心竞争力”研究。中国南车新闻纪录片《中国火车》和论文《创建学习型企业，提高企业核心竞争力》，分别被中国企业文化研究会评为中国企业文化建设优秀“设计案例奖”和优秀“理论成果奖”。

2004 年，中国南车成立企业文化部，提出企业文化建设的指导思想、主要目标任务和 2010 年、2020 年企业文化建设远景目标，进一步明确完善体系、品牌建设、形象宣传、教育培训、创建学习型企业、打造核心竞争力等重点工作内容。中国北车以铁道部在二七机车厂举办第二次新造机车质量展示会为契机，从视觉识别入手，策划参展的形象展示方案，统一规范参展企业的产品展示牌，并分别在展示会现场和会场制作反映北车集团经营宗旨的大型形象宣传牌，从视觉上树立北车集团整体形象。

2005 年，中国南车完成“十一五”企业文化子战略的制定，并提出 2005—2006 年企业文化重点工作任务目标。有 17 个单位制定了企业文化发展规划、15 个单位成立了企业文化部。同年，中国南、北车所属单位参加第一届全国文明单位评选活动，中国北车集团获全国企业文化建设组织推动奖。2006年，中国南车组织开展以“我认同，我行动”为主题、以“凝聚员工，服务发展，营造和谐”为目标的“企业文化年”活动，学习和汲取国内外著名企业的文化理念和有益的内容，完成企业文化手册第一版初稿。中国北车确立以企业文化咨询为重点，带动企业文化建设发展的总体思路，按照“以我为主、循序渐进”的原则，与华夏基石企业文化咨询公司建立战略合作关系。2007—2008年，中国南车根据重组改制要求，修改完善企业文化发展战略，提出企业文化建设指导思想、主要目标任务以及工作措施，同时加强企业文化载体建设，修改完善《企业文化手册》，丰富企业文化传播手段。制定“十一五”战略纲要《企业文化与品牌战略》，并在此基础上修订企业文化子战略。中国北车启动理念体系构建工作。2008年6月4日，确立中国北车企业文化核心理念，包括中国北车使命：接轨世界，牵引未来；中国北车愿景：成为轨道交通装备行业世界级企业；中国北车核心价值观：诚信为本，创新为魂，崇尚行动，勇于进取；中国北车团队建设目标：实力、活力、凝聚力。同年12月，中国南、北车所属4个单位被评为第二批全国文明单位。

2009年，中国南车制定了“一大战略，四大体系”（即品牌战略、品牌价值体系、品牌形象体系、品牌传播体系、品牌管理体系）的整体规划，并完成企业文化与品牌战略宣讲；下发《关于规范标志性建筑物标识应用的通知》，对各企业标志性建筑物外观使用南车标识进行规范；策划制作IPO之路上市纪念画册和南车站台票形象宣传册，促进南车品牌形象的提升。中国北车推进企业文化三大体系建设，理念文化建设逐步实现体系化、落地化，构建起以北车理念文化为核心、所属企业特色文化为补充的上下一贯、个性鲜明的文化体系；完成《中国北车企业文化手册——行为文化（BI）分册》编辑工作；颁布了企业“产品制造铭牌”和“企业旗帜”的VI标准，并制定商标体系规范，对启用出口产品制造铭牌作出政策规定。2010年，中国南车开展“品牌提升年”活动，全面推进中国南车品牌建设，促进各子公司将品牌资源和员工思想统一到“同一个中国南车”这个战略核心上来；完善下发新版《VI手册》，规范中国南车和各子企业标志性建筑标识等视觉识别系统；规范入职教育通用手册，宣贯中国南车文化及品牌理念。中国北车推进理念文化建设，强化企业文化核心理念的统领地位和权威性，将核心理念的宣贯全面纳入员工培训体系和班组建设体系；全面推进行为文化建设，编印《中国北车企业文化手册——行为文化（BI）分册》，基本构建起中国北车文化体系框架。

2011年，中国南车制定下发《品牌贡献率考核办法》，加强品牌建设日常制度化工作。研究品牌危机事件处理和管理改进工作，明确总部相关部门品牌管理职能，并开展品牌检查督导；完成新版中国南车宣传片并下发各子公司，提出使用规范要求；完成BI调研，启动BI建设工作。中国北车重新发布《中国北车企业文化手册——理念文化（MI）分册》，基本确立以中国北车核心理念为统领、具有所属企业文化个性的文化理念体系。以培育员工良好操作习惯和行为习惯作为行为文化建设的重点，中国北车启动“北车职工讲规范”主题实践活动；加强形象文化建设，持续开展形象文化和VI标准宣贯，引导规范使用中国北车品牌和标识，实现品牌形象共建共享。同年12月，中国南北车所属4个企业被评为第三批全国文明单位。2012—2013年，中国南车重点推进全员BI（品牌行为规范）建设，组织宣讲中国南车企业文化、品牌文化、员工日常行为规范总则和细则，并针对品牌关键接触岗位，开展所有子公司参与的营销岗位品牌行为规范情景模拟落地活动；编写印制商务礼仪手册，广泛开展礼仪培训；组织开展“南车之歌”征集系列活动，开展中国南车“新绿”服务形象打造活动，以“内化于心、外化于行、知行合一”为主题，全面深入推进BI建设工作；启动中国南车历史文化征集梳理工作，凝炼企业百年发展历程，传承中国南车企业文化精髓。中国北车制定《中国北车“十二五”企业文化建设规划》，确定企业文化建设的原则、目标和基本思路；修订中国北车企业文化理念体系，构建起具有中国北车特色的企业文化理念体系；重新修订《中国北车企业文化手册——理念文化（MI）分册》（2011版），调整、完善中国北车组歌；开展全员“中国第一代高铁工人精神”群众性表述征集活动，提炼形成“学习创新、技能报国，为中国梦提速”的“中国第一代高铁工人精神”的规范表述；深化形象文化建设，完成《中国北车企业文化手册——形象文化（VI）分册》改版。《中国北车企业文化建设“十二五”规划》被收入《中央企业企业文化规划纲要汇编》。

四、纪律建设持之以恒

新中国成立初期，中国铁路机车车辆工业系统各工厂党的纪律检查工作结合党内整风运动、“三反”（反贪污、反浪费、反官僚主义）运动、“五反”（反对行贿、反对偷税漏税、反对盗骗国家财产、反对偷工减料、反对盗窃国家经济情报）运动进行，查处党内违纪案件。1956—1959年，结合审干、肃反、反右、整风运动，开展党内纪检监察工作。1959—1962年初，对在反右、整风等运动中受到错误批判和触及的党员作了甄别处理。1963—1966年，结合“五反”（反铺张浪费、反官僚主义、反分散主义、反贪污盗窃、反投机倒把）运动和社会主义教育运动，开展党的监察工作。“文化大革命”期间，党的纪检监察工作中止。

1978年，铁道部工业总局和各工厂恢复党的纪律检查工作机构后，主要开展平反冤假错案工作，对“文化大革命”中形成的冤假错案和新中国成立后历史遗留案件进行了全面的复查复议，纠正了一批冤假错案，落实了党的政策。1983年起，各工厂纪委集中力量抓党风党纪建设，同年开展了坚决制止党员干部在建房分房中的歪风工作。1984年，开展抓好以权谋私、严查官僚主义不正之风工作，对1980年以来在“三招”“三转”中出现的问题进行调查处理。1985年开展严禁党政机关和党政干部经商办企业工作，纠正了少数党政干部经商办企业和少数单位搞不正当经营，以及滥发实物等方面的错误。

铁道部机车车辆工业总公司成立后，党的纪律检查工作开展立即刹住用公款请客送礼、吃请受礼的歪风，把纠正不正之风作为工作重点。1991年，中车公司下发《关于开展专项执法监察工作的通知》，明确了执法监察的工作内容和应该注意的问题。各厂所监察部门通过参加生产经营管理会议，了解经营管理情况和企业重大决策，选择难以落实的问题和管理中的漏洞进行监督检查。1993年8月起，按照铁道部要求，纪委与监察部门实行合署办公，履行党的纪律检查和行政监察两种职能。1994年，中车公司各厂所加大对物资购销、多种经营、资金运作、外协外包等重点工作的监察力度。1995年，开展小汽车、小金库的清理工作，各厂所普遍开展“小金库三查”（查资金来源、查管理使用、查制度规范）工作，重点解决资金来源不正、使用管理混乱和领导干部直接管钱管账的问题，健全了管理制度和监督约束机制。1996年，下发《执法监察工作考核办法》，加强日常管理考核，推动执法监察工作规范化、制度化。1997年，在继续抓好建设工程项目和物资购销管理效能监察的同时，加大资金费用管理的监察力度，重点解决违反财经纪律、外欠、外借资金回收不及时和自存自留资金管理不善的问题。

中国南、北车集团公司党委成立后，坚持把效能监察作为企业反腐倡廉与加强企业管理有机结合的最佳切入点和有效措施，不断地规范、优化和加强。2001年，中国南车全面推行物资采购招议标制度，各单位在物资、设备、钢材、医药采购和在建工程投标方面开展效能监察 448 项，比预计支出费用减少 6488.43 万元。中国北车制定《执法、效能监察实施办法》，全年围绕物资配件采购、工程建设发包招标、房屋场地出租、资金费用管理、分离分立和评职聘干等开展执法、效能监察 39 项，提出执法监察建议 128 条，挽回和避免经济损失 994 万元，节约资金 2725 万元，降低采购成本 2909 万元。2002 年起，中国南车重点开展"三重一大"效能监察，针对存在的突出问题，提出整改方案、措施和建议，强化"三重一大"的规范运作。所属企业结合生产经营管理的实际选题立项，积极开展效能监察。2003 年，中国南车开展"三重一大"效能监察"整改年"工作，围绕重大事项决策、重要干部任免、重大项目安排和大额度资金的使用，完善《重大事项决策制度》《企业对外投资管理制度》《企业债权管理制度》等。2002—2004 年，共清理收回应收账款 114880 万元。中国北车组织开展自有资金管理专项工作，所属企业按照"承认存在、加强管理、宽严适度、存利去弊"的原则，开展"自有资金"管理专项监察，共检查非独立核算二级单位 374 个，发现管理问题 50 个，完善制度规范 182 项。开展"小企业"监管专项监察工作，所属企业基本摸清"小企业"的资产构成、管理状态和经营情况，并采取新的举措强化监管。通过清理、整合、改制、注销等途径，缩减三级及以下"小企业"201 个。

2006—2008 年，中国南车围绕开展制度建设、清理纠正投资行为、国有资产账销案存和治理产权交易商业贿赂，以及效益、效率、效能、安全、稳定等开展效能监察，重点开展物资采购招标管理和固定资产投资管理效能监察。2009 年，中国南车主要开展"固定资产投资管理、企业成本管理"专项效能监察，各企业结合实际，针对企业生产经营管理关键环节中存在突出问题，自主选题立项开展效能监察。中国北车制定《效能监察暂行办法》《行政监察信访举报工作暂行办法》《“三重一大”监督管理暂行办法》和《企业资产损失责任追究工作规范》等内控管理制度。2011年，中国南车重点开展加快转变经济发展方式、“三重一大”制度建设、非公开招标采购物资配件、物资配件价格管理和采购降本增效“五项”效能监察。中国北车围绕公司“成长、效益、健康”三大主题，将“落实年度经营指标”“深化四清两降”作为公司效能监察重点。2012年，中国南车将企业经营管理与反腐倡廉管理提升相结合，以“降本增效、提升管理”为主题，开展全流程降本增效效能监察。中国北车以“落实职能、纠错问责、增强效能”为主要内容开展效能监察，将“年度经营指标分解落实”“主机企业系统内部采购”“四清两降”确定为统一立项的效能监察重点。2009—2010年，中国南车以企业领导人员和重要管理岗位人员为重点，开展党性党风党纪宣传教育。中国北车积极探索党风廉政教育的有效形式，注重教育内容和载体的创新，采取常规教育、重点教育和警示教育、案例教育等方式，以廉洁文化建设为载体，发挥各种宣传媒体的作用，使教育活动逐步向规范化和常态化发展。

2012年，中国南车围绕筑牢思想道德防线，开展“廉洁文化作品展览”“廉洁文化理念研讨”“廉政短信征集”和“读书思廉征文”等廉洁文化建设活动。中国北车结合生产经营实际，以理想信念、党规党纪、廉洁从业、遵章守纪等为主要内容，以企业领导人员、重要岗位人员、纪检监察干部为重点，组织开展专题报告、参观展览、读书交流、研讨征文等宣传教育活动，推进企业廉洁文化建设不断深化。

五、惩防体系打造铜墙铁壁

2005年，中共中央下发《建立健全教育、制度、监督并重的惩治和预防腐败体系实施纲要》（以下简称“实施纲要”），中国南、北车集团均成立领导小组和办公室，制定贯彻落实实施纲要的实施细则及任务分解表，做到目标清晰、任务具体、措施有力、责任到位，为构建惩防体系奠定基础。

2006年，中国南车把落实实施纲要、构建惩防体系纳入企业改革发展的总体目标和战略规划，制定《实施细则》及构建惩防体系目标任务分解表，形成上下联动、加快构建企业惩防体系的局面。制定实施《中国南车集团公司关于与检察机关建立联系沟通机制的意见》，中国南车与湖南、湖北、四川、山东等所属企业（院校）较集中地区的检察机关初步建立起沟通联系机制，11个企业（院校）加入地方预防职务犯罪协会，落实地方检察建议18项。中国北车把惩防体系建设的具体任务落实到分管领导和责任部门，形成有效的责任机制，总部加强制度建设，制定实施固定资产投资、资金集中管理、经营风险防范等一系列制度规范；所属企业参照集团公司贯彻落实实施纲要的具体意见和任务分解表，结合实施“十一五”规划，制定本单位的具体意见和任务分解表，围绕深化改革改制、健全管理体系和内控机制，推进反腐倡廉制度体系建设。

2007年，中国南车将构建惩防体系目标任务完成率纳入“四好”领导班子绩效考核，把惩防体系建设检查列入党建巡视检查内容，重点对总部惩防体系制度进行梳理，初步形成惩防体系制度目录。在此基础上加强对领导干部落实廉洁从业承诺、廉政档案管理、纪检监察机关监督领导干部选拔任用、与检察机关建立联系沟通以及案件流失责任追究等重要制度的情况进行专项督查。开展调查研究，制定2008—2012年惩防体系建设工作规划和评价体系方案。中国北车通过纪委书记座谈会、党建工作调研、基层检查指导等方式，推进惩防体系建设第一阶段各项任务落实。通过分解落实惩防体系建设责任，增强领导干部和业务部门抓党风建设和反腐倡廉工作责任意识、主体意识、主动意识，使经营管理工作与反腐倡廉工作紧密结合。通过体制机制创新，进一步强化源头预防，在引入市场机制、推行“阳光操作”，实施资源重组整合、强化集团调控职能，推进整体改制上市、加快现代企业制度建设等方面取得重要进展。全集团普遍实施了领导班子和干部队伍建设、经营决策和投资管理、资金管理和财务风险防范、领导人员的激励和约束等制度规范。

2008 年，中国南车制定了《中国南车惩防体系建设评估实施办法（试行）》。中国北车结合公司整体改制、强化内控制度建设以及反腐倡廉建设面临的新情况、新变化，把中央和国资委对党风和反腐倡廉建设、中央企业领导人员廉洁从业和反商业贿赂的新要求、新部署，纳入到构建惩防体系建设的工作规划中，制定《中国北车股份有限公司贯彻落实〈建立健全惩治和预防腐败体系 2008—2012 年工作规划〉的实施方案》，为全面推进党风和反腐倡廉建设奠定基础。2009—2010 年，中国南车把落实惩防体系建设“五年规划”与深化公司治理紧密结合全面推进。中国北车进一步完善惩防体系建设，所属企业根据“实施方案”提出的任务要求，制定并落实关于惩防体系建设工作规划实施细则，明确此后几年推进惩防体系建设的工作规划和任务目标。2011 年，中国南车结合企业实际深入调研，完成“加强廉洁文化建设，助推企业科学发展”“惩防体系建设中的实践与探索”和“加强对党政领导干部监督的实践与思考”等课题的专题研究和理论探索。中国北车制定《贯彻落实“三重一大”决策制度实施办法》，建立对配偶子女均移居国（境）外人员加强管理的制度，制定《领导人员报告个人有关事项实施办法》《中国北车党委巡视工作办法》。2012 年，中国南车将廉洁文化、惩防体系和反腐倡廉建设与南车“十二五”发展战略同规划同部署、同分解同落实、同检查同考核，相互促进、持续发展。中国北车所属企业按照公司《强化廉洁风险防控加快推进惩治和预防腐败体系建设的指导意见》，制定实施方案。

六、劳动竞赛创先争优

铁道部机车车辆工业总公司成立后，中车各厂所工会始终围绕企业生产经营中心，组织广大职工群众以增产扩能为重要内容，开展各种形式的劳动竞赛。

1986年4月30日，全国铁路总工会发出号召，广泛开展“五个一活动”，即每人每年参加一项扩能挖潜的改革实践；提一条改革创新、技术改造的合理化建议；围绕加强纪律、加强服务、加强管理做一件好事；为提高质量降低消耗苦练一门基本功；精打细算、节约投资、增收节支一百元，为实现铁路“七五”战略目标建功立业。同年起，工业总公司开展了打好“七五”工业翻身仗劳动竞赛。1988年1月，全国铁路总工会决定在全路各系统广泛开展群众性的“火车头奖杯、奖章”活动，动员职工人人争当火车头，为实现铁路“七五”奋斗目标建功立业。1990年提出要把以“双增双节”为主要内容的“人人争当火车头”的劳动竞赛活动提高到一个新的水平。1991年，中车公司工会工委转发了西安厂工会广泛发动职工开展合理化建议活动的经验，提出“合理化建议活动要同劳动竞赛相结合，领导干部、工程技术人员和工人相结合”的工作思路，拓宽了劳动竞赛活动领域。

1993年，注重从完成数量型向科研攻关型的劳动竞赛方向发展，把合理化建议贯穿于单项攻关中，组织职工开展岗位练兵和技术比武活动。针对工业生产经营任务繁重、原材料供应不足、资金短缺、运输紧张等情况，下发《关于大力开展劳动竞赛全面完成生产经营计划的通知》，动员各级工会进一步深化“建功立业”劳动竞赛活动。1994年，根据铁总开展“降一元成本、增百元效益”活动的部署，重点抓降低成本、提高设备完好率和提高产品质量的劳动竞赛；大力开展技术比武和技术练兵活动；

兴办企事业，增加经济效益。当年，中车公司工会工委被评为全路工会开展“双增双节”冲刺战役优胜单位。

1996—1997年，各厂所以产品上档次、上质量和提高经济效益为重点，开展“走向市场，实现‘三上一提高’”主题的劳动竞赛。

1998—1999年，各厂所以生产经营的难点和关键为重点，积极组织开展“人人争当火车头，为‘九五’建功立业”“创佳争优”“立足岗位多做贡献”等主题劳动竞赛活动和“比管理、比安全、比质量、比进度、比效益”等群众性生产技术活动。

2000年，各厂所工会积极开展创新劳动竞赛、合理化建议、技术革新、技术协作、发明创造等群众性经济技术活动，积极实施“经济技术创新工程”。围绕走向市场、提高效益、优质低耗、安全生产等各项重点，深入开展群众性经济技术活动，促进群众性竞赛活动由重投入向重产出、从重数量向重质量、从重外延扩展到重内涵提效的转变，激励员工人人争当质量标兵、安全标兵、营销状元、技术能手、节约能手、服务明星。

2001—2003年，中国南车实施“开拓发展、振兴南车”群众性经济技术创新工程，各厂所工会围绕生产经营中的关键问题，开展以提升产品质量、开发研制新产品和开拓市场、提高效益为主要内容的劳动竞赛、合理化建议和“创新杯”立功竞赛活动。中国北车下发《关于开展职工经济技术创新活动的意见》，对全系统群众性经济技术创新活动提出要求。各厂所工会组织职工围绕技术创新、管理创新、产品开发、提升质量、扩大营销、降低成本等方面选题立项开展活动。

2004—2005年，中国南车把增强企业科技开发能力、员工市场竞争能力、抗御风险能力和提高员工队伍整体素质作为劳动竞赛的主攻方向，广泛开展技术革新、技术攻关、提合理化建议、推广新技术和先进操作法等竞赛活动。开展“创建学习型组织、争做知识型员工”活动，采取多种形式和途径，引导员工树立市场意识，增强创新能力，形成终身学习、全程学习的机制。中国北车针对市场波动大、路内车辆需求大幅减少的形势，组织开展“为打好扭亏增盈攻坚战作贡献”活动。以经济技术创新活动为载体，组织开展突击型劳动竞赛和立项攻关、技术创新、技术改造、提合理化建议等活动。

2006年，中国南车深化实施“员工素质工程”活动，征集2002年以来广大员工在生产实践中创造和总结的60项先进操作法，按照综合类、电器电焊类和机械加工类汇编成册，出版了《先进操作法》。中国北车抓住技术引进、节约增效、提高质量、保证安全等关键项点，开展劳动竞赛和技术比武、提合理化建议、小改小革等群众性经济技术创新活动。

2007年，中国南北车围绕铁路第六次大提速，开展劳动竞赛和提合理化建议活动，各级工会主动融入生产经营中心，不断创新活动载体，丰富活动内容，开展各具特色的经济技术创新活动。

2008年，中国南车开展以“创名牌、占市场、促和谐”为主题的劳动竞赛、突出“降成本、增效益”的专项劳动竞赛和“我为节能减排作贡献”活动，还围绕“精细管理、精益制造”组织开展群众性经济技术活动等。中国北车开展创名牌劳动竞赛，全集团共采纳合理化建议6274件，开展技术攻关立项2362项，推广先进操作法238项。

2009—2011年，中国南车组织开展“八比八创”竞赛活动，组织“当好主力军，全员保目标，喜迎‘十二五’”主题劳动竞赛活动，把企业党政关注的焦点、发展的重点、管理的难点作为劳动竞赛的主攻方向，以竞赛促精益生产，以竞赛促安全生产，以竞赛促技术质量，以竞赛促成本效益，掀起人人为“十二五”发展开门红做贡献的热潮。中国北车深入开展“同舟共济保增长，建功立业促发展”竞赛活动。印发《中国北车关于进一步深化职工经济技术创新活动的指导意见》，组织开展以“降低成本、提高效益、增强综合竞争实力”主题劳动竞赛和职工经济技术创新活动，抓住关键点，比效率、比质量、比成本、比安全、比服务、比严谨，汇聚职工智力，形成发展动力。开展以打造“中国北车品牌”为主题的劳动竞赛和职工经济技术创新活动。

2012 年，中国南车组织各单位开展以“三保一促”和“八比八创”为主要内容的劳动竞赛，促进企业管理提升、降本增效、质量管理、安全和精益生产等工作。中国北车各级工会以“建功‘十二五’，推进三步走”为主线，开展以“质量、成本、效率、安全、服务”等为专题的劳动竞赛 53 次，推进“保增长”目标顺利实现。各单位围绕技术改进、管理创新、降本增效、四清两降等重点工作，全面开展以“降本提效增实力”为品牌的职工创新活动，全公司开展职工创新立项 5043 项，完成 3593 项。

七、共青团工作有声有色

共青团是中国共产党领导的先进青年的群团组织，为社会主义建设提供后备力量，企业共青团工作的科学开展是强化基层团组织建设的重要途径，对推动青年职工队伍的发展起到关键作用。中车一直以来十分重视共青团工作的开展，集团始终将共青团工作作为青年人才培养和企业发展的重要抓手，坚持党建带团建，强化思想引领与岗位建功深度融合。通过搭建青年创新创效平台、深化“青字号”品牌建设等工程，着力培育政治坚定、技能精湛的新时代中车青年，为企业高质量发展持续注入青春动能。

1993—1995 年，围绕企业改革和生产经营中心，开展建设有中国特色社会主义理论的教育，成立 478 个理论学习骨干小组。通过团委中心组学习、理论研讨、专题辅导、知识竞赛、上党课、上团课等形式，组织学习《邓小平文选》青年读本和第三卷。编印《青春的风采》团课教材 6000 册，书中共收录了工业系统 34 位优秀青年的先进事迹材料。与《人民铁道》报社合办《改革大潮中的年轻人》征文活动。开展“爱国、敬业、奉献”主题教育活动，组织团员青年学习贯彻中央颁发的《爱国主义教育实施纲要》，激发团员青年爱党爱国、敬业奉献的热情，并选树和宣传了全国优秀团员、二七车辆厂青年工程师张忠和一批先进青年集体及优秀青年的典型。

1996年，以纪念红军长征胜利60周年、香港回归倒计时一周年为契机，开展“重走长征路”、港澳知识讲座、知识竞赛等活动，组织团员与老红军、老战士座谈。各级团组织开展“青年与‘九五’”“青年与企业发展”等主题教育活动，引导青年认清形势，转变观念，增强责任感、危机感。

1997年，中车公司各级团组织以香港回归祖国为契机，以“忆百年史、激爱国情、立强国志”为主题，通过组织学习历史，举办知识竞赛以及演讲、征文等活动，开展爱国主义教育系列活动。

1998年，开展“青年与企业的未来”“质量在我手中，企业在我心中”“岗位靠竞争，收入凭贡献”等主题教育活动，引导青年珍惜岗位，树立竞争意识，努力提高技术业务素质和职业道德，坚定与企业共同发展的信念。

1999年，组织纪念五四运动80周年系列活动，在青年中弘扬“爱国、进步、民主、科学”的“五四”精神。开展新中国成立50周年庆祝活动，回顾新中国成立50年来的辉煌成就和50年建设发展的风雨历程，激发青年的爱国主义情感。以“青年创新发展”为主题，开展迎澳门回归、迎接21世纪系列活动，号召青年开拓创新，肩负起祖国21世纪建设的重任。

2001年，中国南车开展“与世纪同行”主题教育活动，将青年活跃的思想引导到提高自身素质和为企业改革发展服务上来。开展“新世纪青年形象”大讨论活动，引导青年员工树立正确的世界观、人生观和价值观，激发创业激情。中国北车结合庆祝建党80周年，组织歌咏、演讲、知识竞赛、征文、参观革命教育基地等爱国主义系列教育活动，增强青年的责任感和时代感，激发创造热情。加强形势任务教育，通过团的宣传网络宣讲企业改革改制进程中出台的新政策。

2002 年，中国南车积极落实《公民道德建设实施纲要》，在青年中开展爱国主义、集体主义、社会主义和艰苦创业精神教育。以庆祝建团 80 周年为契机，开展“弘扬五四精神，创造新的业绩”主题活动；组织“光辉的历程”共青团知识竞赛、青年电视辩论赛、“我的共青情”征文、成人宣誓仪式和革命传统教育报告会等系列活动，进行团员青年思想政治教育。中国北车组织开展以“爱国、爱厂、爱岗”为主题的教育活动，弘扬爱国主义和艰苦奋斗的精神。按照《公民道德建设实施纲要》的要求，开展青年精神文明创建活动。开辟青年职工课堂，引导团员青年转变观念，增强诚信、竞争、效益、创新等现代意识。

2003 年，中国南车各级团委加强青年爱党、爱国、爱企教育。开展职业理想、职业道德、职业纪律教育，所属企业举办了“青年与理想”主题座谈会和“青春的真谛”大讨论、“二七”英烈凭悼周、“缅怀革命先烈，继承革命传统”再教育等活动，加强青年思想道德建设。中国北车开展“发挥生力军作用，促进跨越式发展”主题教育实践活动，树立加快推进集团公司跨越式发展的意识。以中国北车企业精神和职业道德为主题，开展青年网页设计大赛。集中开展以“认识我身边的青年”为主题的调研活动，系统了解青年的工作、学习、生活情况，更好地为青年成长提供服务。

2004 年，中国南车各级团委把青年“爱国、爱企、爱岗”教育引向深入，增强团员青年把南车建设成为具有国际竞争力的轨道交通装备企业的责任意识和奉献意识。中国北车开展以“跨越式发展与青年的使命”等为主题的座谈讨论。针对经营中出现的困难，加强形势宣传和教育，引导团员青年振奋精神、节约降耗、勤奋工作。

2005年，中国南车深化“爱国、爱企、爱岗”教育，组织各单位团委在青年中广泛开展爱国主义、集体主义、社会主义和艰苦创业精神教育。结合为纪念中国人民抗日战争暨世界反法西斯战争胜利60周年举行的一系列活动，组织各单位团委开展知识竞赛、精彩影片回放等形式的爱国主义精神和革命英雄主义精神教育活动。中国北车组织以“学习实践‘三个代表’重要思想”为主要内容的增强共青团员意识主题教育活动，各级团组织通过邀请党政领导讲团课、组织“学理论、知团情”党团知识竞赛、征求意见建议、召开民主生活会、开展团员标准讨论等方式，推进学习教育活动。中国北车团委获“中央企业增强共青团员意识主题教育活动优秀组织单位”称号。

2009—2010年，中国南车组织团员青年学习领会科学发展观的科学内涵、精神实质和根本要求，增强贯彻落实科学发展观、推动企业科学发展的自觉性和坚定性。加强关于南车发展战略、南车企业文化的宣传教育，增强广大团员青年对企业未来发展的信心和对中国南车的认同感、归属感。针对新入职员工，因势利导开展思想教育，磨炼青年员工意志，引导树立正确的成才观。中国北车团委以“弘扬五四精神，坚定发展信心，矢志建功成才”为主题，组织开展纪念五四运动90周年系列活动，团结凝聚团员青年为实现北车“三步走”目标贡献青年的智慧和力量。以“我心中的祖国”为主题，开展国庆60周年庆祝活动，激发团员青年爱国之情、强企之志。以“我与北车共奋进”为主题，开展学习宣传中国北车十年辉煌历程、开展形势任务教育、“身边的榜样”学习教育、青年志愿者奉献服务、文体活动等系列活动。

2011—2012年，中国南车开展“我与祖国共奋进”形势政策教育活动，以报告会、专题讲座和座谈交流会为主要形式，帮助青年提高思想认识，坚定青年与企业同发展的信念。开展“学党史、知党情、跟党走”主题教育活动，各单位团委结合青年特点，注重寓教于乐，提高活动效果。结合团中央下发的《关于在全团开展分类引导青年工作的实施意见》，针对不同青年群体，开展青年思想教育引导，使思想引导工作广泛覆盖到南车各条战线上的团员青年。中国南车派出的代表以《实施“全方位思想引导工作法”，努力提高分类引导青年工作科学化水平》为题在中央企业共青团“管理提升、青年先行”现场推进会上作经验交流；《全方位思想引导工作法的探索与实践》课题报告入选 2012—2013 年度共青团中央课题研究题目。中国北车团委开展“红心向党，建功北车”庆祝中国共产党成立 90 周年主题活动，所属企业广泛开展“学党史、知党情、跟党走”“我与北车共奋进”、创先争优理论研讨征文比赛等系列活动。以“我与北车共奋进，青春建功‘十二五’”为主题，组织开展形势政策教育活动，开展认真学习贯彻党的十八大精神和建团 90 周年庆祝活动，以知识竞赛、主题征文、文艺演出、红色影片展播等方式，缅怀革命先烈，激发青年爱党、爱国热情，对团员青年进行革命传统教育和团员意识教育。

在开展各项主题教育的同时，中车公司还积极策划并实施了一系列丰富多彩的竞赛与活动。从青年立功竞赛到技术大赛，从青年文明岗到科技创新行动，不仅提升了青年员工的技能水平，更为企业的持续发展注入了强大的青春活力。

1991—1992 年，中车公司围绕扩能提效，加强管理，提高质量，开发新产品，组织团员青年开展以创一流产品质量、一流安全工效、一流革新成果、一流经济效益为主要内容的青年“八五”立功竞赛活动。各厂所团委围绕企业急难险重任务，组建 586 个青年突击队，参加多种形式的劳动竞赛活动，有 82 个青年集体和 116 人受到部、省、市团委表彰，其中 5 个青年集体和 5 名青年员工分别被铁道团委授予“全路青年突击队标兵”和“全路青年突击手标兵”称号。

1993年8月，先后在大同厂、西安厂组织举办了全路第四届青年员工技术大赛工业赛区的比赛，浦镇厂刘航春、西安厂张赤字、大同厂常万东、李君臣分别获钳工、电焊工、电工、车工第一名，并获“全路青年员工技术状元”“全路青年突击手”称号。

1994年起，中车公司团工委响应共青团中央的号召，广泛深入开展创建青年文明岗和争当青年岗位能手竞赛活动，以提高青年员工队伍素质，培养跨世纪的合格劳动者和技能精湛的优秀人才为目的，组织开展了技术比武、岗位练兵、拜师学艺、推广先进操作法等多种形式的“双岗”活动。四方厂、石家庄厂被确定为全国100家青年岗位能手活动试点单位，至1995年，39个厂所的团组织积极响应，已有73%的青年参加这一活动。35个厂所建立起相应的评价、考核、培养、激励机制和以党政主要领导挂帅，团委牵头，有关部门配合的组织领导机制，参加青年文明岗活动的青年集体达1100个，有12个青年集体获“全国青年文明号”。

1997年，中车公司团工委印发《关于深入开展青年岗位能手和青年文明岗活动的实施意见》，将“双岗”活动纳入企业发展的整体规划，成为企业培养高素质青年职工队伍的重要方式。加强青年文明岗（号）的建设和管理，共计创建共青团“青年优质岗”“青年安全岗”等青年文明岗位2108个。将“导师带徒”活动作为深化“青年岗位能手”活动的突破口，出台激励政策，加强青年岗位能手的培养。

1999年，中车公司党政工团联合下发《关于实施青年科技创新行动的意见》，各厂所全面启动青年科技创新行动各项活动。年内，实施青年新世纪读书计划，建立各级青年读书组织557个；开展了“四个一”（开发一项新产品、创造一项新工艺、推广一项新技术、转化一项新成果）活动。

2001年，中国南车团委推进青年科技论坛活动，举办青年科技沙龙、科技报告会、概念产品设计大赛、青年创意大赛、青年创业方案大赛，定期举行青年科技论文征集发布活动，加强青年科技人员的学习交流，全年中国南车各厂所团委征集青年科技论文 595 篇。中国北车团委制定《青年文明号管理办法》，各厂所团委制定相应的管理细则，建立日常监督指导、年终考核奖励制度。提出“青年技术创新百点计划”，引导青年积极投入企业技术创新实践，确定了 152 个实施项目。开展青年科技论文征集活动，各厂所共征集评审出 1000 余篇论文。

2002—2003 年，中国南车各级团组织广泛开展青年劳动竞赛、质量竞赛、生产突击、质量攻关、增收提效和合理化建议等青年岗位创优活动。中国北车把提高青年技术业务素质作为“双岗”活动的立足点，以提高青年岗位文明、岗位技能、岗位效益为重点，初步建立起动态考核、分级管理的创建机制。

2004 年，中国南车开展“青年文明号信用建设示范行动”，不断丰富“双岗”活动的内涵，各级团组织积极组织推进创新活动模式，针对提高产品质量、改进工艺和装备，开展青年“双五小”攻关成果征集评选活动，20 家所属企业团委上报成果 148 项。中国南车集团公司团委获全国青年文明号活动优秀组织奖。中国北车按照“关注岗位业绩、突出团队精神、加强过程考核、实行优进劣汰”的原则，不断规范青年文明号创建活动；开展第三届青年科技论文征集活动，共征集论文 1100 余篇，向中国科协推荐青年科技论文 10 余篇。

2005 年，中国南车开展争创“青年文明岗号（标杆）”和“青年岗位能手（标兵）”活动，举办青年 Flash 设计大赛，各单位共上报 66 个设计作品，选出 30 幅优秀作品在团代会期间进行展示。中国北车进一步规范所属企业青年文明号创建标准和创建过程，全国级的青年文明号数量达到 14 个。规范和严格青年科技项目的确立、申报和审核流程，确定 115 个项目列入年度“青年技术创新百点计划”。第四届青年科技论文征集活动各单位共征集论文1500余篇。

2006年，中国南车广泛开展创建“青年安全生产示范岗”活动，各级团组织共开展青年安全生产活动1036次，查堵各类安全隐患1065个，22个班组获“中国南车集团青年安全生产示范岗”称号。开展第二届青年优秀科技论文、管理论文征集评选活动，共征集论文1805篇。中国北车对集团公司级青年文明号进行考核，全国级青年文明号达18个。确定129项年度“青年技术创新百点计划”实施项目，选择11项“十五”科技创新奖获奖项目申报参加“中国铝业杯”首届中央企业青年创新奖评比。举办第五届青年科技论文征集活动，征集论文600余篇。

2007年，中国南车召开青年文明岗（号）创建现场会，组织参加“中国铝业杯”首届中央企业青年创新奖评选活动。中国北车开展青年岗位能手评选活动，确定年度“青年技术创新百点计划”新立项目137项。

2008—2009年，中国南车结合资源节约型、环境友好型企业建设，围绕“绿色奥运与环境友好型社会”“节能降耗，青年争先”两个主题，开展了“争当节能降耗示范标兵”及合理化建议、“金点子”征集等节能降耗示范行动。中国北车深化“青年技术创新百点计划”活动，审核确定新立项项目148项；开展第七届、第八届青年科技论文征集活动，共征集近2000篇青年科技论文，全国级青年文明号达到19个。

2010年，中国南车构建国际化经营青年人才成长交流平台，举办首届中国南车青年英语大赛，征集企业青年员工在参与国际市场竞争和实践中的心得体会。中国北车组织第九届青年科技论文征集活动，共征集青年科技论文132篇。

2011年，中国南车开展“争做青年先锋，献礼建党90周年”活动，组织各一级子公司团委围绕企业党组织向建党90周年献礼项目，在广大团员青年中开展劳动竞赛等立功献礼活动，确保实现“时间过半、任务过半”的工作目标。中国北车各企业结合高速动车组、大功率机车、大型养路机械、风电装备等重点项目和企业重点工作，深入开展“青年文明号”等品牌创建活动。组织第十届青年科技论文征集活动，共征集科技论文131篇。

中国南车为适应国际化发展形势，发现和培养青年英语人才，组织举办第二届中国南车青年英语风采大赛。加强引导和服务，为青年员工成长成才创造条件。中国北车探索创新“双岗”活动载体，引导青年开展岗位成才。

责任编辑：祝曾姿
装帧设计：汪　莹

图书在版编目（CIP）数据

中车简史．1949－2012 / 中国中车集团有限公司编 ；彤新春著．
北京 ：人民出版社，2025. 9. -- ISBN 978－7－01－027493－5

Ⅰ. F426.472

中国国家版本馆 CIP 数据核字第 2025YY8281 号

中车简史

ZHONGCHE JIANSHI

1949—2012

中国中车集团有限公司　编
彤新春　著

人民出版社 出版发行
（100706　北京市东城区隆福寺街 99 号）

北京中科印刷有限公司印刷　新华书店经销

2025 年 9 月第 1 版　2025 年 9 月北京第 1 次印刷
开本：710 毫米 ×1000 毫米 1/16　印张：18
字数：240 千字

ISBN 978－7－01－027493－5　定价：90.00 元

邮购地址 100706　北京市东城区隆福寺街 99 号
人民东方图书销售中心　电话（010）65250042　65289539